改變我們如何學習的科學

Grasp

MIT有效學習法的實踐

Grasp

The Science Transforming How We Learn

山加・沙馬、路克・約辛托——著　洪蘭——譯

Part 1 學習是科學，和科學是學習

CONTENTS

Part 2 心智和手

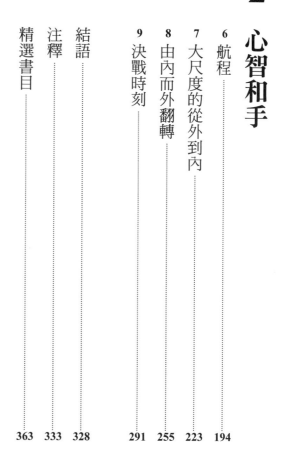

推薦序

如何讓教育變得不一樣

記得孔子說：「學而時習之，不亦說乎？」學習這件事自古以來就是華人最看重的事情，如何開發最適合於學生的教育方法，更是人們孜孜不倦研究的課題。教育的本質是什麼？這是讓人成為人，還是讓人成為社會機器中的一個環節呢？我們當前在大學任職的教師，毫無疑問都是從各級學校激烈競爭中脫穎而出的佼佼者，如果套用這本書中的說法，都是「篩殼機」篩選出來的「優異品種」。但，在高度體制化的學習制度中，我們各自的潛能真有得到充分的發揮嗎？敝人作為教育行政工作者，如何最大程度讓教師與學生的潛能獲得開發，這是我常念茲在茲在思考的課題。

學習的奧祕在哪裡？知其然，必先知其所以然，洪蘭教授翻譯的這本《改變我們如何學習的科學 Grasp》，就把學習的「所以然」仔細剖析開來。這本書向我們展示「人人皆有可能」的教育觀：本書指出，人的 IQ 是可以改變的，會依據環境和經驗而變，暫時成績不佳的學生，他們只是被一些不必要的認知束縛，教師需要重新考量教學方法，讓學生想要學習。洪蘭教授是研究腦神經科學出身的優異學者，擅長通過對大腦各個區塊功能的研究，對症下藥指出如何更好利用大腦。除書中提到的「間隔學習」這類適用於個人調整學習方法的內容外，最讓我有感觸的是教育資源配置問題。

書中提到，新型的學習方式如磨課師（MOOCs）可讓很多人的潛能發揮出來，從人口總數的層次來看，其激發的潛能是無法量化的。我在這十年來先後擔任宜蘭大學與東華大學的校長，特別重視學校磨課師課程的發展。在台灣有許多大學，學校的排名或許有高低的差別，但是學生們求知若渴的心態本來不應該有差別。學生通過考試進入了不同等級的學校，若任何感興趣的領域其老師在其他學校任教，學生想要去聽課，即便現在交通便利的時空，都免不了還是要舟車勞頓。幸運的是，我們今天生活在資訊發達的時代，透過磨課師課程的資源共享，教育資源分布不均的老問題，已獲得相當幅度的彌補。

我在書中閱讀到這個大哉問：學生應該跟隨著自己的衝動去決定要學什麼嗎？還是他們應該學會嚴格控制自己的思想，去讀老師認為重要的題目？我接受作者的看法，他覺得教育不可能等待完美的答案，我們需要綜合各種不同的意見，而且在新事證進來時立刻更新。洪蘭教授在這本書中最特別的貢獻，就是她已經不只在從事翻譯工作，更重要者，她常在字裡行間有「譯註」，藉此梳理臺灣教育的現象或問題，並抒發她對於這些事情的感想或建議，這使得我們讀來有著特別的親切感，從中更能看得出她翻譯這本書有著特別的用意，那就是讓更多有心人能從中思考如何讓教育變得更契合於人心。

從事行政工作，就有機會展開教育資源的調配，敝人一直在思考如何善用行政裁量權，來有效消弭城鄉差距，並讓不同特質的青年都能被看見。這兩年，我在東華大學創設如「大一不分系」這類大學實驗教育，目的就是讓各類不同的青年，尤其讓不見得適合於「篩殼機」這類紙筆測驗的學生，獲得進入大學的機會，這些青年不只獲得改變命運的機會，更能跟平素只知為考試而讀書的學生加強接觸與交流。當我看到我校的老師為學生特別客製的學習計畫已有顯著成效，心中有說不出的喜悅。這些措施正與本書所說的教育理念一致：以學生為中心，提供個人化的教學進度，這是從外到內的教育會有成效的最主要原因。

教育的最終目的是以因材施教的手段，成就學生成為完整的人。當今高度發展的科技可以幫助我們更好地完成這一教育使命，認知科學可以讓我們更深刻認識人腦的結構與運作過程，可從外部的設備上提高教學方法手段。但有使命感的教育者，更應該善用自己的智慧，開發出結合傳統教育與現代科技的全新教育方法。孟子說：「人皆可為堯舜。」我覺得，人人皆可成精英，只是需要教育工作者有耐心去尋找正確的教育方法，挖掘學生的潛能，不讓學生受困於僵化的教育思維，扼殺自身的學習動機。整體來說，不論是教育者還是受教者，任誰都適合拿這本書來反思自己的學習方式與學習歷程，持續探討如何讓教育變得不一樣。

國立東華大學校長　趙涵捷

譯者序

常有學生問我：「老師，台灣每天出版這麼多書，我們怎麼知道如何去挑選值得看的好書呢？」

的確，我們有時候會因為一本書的書名很有吸引力而買了它，但是回家打開一看，卻大失所望。

我的經驗是先讀作者序，因為作者通常會講述他起心動念寫這本書的初衷，這時就不管書名如何聳動（很不幸，這是現代社群媒體的通病，似乎要靠駭人聽聞的標題才能吸引讀者注意），你大概可以了解一下內容在講什麼。

第二是看出版社，有信譽的出版社不會出一些讓自己蒙羞的書（台灣曾有個出版社出版日本的《完全自殺手冊》，害死了幾個愛模仿的國中生，結果「千夫所指，無疾而死」，最後被迫關門倒店）。如果是帶有學術性質的科普書，則還要看作者任教的學校，原因也是跟出版社一樣，學校重視聲譽，一個人若能在名校教書，品德雖不知道，但至少所講的學術內容不會差到哪裡去。

我就是根據這三個原則選了這本書，因為我很好奇一名念工程的教授，如何這麼清楚桑戴克和杜威這兩條教育路線之爭呢？一般從事教育的老師都只知道桑戴克的「效果律」和杜威的「做中學」（生活即教育，教育即生活），但是細節並不清楚。我這學期正好有開教育研究所的課，問起學生這兩個學派的區別，學生多半是如上回答。但是這兩句話並無衝突，為何會成為兩個派別呢？

本書的作者是麻省理工學院（MIT）的教授，在印度長大，到美國留學，他能清楚講出這兩派的差異，讓我很驚喜，所以就接下了翻譯的工作。希望旁觀者清，期盼他的見解會帶給我們學生更清楚的理解。

我們過去一直詬病傳統填鴨式的教學方式，卻未能提出一個取代它的好方法。最主要的原因是，我們一直對人類如何學習——一個人從什麼都不知道如白紙的嬰兒，成長為學富五車的大師——這中間大腦的歷程和變化不清楚。因為不知道人是如何學習的，也就無法擬出一個理想的教學方式。

最近幾年，因為腦造影技術的精進和核磁共振機器的普遍，這個謎已經逐漸解開了。二〇二〇年，法國國家科學院的院士狄漢（Stanislas Dehaene）寫了一本《大腦如何精準學習》（*How We Learn*），就從大腦科學來解釋訊息如何進入大腦，成為我們的知識。他提出了注意力、主動參與、錯誤的立即回饋及記憶的固化四個歷程。現在這本書更從MIT的校訓Mens et Manus著手，就機械系的一門課來說明，為什麼將今天課堂上所學的立即應用在機器人的操作上，會使學生廢寢忘食去鑽研背後的道理，為什麼MIT這麼看重動手做而把它當作校訓。作者藉著MIT的微型碩士線上課程，不斷告訴讀者理想的教育制度應該是什麼。

對台灣來說，傳統的教室教學在新冠疫情傳播危機之下，一夕之間被迫改變，學生改為在家學習，所以書中提到的遠距教學對現在的我們一點都不陌生。藉著作者對線上教育的闡述，我希望能改變我們過去對重視成績的偏見。作者說得很好，真正的學習發生在孩子的大腦裡，時間、地點、工具都不是重點。父母不必在意孩子今天學到了什麼，因為他有一生的時間可以學習，真正的贏家跟貫穿全書的機器人比賽一樣，是屬於了解到學習真諦的人。

洪蘭

引言
探險的開始

學習是個奇妙的探險之旅，任何一個走過的人都會告訴你，旅程不是永遠平順的，它可能是一個很長、很有收穫的歷程，改變你對這個世界的經驗，讓你看到自己都不知道的能力。但是稱頌這個旅程的人通常是勝利者，因為每一個成功的屠龍者後面都有很多落入深淵的嘗試者（譯註：不是每一個人都能學會閱讀，大約有六％的孩子有閱讀困難，屠不了龍，進不了閱讀的城堡）。

我跟教育這條龍的最切身經驗是在印度理工學院（Indian Institute of Technology, IIT），這個過程深深烙印在我的腦海中，好似彼得．傑克森（Pater Jackson）以兩背影格率拍攝的電影《哈比人》（*Hobbit*）一樣。這件事發生在我大四那一年。

正確的說，是大四那一年的暑假，雖然我初進大學時的成績非常好，但是不知不覺中，我的A慢慢變成了C。最後，就在要畢業前，我「控制」（Controls）這門課被當了，而這是工程學位的必修課。

這表示我得在暑假補修，這是最後一次機會。對大部分印度區域來說，暑假是雨季

（monsoon），IIT所在的坎普爾和我所住過的所有地方都熱，但是坎普爾它是濕熱，是濕比熱更甚。我住的宿舍是沒有空調的，但是房間有一扇法國落地窗，開出去是個小陽台，所以就像每一個要暑修的倒霉鬼，我把床推到落地窗前，使我上半身至少可以享受一下偶爾的涼風，我所有的財產——我裝衣服、書本和一些從家鄉帶來的零食的皮箱，就在我的腳下，房間的另一端。

有一天早上，我八點左右醒來，睡眼惺忪的發現，有點不對勁，正確的說，有個東西在看著我，一個有獠牙的恐怖東西。

我不知道你有沒有從熟睡突然換到恐怖的經驗，我絕對不建議你去試。我身體的每一個部位都僵住了，除了我的眼球，緊盯在這位訪客的獠牙上，回瞪著我的是隻恆河猴。

我立刻了解我的錯誤：我在甜食和這隻飢餓的猴子之間。

在我的觀念裡，猴子只有在電視機的另一端才可愛，牠們非常喜歡惡作劇，甚至暴力。牠們有的時候身上還有狂犬病毒。我們就這樣面對面的互瞪了幾分鐘，我在心中想像我的訃文：一個本來很有前途的學生在暑期學校被猴子撕裂。

五年前我在念高中的時候，沒有任何一個認得我的人會想到，我竟有這麼丟臉的一天。我跟七萬名同學一起競爭考入IIT[1]——以今天來講，是跟一百萬人競爭這個全世界最嚴酷的大學入學考試。只有二％的學生得以進入IIT的校園。這表示五十個屠龍者只有一個成功。

當我的成績單寄到，我是全印度前五百名學生之一時，這新聞炸開了。雖然我有幸生在一個受過教育的家庭，而且父母都重視學習和獨立思考，但是我們絕對不是富有。父母很早就讓我知道，我的前途要靠自己，學業優秀是我唯一的出路。當我看到我的名字在榜單上時，我人生的探險之旅終於要開始了。

但是在大學裡，不知為何，我的學習慢下來了，我看不到我必須要學的抽象課程跟我的前途有什麼關係。這不是我教授的錯，因為IIT的師資是整個印度最好的，而且很多其他學生也都學得很好。這也不是我不想學，事實上，我非常希望這些知識能夠像我小時候一樣，毫不費力就進入我的大腦中。

但是，我一生中第一次學習變得困難，我無法掌握，我甚至羨慕那隻在我床腳的猴子，牠只要在宿舍的窗戶間遊蕩，找到沒關窗的房間就可能找到食物。我的大學就像自助餐餐廳，充滿了隨手可得的食物。本來我也應該像牠一樣，我看到我的朋友對知識的獲得也是隨手摘取，但是我卻沒有辦法，講起來，這隻猴子比我還適應這個大學。

今天，三十多年以後，我很高興的說，我通過了我教育探險中最危險的部分，我床尾的獼猴跑掉了，我也繼續留在學校把控制學修完（閱讀托爾金（J. R. R. Tolkien）的《魔戒》（*Lord of the Rings*）助我度過難熬的暑修）。假如我沒有補修那門課的機會，或是任何事情使我不能完成學業，我不敢想我以後的教育旅途會是什麼樣。

幸好我有了補修機會，所以今天，我站在一個非常獨特的制高點：我不但能夠終身追求知識，同時還能領導許多其他的人走在這條路上，我是麻省理工學院（MIT）開放學習（Open Learning）的主任，我的工作就是替很多想要接受教育的人打開MIT教育經驗的大門，使他們受益。

我的任務並非前所未有，歷史上，不同的時間和地點，有無數的人都做過，天才們、有遠見的人、厲行紀律的人、反對厲行紀律的人、行政者、哲學家、宗教家、聖人（如法國的拉沙爾（Saint Jean-Baptiste de La Salle）[2]，他在一六八五年建立歐洲第一個訓練老師的學校），他們有的成功，有的失敗，都是想用某些傳統來訓練學生，有些人的想法傳播到全世界，但現在都成為過去了。所以懷疑我跟我的團隊所要做的事是全新的，和前人所做的有不一樣，想來也是合理的。我的團隊不一樣，當然不是我個人作為一個教育者的經驗有不一樣，雖然不好意思的說，我覺得我是頂尖的。它也不可能是把MIT創造出來的技術去轉換成新的教育，畢竟教育改革者已經過度炒作教育技術一百多年了。在一八〇〇年代，耶魯大學希伯來文的教授哈波（William Rainey Harper）認為轉換教育的希望在美國的郵政，他認為課程的通信學習會比在學校的教室中來得快。一九一三年，愛迪生（Thomas Edison）也認為電影會使教科書過時。接下來是收音機，當時被認為會像教室中的黑板一樣普遍[3]。然後是電視，一九五

○年代的科技愛好者說它是「二十一英吋的教室」[4]。一九六一年的《新科技時代》（*Popular Science*）雜誌甚至預測到一九六五年時，一半的學生會仰賴自動化的「教學機器」[5]（teaching machines）（譯註：這是行為主義在高峰期所創造出來的教學機器，它的概念跟史金納（B. F. Skinner）的刺激反應一樣，每一次嘗試都有回饋，我在加州大學看到的是做配對學習（paired association leaning），答對會「叮」一聲，答錯會「噗」一聲）。到一九七○和八○年代，電腦變成新的教學機器，的確，它很快變成「孩子生活中不可缺的部分」[6]，就如MIT科技教育前輩帕波特（Seymour Papert）在一九八○年所預測的。不過他在一九八四年預測的「電腦會炸掉學校」（the computer will blow up the school）還沒有實現[7]。相反的，我們大部分人的學習還是跟一百五十年前很像：在坐教室中，老師教，學生學，雖然從十九世紀中葉以來，科技的改變已經使教育很不一樣了。

所以，當我在想教育會變成什麼樣時，我發現我在想的不是未來的科技如何影響教育，而是自己的過去：我的大學宿舍、那隻獼猴，為何標準的教育設備能提供這麼多的機會。我從自身的經驗，了解到同樣的教育結構——它不只是建築物，它還包括很多軟體，當地的法律、傳統、校規，及沒有形諸語言或文字的常模，這些過去有助於我們發展心智，現在卻變成限制我們學習能力的東西了。我算是幸運的，因為我的挫折發生在我教育的後期，而我有家人的支持，還沒結婚，家庭的責任也少，許多人就沒有我這麼幸運了。

進入教育的篩穀機

我應該不是第一個注意到**標準的教育機構表面上是幫助學習，但實際上它是妨礙學習**，有非常多的教育改革者都對教育現狀不滿和反感，他們也一致認為教育已經變成了工廠，就如託佛勒（Alvin Toffler）在他一九七〇年的書《未來的驚嚇》（*Future Shock*）中說的[8]，把學生當作材料（material），老師是處理這些「材料」的工人，學校就是工廠，這是工業社會天才想出的點子。今天你還可以看到教育改革者，如克雷頓克里斯汀生學院（Clayton Christensen Institute）（「工廠模式系統」整批處理學生[9]）到左傾的世紀基金會（Century Foundation，工廠模式企圖離間第一線的老師們）[10]，及中間派的學習策略研究院（Learning Policy Institute）都在痛罵所謂的「工廠模式」（factory-model）[11]。大自由主義者蓋托（John Taylor Gatto）也說學校是個「中途之家」（halfway house）[12]，送學生進入「摧毀心靈機器」（mind-destroying machine）的地方。科技的先鋒傳道者——麻省理工學院校友，創辦可汗學院（Khan Academy，用免費視頻教學的可汗（Salman Khan）也說「完全沒有必要再繼續十九世紀普魯士留下來的工廠模式」[13]。

這些人的批評是有道理的，標準化的學校的確有很多嚴重的缺點，然而，雖然大家都這樣說，我還是不認為工廠這個比喻，有真正描繪出這種機械式大量教學對學習者的影響。

比如說，這些教育改革者長久以來都在抱怨著同樣的事情[14]，就如歷史學家多恩（Sherman Dorn）指出，早在美國南北戰爭前的幾十年，美國學校就充滿了「工廠模式」的各種「罪行」，如大量印製的教科書及死背的傳統教育法，那時就有人呼籲改革。到十九世紀末，新一代的改革者的抱怨跟前一代異常的相似，這個歷程一再重複，不但在「進步時代」（Progressive Era）（譯註：指一八九〇到一九二〇年間，美國歷史上一個大幅社會改革的時代），而且一直到整個二十世紀。從很多方面來講，責罵工廠形式的學校，只是對舊的、敷衍的、重複性的教學法換上一個新的比喻罷了。

你很容易看到為什麼工廠這個比喻歷久不衰，學校在乍看之下，的確是把材料——各式各樣的學生，透過在校期間的塑造，最後生產出一模一樣的成品。這整個塑造歷程就是從學生入學到畢業出校門之間完成的：把黏土塑成餐盤、把黃金鑄成金條、把樹砍下做成牙籤。

這個一致性成品的結果沒有比大學入學許可證的簽發更顯著的了。近年來，美國頂尖大學發現他們越來越難區分學生的優劣了[15]。從申請書上看來，他們像是基因複製出來似的，至少在SAT和ACT分數和在校成績看起來的確是如此。這些工廠的成品，用這幾個標準測驗的鏡頭來檢視，倒是非常的有一致性。

但是模形塑造並非造成這種一致性的方式，因為全世界教育系統所製造出來的成品都跟當初的輸入不同，這中間一定有某個歷程是造成這個不同的原因，或許還不只一個歷程：我認為它就是篩穀機（winnowing）。

篩穀機是用空氣去分離穀和糠的機器，一個小的篩穀機大約只有吸塵器大小，可以放在麵包店或咖啡屋的角落，而不被注意。大的可以大到如倉庫。整個工廠都是用來製造幾乎完全相同的穀類，它不是用塑造的，而是用去除不要的方法。當初建構這種機器時，它主要的問題是你可以接受的錯誤率有多高？要做到幾乎沒有米糠的話，你願意篩掉多少好的穀子？

我不知道為了要得到一致性的產品，全世界的篩穀機要犧牲多少好的可造之材，但是這個浪費是很大的，從拒絕入學的信和不及格的考試分數可以看出，但還有不這麼明顯的形式：從來沒有上過的課、從來沒有送出的申請信、從來沒有考過的試和從來沒有讀過的書。

一旦你了解教育系統不是建立在培養而是在篩揀、淘汰和剔除時，你就到處都看到這種情形了：我們用考試來篩揀，我們用教學來將不合格者淘汰。

我們同時也用教誰、在哪裡教、什麼時候教、給多少錢教來篩揀。請想像全世界每一個想上學的人可能遭遇到的情境：有很多人，教育的旅程還沒有開始就結束了，你想上大學，但是你住的地方離大學太遠，或是你年紀太大，不能上學（沒有這種事，不過從另一方面來說，白天上班，晚上的確很難再去上學），或許你是個被壓的喘不過氣來的家長，或是有長照責任的人，想上學卻不能，或許你住在地球的某處，那裡沒有好的學校，或許你當地的學校不允許「錯誤」種族、膚色、社會階級或種姓（譯註：印度有種姓制度）。有的國家女生不能上學，在另外的國家，女生小學表現得很好，但是卻不准繼續升學或是被指引到典型的女性領域，而男生可以去玩機器人。你的家人可能不期待你會去念大學，或是你的社區不認為接受高等教育是必須，就如經濟學家霍克斯比（Caroline Hoxby）和阿弗瑞（Christopher Avery）在二〇一二年的研究指出，很大數量，甚至可以說絕大多數的低收入、高成就的美國學生，從來沒有申請到好的大學，雖然各種獎學金並不少[16]。

因為不是每一個人都能拿到足夠的獎學金，教育的費用更增加了本來就無法無天的篩穀機的惡行。從一九八〇年代開始[17]，大學的學費就每年漲，比物價指數的通貨膨脹率高了一倍，因為政府的補助逐年減少，而學校的行政開支和研究經費逐年增加[18]，高科技領域的薪水升高，所以學校和醫療也必須漲價，於是學費便跟著漲。

或許對學費高漲最直接了當的解釋，就是大學文憑還是很值錢，是值得學費的投資，就如MIT經濟學教授奧托（David Autor）二〇一四年在《科學》（*Science*）期刊上說[19]，獲取大學文憑還是最聰明的投資，它的平均獲利（median lifetime）是五十萬美金：一個有名大學的文憑容易找到好的工作，好的工作薪水高，所以幾年下來，學費的投資就回本了。事實上，經濟學家郭登（Grey Gordon）和海德朗（Aaron Hedlund）的模式分析支持了這個說法[20]。把學費變高的是因為有太多學生想進一流的大學以得到好的薪水，但是好的大學能收的學生有限，所以價錢就上升了，僧多粥少時，賣粥的人可以喊價。與此同時，二流大學或是文憑不值錢的大學，他們的招生率就會下降[21]，這幾年我們果然看到比較差的學校經營很困難。

雖然學校在決定錄取時，不考慮申請人的財務狀況，學校也提供很多的獎學金，但是學費仍然篩掉很多低收入家庭的學生。家庭收入和能否上大學的關係非常強，哈佛經經學家切蒂（Raj Chetty）在他二〇一四年的論文中顯示，低收入家庭的上課出席率為二五％，而高收入是九五％[22]。更糟的是，家庭的收入越低，你選擇想念的大學的機率就越低，因為你不能離家太遠，必須幫助家人（生計或照顧），同時，要跨過很多高欄以達到頂尖大學申請書所需要的資料也很不容易（譯註：窮人家的孩子無法提出很多課外活動的證明，因為他需要打工賺生活費，因此在表格上可填的資歷就不耀眼）。雖然就數據來說[23]，美國大部分的人是靠去上不那麼頂尖的大學來改善經濟地位（這叫經濟流動性 income mobility，個人或家庭改善其經濟狀況的能力），而非頂尖大學，但是頂尖大學在每一個學生一生收入的計算上是有利的[24]。頂尖大學也會提供比較優渥的獎學金和其他支持，史丹佛大學的霍克斯比說：「很諷刺的，低收入家庭學生最後花比上頂尖大學更多的錢去上二流大學，或甚至社區大學，因為頂尖大學的資源豐富[25]。」

任何要拓展人們學習視野的計畫都必須重新計算教育篩穀機的機率，才不會因為收入、地理位置和時機而拒絕了想學的人。這個計畫必須真實的或虛擬的增加頂尖大學的教室數量，使能容納更多的學生。對這一點，有股反抗的力量，因為頂尖學校必須能挑想收的學生才能維持頂尖，這表示它必須拒絕大部分的申請者。這就是一個難題了。

事實上，**教育篩穀機的選擇本身以及我們去執行它的方法，就是最糟糕、最具傷害性的浪費學生潛能的方法**。我們都認為把最好的學生送進最好的學校是應該的，因為我們應該盡量利用有限的資源去造就人才。但是我們達到這個目的所用的方法，卻建立在一個明顯錯誤的假設上：即學習者的潛力是固定的、可知的，一輩子不太會改變，很可能從出生就註定了。這個想法非常值得討論，卻是我們一般人對智力的看法：假如你現在很聰明，你十年、二十年以後也還是聰明，或是說，如美國智力測驗之父特曼（Lewis Terman）在一九一九年寫道：「愚者恆愚，智者恆智，庸俗者永遠庸俗[26]。」

智力測驗的發明者、法國心理學家比奈（Alfred Binet）就不贊成這個說法。比奈認為智力是可交換的（fungibility）。事實上，在一九〇五年，他設計這個測驗時，目的是要找出可以補救教學的孩子，而不是找出最聰明的孩子。但是這個測驗被史丹佛大學的特曼及跟他有類似想法的人拿去誤用[27]，造成了現在的「科學的種族歧視」（scientific racism）。這些科學家不停搜索證據來支持他們的偏見，宣揚智力是天賦的能力[28]，如特曼說的「它來自上天的恩賜」[29]。比奈對此表示哀嘆，他在一九〇九年說：「我們一定要抗議而且對這種野蠻殘忍的悲觀主義採取行動[30]。」但是一點效果也沒有，在十年之內，這個悲觀主義就蔓延開來了。第一次世界大戰時，美國一百七十萬名士兵接受了智力測驗，這後來發展為給全國學童做的「國家智力測驗」（National Intelligence Test）。到一九三〇年代時，所有的學校都給學生做智力及性向測驗了[31]。通常很小就做這種測驗，因為特曼認為小學一年級的心智測驗就可以很準確的預測這個孩子的受教可能性[32]。到五年級、六年級時，這個準確度就可以看見了。學校用智力測驗的分數去分類學生，高分者去走學術的路，低分者去走技職的路。這些高分的孩子在申請大學時，又碰到另外一個戰爭時期所用的測驗——「學術能力測驗」（Scholastic Aptitude Test, SAT）這是一九二六年開始用學生的能力來分類的測驗[33]。

SAT這種學術能力測驗的確在篩穀機的虎口中，搶救下一些學生，因為經過比較幾個世代的全國高中生後，它的確使大學的入學許可證不那麼依賴人脈（例如捐鉅款校友之子或有什麼特殊關係的人的子女可以拿到頂尖學校的入學許可證）。如果SAT成績很好，學生就有勇氣去申請那些他本來不敢申請的大學（當緬因州在二〇〇六年規定所有的高中生都要考SAT後，一〇％本來不會去考SAT的學生就上了四年制的大學[34]）。而且雖然學術能力測驗的歷史上充滿了「科學種族歧視」，但是一個目標正確的能力測驗反而可以顯現出學校的種族偏見，例如二〇〇五年佛羅里達州的布羅渥郡，用這種能力測驗來篩選小學三年級的資優生，而不像以往一樣由父母和老師來提名，結果非裔和拉丁美洲裔的資優生多了三倍[35]。

但是這個智力和能力測驗中，有很多問題是智力無法直接測量的，所以受測者要接受一組測驗，再從這些測驗的成績中，描繪出這個人的智慧剖面圖。有些心理學家不認為這些測驗真的能反映出一個人內在深層的能力[36]，這些測驗都有盲點和偏見，例如創造力和人際關係就沒有辦法用這種紙筆測驗測出來[37]。而且長久以來，製作這些測驗的人都偏向高社經地位的孩子，例如解釋「帆船賽」（regatta），偏鄉山區的孩子可能就不知道什麼叫帆船賽了（譯註：中文的好處是學生可以從字面上去猜，但如果不認識 regatta 這個字，連猜都無從猜起）。

就算智力測驗真的可以正確的測出一個人學習的能力，這個分數也還是不準確，因為 IQ 並不像特曼講的那樣終身不變。事實上，比奈是對的，**IQ 是可以改變的，它是有替代性的，會依環境和經驗而變**。用智力測驗這種東西來分類學生時，就會像篩穀機一樣，因學生的環境而篩掉他，而不是因他內在真正的能力而選擇他。事實上，社經地位越低，孩子的 IQ 就受到越多環境因素、越少遺傳因素的影響[38]，這表示環境因素對低收入家庭的不利影響是不成比例的大。比如說，飲水中的鉛或空氣中的鉛都會影響 IQ[39]，童年的營養不良[40]、童年的受虐和忽略也會[41]。最近更發現睡眠不足[42]和急性的壓力[43]會嚴重影響回答智力測驗時所需的認知歷程，導致成績不理想。從好的地方來看：教育可以提升 IQ，一般來說，多念一年書，IQ 可以增加二・七到四・五分[44]。

所以 IQ 是可以改變的，事實上，只要告訴學生 IQ 是可以提升的[45]，就足以使他們發展出心理學家狄維克（Carol Dweck）所謂的「成長心態」（growth mindset），在某些特定的情況下，可以帶來顯著的成就。最明顯的例子是，測量流體（fluid）智力的測驗（而不是固定的智力和性向測驗）會被補習班拿去給學生作練習，使分數高得不像話。就如教育史學家凱索（Carl Kaestle）說的：「有錢人家可以買測驗卷給孩子作練習，來提高他們性向測驗的分數，這就證明了那些認為SAT可測量性向和能力的人是多麼的天真[46]。」二〇一九年夏天，負責SAT的大學理事會（College Board）宣布他們開始把考試者社區和所讀的學校放進考量[47]，假如SAT的分數真的可以代表一個學生的性向和能力，大學理事會根本不必大費周章的採取這些步驟。

雖然SAT在大學的入學許可證上一直有影響力，但是從一九八〇年代起，美國的教育機構開始不再採取SAT，而傾向特定主題的成就測驗，這種測驗不是智力測驗而是知識和技術的測驗，情勢一改變，SAT立刻潰不成軍。一九九三年，美國大學理事會把SAT的名字從性向測驗改為評估測驗（Assessment Test）[48]，一九九七年更把SAT這三個字母後面的字拿掉，只保留SAT三個字母，不再是任何字的縮寫[49]。現在高中的升學班（college track）和就業班（general track）已變成一組微妙的術語：大學進階先修課程（Advanced Placement）和榮譽課程（honors courses），過去所謂的升學班已名存實亡。

我真希望可以向你保證後來的成就測驗會比能力測驗更不武斷的篩掉不適合的學習者，但是我不敢說，很多時候，臨場的壓力會減低兩種測驗的認知歷程，同時還有刻板印象的威脅

[50]：負面的刻板印象會對弱勢學生引發不公平的干擾、懷疑和焦慮，影響他們在重要考試時的表現。例如二〇一三年在特殊高中入學測驗中有著同分的男生和女生（這個測驗是進入紐約市最頂尖的八個公立學校唯一的門檻），第二年時，女生的GPA比男生高出很多[51]，表示這個入學測驗其實對女生不利，有壓低女生分數之嫌，或許是女生比較不願意去猜（譯註：有的學生不會就胡亂猜，反正不填沒有分，填了有可能猜對），但是比較可能的是刻板印象在考試時對男生和女生的干擾程度不對等，它在女生需要大腦資源去做認知處理時，占用了女生的認知資源[52]。

假如學生的個人經驗像壓在體重器上的大姆指（譯註：在量體重時，惡作劇的人會偷偷用姆指在磅秤上加力，使體重上升）來決定他是否值得教育投資，如果用這個不公平的方法來篩選學生的話，那麼再加個腳指頭上去加壓也沒差了。

即使我們努力要把認知填入學生的腦海中，但是教育者違反認知科學的教學方式，從高層次的心理學到最底下的分子層次，都沒有遵循研究的理論和原則，每一個這種違反即使是無心的，還是會延誤、誤導或縮短了學習的經驗和歷程。

簡單的說，**在把教育標準化的過程中**，**我們把學習變難了**，尤其對那些弱勢的學生而言，他們來到教室之前就已經是傷痕累累的了，因為他們是生物和心理環境的受害者。**一個挽救**

這些不應該被篩掉學生的方法，就是去除那些不必要的認知束縛，把學習變成使用者友善（user-friendly）。

我很高興的說，現在已有很多方法在這樣做了，這並不是稀釋該教給學生的知識和技術，而是**重新考量我們的教法，如何使學生想要學習**。當然這種方法不可能解決深層系統的偏見，但是它至少可以減少過度篩選所造成的傷害。

依大腦的需求來教學，可增加學生學習的深度、廣度和熱忱，甚至可以幫助很多學生而不僅限於目前受惠的學生而已。

是教還是篩？

現在的學習科學可以幫助我們脫離困境。在二十世紀的頭幾十年，許多現代大眾化教育的指標特質已被廣泛的應用，而在這之前的指標也重新被標準化來用。促使這個改變的是才出現不久的實驗心理學。它開始把尖銳、要求量化的觸角，伸到過去模糊不清的學習領域中。

一八九八年實驗心理學家桑戴克（E. L. Thorndike）寫了篇論文宣告世界，**學習其實是心智聯結原則的產物**。當人們，或是說他實驗的動物，如飢餓的貓，做出某個行為以得到想要的報酬時，他們會重複做出同樣的動作以獲得報酬。在這過程中，心智的聯結就形成了，貓籠子外頭有條魚，貓得想辦法打開籠子的門吃到那條魚。我在後面的章節中會詳細講到這個實驗，這個實驗其實就是人類如何學習的基礎，包括教室中的學習。只不過教育者把貓食和打開門換成五乘以七等於三十五而已。他們把學習的歷程分段成可以被測量、可以被處理的小段，桑戴克的理論就替大眾教育的標準化找到了科學上的理由，也帶來了對學生心智情況的新假設。過去是把學生的心智看成一個白板（blank slate），經驗把它塑造成最後的樣子。這個理論完全否定先天的成分。桑戴克的看法比較相近歐威爾主義（Orwellian）：雖然所有的白板生下來都是空白的，但是有的白板比其他的更白，或是說，更容易去吸收或把進來的訊息分段。這個想法就跟後來支持智力測驗者的主張一樣，認為人的智力是基因決定的，終身不會改變。這個想法大大影響了二十世紀學生的篩選（桑戴克的確和特曼一起在「陸軍智力測驗計畫」和後來的「國家智力測驗」上工作過）。

所以即使他的子弟兵認為教育的目的就是提升智力，桑戴克的看法還是不一樣，他告訴哥倫比亞大學的學生說：「學校或任何教育機構至少可以做的一件事，就是發展學生的能力和潛能（powers and capacities）[53]。」在智力被認為是不可能改變的那個時代，他建議學校應該把有限的資源用到最好的學生身上，使他們能夠全力發揮潛能，學校必須把糠給篩除掉。

我很難去過度強調這種看法對學生所造成的傷害，因為它們實在太大了，這個觀念被織進美國的平民教育中，甚至影響了全世界的大眾教育，即使到今天，很多學校還是小學一畢業就開始篩選學生，好像他們學習的能力十二歲就決定了。這是不對的，我們把他們的大腦當作空桶，往裡面塞知識（我後面會解釋，比較好的比喻應該是一棵正在成長的樹），我們用分數和考試作紅蘿蔔來驅使他們學習（其實，我們應該聚焦在建立他們的好奇心和興趣）。最後，在這個過程的終點，我們得到一種非常獨特的學生，他並不是不值得更多的教育投資，但他也不是將人類潛能全都發展出來的人。

即使當大眾教育的結構在桑戴克的眼裡已經很固定了，認知科學仍然繼續在進步，使標準化的教育核心假設遠遠落後科學的知識。這並不是說桑戴克錯了，而是他的學習理論是個化約理論（reductive），他太簡化這個非常複雜的學習歷程了。事實上，桑戴克的學習機制，跟今天大家所同意的突觸神經科學模式有很多相似的地方[54]，他可以說有先見之明。他沒有想到的是他的模式只是基礎，上面還有很高的樓層[55]，每一個神經元和他們的突觸，支持著大腦各個地區特殊的功能。也就是說，生理的大腦支持著心理的歷程，我們所認為意識的心智是需要生理和心理兩者的共同支持，更不要說在教室裡，有好幾個心智在交互作用。研究者發現在這組織的每一個階層，都跟學生能否成功學習有著絕對的關鍵性，如果干擾它，學習會馬上終止。

百年來的教育制度對這些新的科學發現自然感到很不安，因此如果要把教育推得又遠又廣，我們就不能再犯過去的錯誤，**必須先了解認知科學對學習的看法是什麼**，基於現在已知的大腦和心智學習的層次，我們來思考，如何使學習對老師和學生來說，都是使用者友善的歷程？

或許使學習變得容易最顯著的障礙，就是大家都認為學習應該是困難的，在MIT，這個想法就跟在任何其他地方一樣的普遍，說不定還更厲害。MIT的學生把它叫做「IHTFP」，是我恨這個該死的地方（I Hate This F***ing Place）的縮寫，由此可知他們的課業壓力有多大。其實挑戰學生使他們對知識有深沉的了解是很重要的，但是在這困難之上加上不必要的磨練，就是殘酷和武斷了。這就像要求奧林匹克短跑選手要先通過空手道的比賽一樣不必要。

然而MIT學生引以為傲的正是這種不需要的困難。長久以來MIT的學生有一種受虐狂的驕傲，在MIT念書就好像從高壓力的消防水管中喝水一樣。這表示MIT的學生聰明又強悍，能夠喝得下足以沖掉牆上塗鴉的知識水力。所以在一九九一年，一群惡作劇的學生在校園裡弄了一個消防水管的飲水器，水真的是從消防水管中噴出來的，結果學校把它變成永久性的展示了，這個消防水管的飲水器目前在Ray and Maria Stata中心的入口，這是MIT大部分電腦科學家所住的地方，上面有塊牌子解釋MIT的高壓力學習。每次我經過它，都忍不住做鬼臉，因為它代表了兩個錯誤的觀念：第一，它表示在MIT學習是很困難的，這很奇怪，這是世界頂尖的科技教育機構，有著最優秀的學生，你會覺得他們很容易受教（事實上，教他們比喝消防水管的水容易多了）；第二，這表示無法或不想從壓力水柱中喝水的人不屬於

MIT。或許高等教育不適合他們，或許知識本身超越他們的能力所以抓不住，或許這些知識不適合他們。

比較可能的是，我們的學習想法都錯了，我們把學習想成一個磨難或苦難，學生必須鍥而不捨，堅持不懈，不然就失敗。我想退一步問，是誰說的？為什麼一定是這樣？人類天生就會學習，學習並不是一件了不起的事，事實上，我會說我們學習的能力是與生俱來的，是經過幾百萬年的物競天擇所贏來的能力，困難的部分應該已經過去了，**什麼時候我們從世界中抽取有用的知識變成非要經過痛苦、有毅力才能獲得？什麼時候學習變成艱苦的跋涉而不是快樂的探險？**

假如一個教育系統設立時就是為了篩除掉不夠好、不值得投資的學生，那麼它當然就是把次一級的學生篩出來放到後段班，把考試考不及格、會被大學入學許可拒絕的人挑出來，整體來說，就是削減學生接受教育的可能性。更糟糕的是，那些被刷掉的學生中，包含了某些比例社經地位低下的孩子。我在前面已經說過了，他們還未入學就已經背負了對他們不利的包袱。對這個問題最顯著、最應該做的，就是去彌補這個錯誤：直接正面去打擊貧窮、種族歧視和性別歧視，以及其他把好人擋在外面的障礙。事實上，假如我們希望住在一個比較公平公正的社會的話，這種直球對決是唯一的方式。

但是即使在一個沒有這種障礙的奇蹟世界裡，學習仍然受到不符合認知科學教學法的影響。**如果真的要使教育盡量公平和平等，我們必須拋棄「學習必然是困難」的迷思，而想辦法使教學法在認知上變成「使用者友善」才行。**這個方法可使學生免除不應該的剔除，同時幫助其他的人達到學術卓越的新高點。

假如我們能拯救幾個學生不被教育的無情篩子篩出去，那麼或許我們可以放大這個效應，採用新的方法使更多的孩子進入學習的世界。這就是為什麼要有新的教學技術，它可以大大的改變大部分人學習的方式。這個把教學法改變成對大腦友善（brain-friendly）的教學模式，其實並不是新的發明。我在前面說過，我們對人類如何學習的了解以及使用新教學媒體的能力，已經到達了一個境界，它們聯合起來的力量產生了不容忽視的可能性。

在我繼續下面之前，再說一句，我認為最好的教育方式還是人對人的教育，我不認為在不久的將來會有所改變。我們現在才開始看到人類教師在運用真正強大的教育科技時，可以達報什麼樣的成就——尤其允許老師在傳統很不適用的教學法之外，自由使用這些科技時，教育的效果更能不可一世。

這個對使用者友善的需求，沒有任何時候比現在更需要了。說到這裡，我必須承認，長久以來，我也是把世界上的問題丟到教室門口，讓教育者去解決的人。但是事實是，目前的確是特別需要解決教育方法的時候。從學習者的角度，科技變化的速度正在改變工作的規則，我們需要在時間和精力上，更好、更有效的方法，使忙碌的上班族能跟得上時代，或有必要時，可以轉換跑道。同時，當幾十年來收入都停滯不動時[56]，我們需要可以幫助學生不受父母財力限制，而能得到大學教育的新方法[57]。

現在社會還有更大的問題要去面對，除了最顯著的地球暖化、氣候變遷的議題之外，還有新冠病毒、人口老化、國家醫療和長照的開支、財富的不平均分配和重振災後經濟復興的問題。很不幸的是，我們只有花一小部分的精力在處理這些緊急的問題上，極少人擁有改革創新這些問題的機會。哈佛大學的切蒂和他的團隊調查了究竟是誰有資格能參與技術創新，結果發現絕大部分專利的擁有者是來自有錢的家庭和富有的社區[58]。這表示有許多可能的愛因斯坦被埋沒了，那些如果在小時候能夠接受到創新理念的女生、少數民族、低收入家庭的孩子，他們很可能有天分去創造出有影響力的東西來，卻因現行制度成了遺珠之憾。這個創新的不平等對低收入家庭傷害最大，因為他們缺乏資源去解決他們深受其害的問題。這表示當全世界面臨著巨大待解決的問題時，我們對付它的方式卻是把一隻手綁在背後去跟它對抗。

在這同時，科學家越來越在事業的後期做出開創性的發現[59]，可能是因為在一個不斷發展的研究領域中，每一代人都需要比上一代人需要更長的時間才能跟上步伐。所以我們需要加速學生達到最先進技術的時間，也需要更廣泛背景的人來加入團隊。

對這些問題的一個解決方式便是把學習變得容易，讓全世界各個不同的人都能用到使用者友善的工具。

不管怎麼樣，學習應該是一個探險的歷程，它應該像希臘神話中，大力士赫丘利（Herculean）的十二項偉業，或是一個愉悅的發現之旅。

我很幸運，MIT的教職使我有機會一窺實現這個計畫的方式，這本書是我和讀者們分享這個愉快過程的經歷，在下面的章節裡，我們會看到科學家、教育者和工程師如何改變了我們在MIT校園和更多地方對教育和學習的看法。**假如學習是一個探險，那麼「學習如何去學習」應該是這本故事書的主題了。**

Part 1

學習是科學，和科學是學習

1
學習被區分

二〇一七年二月的最後一天，MIT機械工程系的助理教授文特（Amos Winter），正在實驗室中警告大二學生，鋰聚合物電池有致人於死的殺傷力，雖然它們應該是很安全的，但是處理不當，也會有足夠的殺傷力，會致命的。

學生：「它有多少能量？」他說：「去查。」大約十秒之後，每個查出來的人都默不作聲。文特跳到白板前面，他說：「你們知道電池的容量，因為上面貼有多少毫安培小時單位的標籤。你們只要加上時間就知道它有多少焦耳的能量。」在很短的時間內答案就在白板上了：一萬三千三百二十焦耳。他說：「這相當於把一台 Honda Civic 的車子抬高離地面十公尺，然後想像它落在你的手上！」這就是鋰聚合物電池爆炸時所會引起的傷害，假如你手上的這顆電池開始起泡泡，立刻把它埋到實驗室的沙桶中，然後朝反方向逃命！

假如沒有任何這種意外，那麼課程就持續進行。除了電池，每個學生面前還有一個簡單的機器人——那種有兩個輪子，可以滑動的最簡單的機器人——這個機器人是給學生練習用的，因為在學期終了時，他們要設計出比較複雜的機器人來。這個練習用的機器人叫做小米

（Mini-Mes），學生要從它身上學到機械工程的原理，從簡單到複雜。他們要學習編寫微控制器（microcontroller，即小的電腦）的程式來啟動電動馬達，然後要在小米中裝入自主導航的零件，使它變成一台最基本的無人車。在這期間，他們不但要學有關機器人的知識和技術，還得去像設計師和工程師那樣去思考，他們必須了解如何有創意的去做一個作業，在問題沒有變嚴重前，先發現它並處理掉。最重要的是，透過這個作業，建立自己的信心，知道自己有能力在一開始時就找出對的路子。因為一開始時，通常都有很多可能的解決方法，到後來才會出現一條最好的方法。

這是學習的過程，至少在理論上是如此，但是在2.007這門課中，有些學生的機械工程經驗比別的同學多很多。有些甚至參加過高中的機器人比賽（最著名的課外機器人組織「FIRST Robotics」，就是來自1989年的2.007）。有一個學生哈塔利（Alex Hattori）曾經參加過電視的機器人大賽「Battlebots」，這個比賽以金屬暴力著名。他和他的隊友打造了一個像下水道蓋子大小的機器人，去挑戰那些有著兇狠名字的對手，如SawBlaze和Overhaul。

對其他沒有提早起步的一百六十四名學生來說，哈塔利的經驗很令他們擔心，因為在MIT這種重視學業表現的學校，學生的壓力從未間斷。成績上不必要的競爭其實對學生一點好處也沒有，學校也很努力去減低這種壓力，比如說，大一新生第一學期不用ABC評分（只用pass／non pass），但是2.007課不一樣，競爭是深入骨髓中的，這是為什麼這門課是MIT大學部最有名的課。每一年春季結束時，這門課會舉辦一個機器人展覽會，吸引了無數人，甚至校外人士來參觀。優勝者不但可以進入MIT的榮譽簿（MIT Valhalla）（譯註：Valhalla是北歐神話中的天堂，或稱英靈神殿），在求職的履歷表上，這更是了不起的榮譽。

麥肯茲（Brandon McKenzie）的眼光落在桌旁他的實驗夥伴上。他是游泳校隊，大一就參加過第三區的游泳冠軍賽，這學期還會再參加冠軍賽，雖然他一週有十八個小時以上泡在水裡，卻能維持總平均五．○的成績。麥肯茲是不習慣落後的人，但是在這個班上，他無法擺脫其他人在打造比賽級機器人方面比他強很多的陰影。班上也有好幾個同學跟他一樣有這個擔憂，例如桌子另外一端的方艾咪（Amy Fang）和坐在他右手邊的室友，也是他隊友的葛瑞夫斯（Josh Graves）。但是班上也有很強的同學，如坐在他對面的馬龍（Jordan Malone），這個人電腦設計的工夫一流，文特後來說他是「超強者」（super power）（而這還不是他最令人印象深刻的部分，雖然人家沒有問，他自己也從來沒有提起，但是每個人都知道馬龍是短跑道速滑的高手，曾在二○一○年溫哥華和二○一四年索契的冬季奧林匹克運動會拿過獎牌，那時他還不到三十歲，當然這是在他進入MIT之前）。還有一個同學梁（Zhiyi Liang），大家都簡稱他為Z，他是一個愉快的科學瘋狂者，每週來上課時都有一些新發明。麥肯茲並沒有對他的同學展現任何敵意，他一直是班上最可靠的鼓勵者，話說回來，他也從來沒有對他的游泳隊友有過任何敵意，但這並不阻礙他跟他們競爭。

文特教授發下沒有品牌的微控制器 Arduinos，它可以指揮小米如何動作，當學期結束時，他們設計的比賽機器人也會用到它。那天早上的課主要是有關直流電馬達的機制，這是最簡單的電動馬達，現在文特教授把學生對直流電馬達的了解當作已知，開始教他們如何去用這種馬達。當他飛快的講過一序列相當複雜的概念時，麥肯茲手忙腳亂的抄筆記，同時調整小米的線路，在他的筆記型電腦上，用 Arduinos 的微控制器來指揮小米。他感覺到自己越來越跟不上進度，已在危險的下滑邊緣了。

他後來說：「我有點沮喪。」雖然使用 Arduinos 的程式語言 C++ 對他來說是新的，但是有些同學顯然是已經會了，而且「像他自己的手背」那樣熟練。他現在努力跟上進度，但是他知道他只要一不注意聽，一晃神，他就完了，就好像沉到游泳池最深的一端，但不知道該怎麼保持浮在水面上。雖然這門課有很多助教，可隨時告訴他如何把頭浮出水面，但是還是得靠自己實際去應用那些知識才有用。

2.007 這門課的核心目標就是**引發學生觀念的改變，從理論到實踐，從彷彿知道到真正掌握知識**。這門課在一九七〇年發展成現在這個樣子，當時有個年輕的教授佛勞爾斯（Woodie Flowers）覺得這門課應該要這樣教，在後來的幾十年間，這位年輕的教授變成退休的榮譽教授，但是他還是不時的出現在課堂中來講授學習。他有著像史丹・李（Stan Lee）（譯註：美國漫畫之父，是蜘蛛人、綠巨人的創作者）那樣的招牌鬍子，灰白頭髮紮成辮子，每一次他都強調一個重點：**「學習微積分」和「學習去用微積分思考」的差別。**

對像我這樣的教育者，我們都希望學生不只是拿到好成績，還要能將知識實際應用到真實世界中。這個差別非常重要。但是學生的習慣卻不是如此，他們習慣的是8×11的作業簿，教室的四面牆，四年的高中後，能順利進入大學——跨出這個熟悉的環境去到真實世界是相當嚇人的，哪怕只是暫時，也是忐忑不安。所以每一年雖然都有一些學生願意把握機會去實際製作機器人，但是也有學生不確定自己要幹什麼。

坐在麥肯茲對面的艾咪已經在打量她的同學了。她後來承認她覺得班上同學太厲害，讓她害怕，所以她決定採取中庸之道，作一般（average）的學生即可，她把伺服電機連到她機器人的面板上，她覺得在這門課能拿到好成績有點不太可能，2.007的課沒有考試，學期末的比賽也跟成績沒有關係，但是老師會很嚴厲的檢視期末機器人的設計。這門課的作業讓學生有點透不過氣來：作業分兩部分，一個是寫的部分，每週都有四個很難的工程問題要解，另外還有動手做的部分，完成小米的某些功能。這個禮拜他們要交出一段影片，記錄他們的小米如何朝某一特定方向前進，打U-turn回轉而不能用任何遙控器。到學期尾聲時，有些學生要能用複雜的自動化設計，使他的機器人透過感光器來循著地板上的直線行走。

在文特解釋這門課的目標時，一個從麻省列克興頓來的學生塔希爾（Mo Eltahir）說：「太棒了，每一堂課教的東西都可以用來幫助學期末的競賽。」

文特笑著說：「你們敢說你們有學到東西嗎？」

他們的確有，在後來的上課中，他們銘刻新的記憶，這個記憶比他們以為的還要深。這個有很高情境因素的記憶使他們可以了解並且影響他們的世界。為了要鼓勵這個歷程，2.007 這門課拋棄了一百年來傳統教室授課的包袱，用更好的方式去取代它。

一九〇二年，美國教育心理學家杜威（John Dewey）（他是當年「最有名的哲學家」，他去世時，《紐約時報》的追悼文如此稱讚他[1]），曾指出他所觀察到的典型教室的壞處，例如數學和真實生活的物件分離，地理與地質和歷史事件分離，他在他的《孩子與課程》（*The Child and the Curriculum*）一書中寫道：「老師所教的與孩子的背景知識和興趣沒有關聯[2]。」學生被動的接受知識，經過若干年的就學經驗卻沒有真正的動機去學習，他們所接受的知識與日常生活以及人生目標毫無關聯。今天雖然學校已經想辦法去改善這個缺點，但是主要問題仍然存在，因為學校的教育宗旨還是假設學生的學習是為了將來的他們，而不是為了現在的他們。

2.007 這門課就完全不是這樣，第一，要感謝這門課「不念就當掉」的本質，學生沒有那種懶洋洋、背一背就過關的讀書態度，反而追求在課堂中所教的理論一定要馬上應用得到，因為假如你不應用它，你的對手就用了。一部分是學生對「所學馬上有所用」感到興奮，今天課堂上學的馬上可以用到真實世界的工程問題上，另一部分是能讀上這門課很光榮，這門課帶給學生很強的學習動機，即使這個學生過去是只求過關（MIT的確有這樣的學生，他們傾向做最小的努力獲得A，而不是獲得B，我以前就是這樣），也會被激發願意花比必要更多的時間在實驗室，手上拿著螺絲轉，筆記型電腦打開著。就在這短短的一學期，這門課啟發了學生，不論他們是本來就有興趣或完全是門外漢，培養出的未來機械工程師比任何一門課都多，雖然很多課都想模仿2.007，但是沒有一門課能超越它。

今天，當我沉思擺在我面前的任務時，我的想法從來沒有偏離2.007太遠。任何一個值得它學費的課程，至少要做到**不但教知識，還要使學生在真實世界中用到這個知識**。2.007這門課是大大的做到了這一點。

不過這門課非常的昂貴，MIT花在修這門課學生身上的錢，遠比他們繳交的學費高。這是因為要維持一個擁有先進設備的實驗室本來就很昂貴，最貴的還是它必須有很多受過高度訓練的助教，來維持新手操作實驗時的安全性。

如果很實際的來估算，任何一個人想要提供這種高水準的教育經驗給這麼多學生，他要不就是非常有錢，不然就是很有點子能夠用小錢做大事，因為你不可能讓千百萬人上2.007這種課，就算有足夠的師資、夠大的實驗室，根據我在一張信封背面的計算方程式（譯註：諾貝爾物理獎得主費曼（Richard Feymann）得獎的方程式，就是有一天他在廚房桌上突然來的靈感，隨手拿一個用過的信封，把它拆開，在信封背面計算出來的），它需要比這個世界上所有的錢還要更多的錢才能達成。

當然縮小尺度是可以做的，維基百科就做到了，所以MIT在二〇〇一年透過「開放式課程網頁」（OpenCourseWare, OCW）把所有的課程上網，只要能上網，就能學習。但是提供訊息並不等於提供教育，所以你可以很合理的問：一個高端教育計畫，可以取代一個有經驗的老師在傳統教室中達成的目標嗎？更不要說像2.007這種提升學生學習動機、提供情境效應的效果，這些學生真的可以從了解微積分一步跨到用微積分去思考嗎？

教機器，教人類

一百年前就有很多人在想如何推廣教育，讓教育能「大量生產化」（mass-producing）。早在一九一二年，心理學家桑戴克就在想如何改變美國人對教育的看法，他想：「如果有一個奇蹟出現，一本書能夠在一個人按照第一頁的指示讀完後，第二頁的指示接著出現，就好像書裡有一個老師在指導他一樣。」一九五三年，哈佛心理學家史金納，他在很多方面很像桑戴克的傳承弟子，也想製造一個像桑戴克那種科幻小說般的教學機器，他真的建構了一個「教學機器」（teaching machines），到今天還可以在哈佛心理系大樓（William James Hall）的九樓找到（譯註：我一九六九年去美國念書時，還在加州大學有看過類似的方盒子）。它是個木製長方形盒子，跟學生桌子的桌面差不多大，上面有個長方型的窗口，每次出現一個問題，以及上一個問題的答案，旁邊有個小孔會吐出一個小紙條，學生可以寫下他的答案，寫完紙條會縮回去。學生可以比較他寫的跟機器給的答案，如果是對，就拉一下桿，錯的話，拉另一個桿，使老師可以檢查學生的對錯程度，當學生回答完圓盤上所有的問題後（譯註：現在的孩子沒有看過幻燈機，所以不太能了解這個設備。以前上課用幻燈機，打出幻燈片，幻燈機上放置一個圓盤，裡面可以插上六十張幻燈片，每張片子可以設定每兩秒換一張，也可以手動控制），這個圓盤會轉回去，將學生答錯的題目挑出來重新問他，直到他完全答對這圓盤上所有的問題為止。學生可以依照自己的速度學習，從一個圓盤升級到另一個圓盤，史金納認為這是個人化的教育革命，就如一個學生說的「傻瓜不會被發現，聰明的也不會被拖累」[3]，因為個人依個人的速度在學習。

哈佛那台教學機器，學生紀錄他們答案的窗口銅片都被磨損到剩底下的青銅色了，因為十年來學生的手腕不停在磨損這個地方（譯註：河南少林寺的磚也被幾百年來的站樁壓成一個凹下的腳印）。一九七〇年以後，這個機器就退時了，且事實證明它的實際效用不如在實驗室裡有效[4]。後來因為電子產品出來了，電腦和軟體取代了這個笨拙的機器[5]。不過不管是這個教學機器或是後來的電腦，都沒有辦法改變教室的功能。

為什麼呢？

一個原因是它們太無聊，一旦新奇感消失後，很多學生都說他們很討厭這個教學機器[6]，雖然答對時會感到高興，同時能依照自己的速度學習也是很好，但是因為史金納是行為主義者，他沒有考慮到動機、情境和社交孤立，就如他的先行者桑戴克一樣，史金納是個「化約主義者」（reductionist），想從最基本因素去解釋學習。化約主義做得對的話，的確在科學上很有用，它使我們了解原子物理的化學歷程，或是分子動能的溫度概念，但是「做得對」是假設你所分離出來的粒子和歷程，真的可以解釋這個研究主題的高層次系統。如果化約主義弄錯的話，如科學家和工程師低估了一個系統的複雜性，那麼災難就會發生，飛機會墜毀，股市會崩盤等。

在史金納化約主義的教學機器和整體取向的 2.007 課程這兩個極端之間，有些很重要的東西遺失了。這本來也沒什麼了不起，只不過引導和約束學生與老師的教育結構，正好是建立在史金納教學機器的同一個學習根基上。我可以說，今天傳統的教室能成功幫助學生發展出深沉的、跟情境有關的知識，是因為我們有很好的老師，他們能超越身上所背負的教學限制，這些限制可以一路追溯到史金納的學術理論祖師爺桑戴克。

現在回頭去看，讓我們很震驚的是，當桑戴克和他的同事在為二十世紀初的大眾教育找理由時，另外一支研究者正走著一條完全不同的路，在精神上跟 2.007 課的宗旨很像。事實上，其實整個教育心理學背後就是兩派理論的競爭，就如教育史家拉格曼（Ellen Condliffe

Lagemann）所說：「你無法了解二十世紀的美國教育史，除非你有這個觀念：桑戴克贏了，杜威輸了[7]。」

雖然這兩派的不同是在教育實踐（educational practice）上，其實高層次的爭論是在如何做科學的研究，並把科學應用到教育上。因為這跟我們後面要討論的很有關係，我們必須花些篇幅把桑戴克和杜威兩人對教育的科學概念講清楚，才可能繼續前進。

杜威的實驗學校

在十九世紀末，這個年輕的教育心理學領域就被分割成兩派了。一派是心智理論[8]，主張大腦跟肌肉一樣，需要透過運動去鍛鍊它，所以學習的態度比學到的知識更重要。既然要花力氣去鍛鍊你的大腦，要去背誦，那何不去學拉丁文或希臘文呢？

另一派是主張達爾文天擇理論的實驗心理學家霍爾（G. Stanley Hall），他的想法在現在看起來是非常合理，他覺得學校應該把訓練心智的啞鈴收起來，依孩子的天賦和興趣來設計課程。霍爾對興趣的界定跟那時學術界的看法非常不一樣，他認為白人為主的西方文化已經發展到了先進的地步，而其他文化和種族還在後面追趕，許多教育理論家（包括平等主義者杜威[9]）很不幸的更往前跨了一步，把孩子的發展跟世界文明的發展畫上了等號[10]，霍爾認為人類社會的階級跟孩子的童年有著天生的生物學上的關係[11]。

這樣導致的教學策略就和心智訓練派一樣僵硬沒有彈性。對霍爾來說，學校應該是遊戲、講故事、研究大自然，有點像古代原始社會那樣在大自然中生活，直到八歲才要開始教閱讀和寫字，以符合文字的起源和發展。然而，因為八歲才剛剛開始推理，理性才萌芽[12]，老師只有透過死背（rote memorization）的方式來教導抽象的概念，要到學生超越「荷馬階段」（Homeric Stage），才能對他們解釋這些概念後面的「how」和「why」。

杜威和桑戴克兩人都受到詹姆斯（William James）很大的影響，詹姆斯被視為「美國心理學之父」，他們兩人都在哥倫比亞大學教書，他們甚至長相都有點相似，都有著中分的黑髮，都留著小鬍子，但是相似性僅到此為止。他們一個主張「努力」（effort），另一個則主張「興趣」（interest）。杜威對教育的研究方法是像自然學家的觀察法，而桑戴克則是嚴謹的實驗法，要求像外科手術那樣精準。

杜威在一本廣為流傳的書中首次發表對美國教育的看法[13]，認為努力和興趣其實都忽略了學生真正的興趣，他好奇：「是否有可能從孩子的本能衝動和習慣（urgent impulses and habits）開始教育他，然後再慢慢把知識教給他？」

就在那一年，杜威在芝加哥大學成立了一個實驗學校（Laboratory School）來測試他的理論。他找了哈波當這個學校的校長，哈波曾是耶魯大學希伯來文的教授，後來作了芝加哥大學的第一任校長，他對教學法（pedagogy）很有興趣，組合了一群教育研究者專門研究教材教法，其中包括後來杜威的合作者派克（Francis Parker）。杜威成立這個學校的時間正好[14]，因為他已經非常厭煩努力和興趣的理論，想要找出方法來驗證當時在教育界的各種理論，其中最重要的是驗證他自己的理論，他認為學校可以是一個實驗室，專門研究學習。「假如哲學想要變成實驗的科學，這個學校的成立就是一個開始。」他寫道。「學校是社會生活的一種，它是抽象的，可以好好控制的[15]。」

這個關鍵字是「抽象」，今天我們把它當形容詞用，如一張抽象的油畫（an abstract oil painting），但是杜威把它當動詞用，來強調在一開始的時候，學習者和科學家都要努力去區分出環境中什麼才是值得注意的。他認為從嬰兒期，我們就開始觀察，甚至會做簡單的小實驗，像個小小科學家（譯註：原來小小科學家的概念是從杜威開始的，大家都以為是西雅圖華盛頓大學的庫兒（Patrica Kuhl）、梅哲夫（Andrew Meltzoff）和加州大學的賈布尼克（Alison Gopnik），因為他們合著了一本非常暢銷的《搖籃裡的科學家》（*The Scientist in the Crib*））。杜威在一九一〇年寫道：「童年的天生、沒有被汙染的態度，使幼兒有無窮的好奇心、豐沛想像力和實驗探究的熱愛，這跟科學的心智非常非常相似[16]。」

對杜威來說，孩子從他經驗中得來的第一手知識，跟一代一代傳下來的二手知識（如代數、哪一種蛇是有毒的、Des Moines 在哪裡）的距離是很大的，但是可以跨越。教育者的挑戰便是去縮小中間的距離：幫助孩子去延展他的興趣，從他自己的抽象經驗延伸到祖先傳下來的前抽象（pre-abstracted）知識，杜威於是寫道：「種族綿延下來的知識累積是很慢的，但是孩子的獲得是很快的[17]。」，只要每天在生活中教一點，就可以讓孩子感受到學習的立即報酬（譯註：最近大腦實驗發現學會一個新東西，大腦的報酬中心會活化起來，使孩子感受到如中獎般的欣喜）。這跟過去普遍的認知（其實現在還有）有很大的不同，認為學習應該「要忍受」，因為教育是為學生出社會「做準備」[18]（preparation），所以不應該是快樂的、有報酬的。

成立這個學校主要的目的是設計嚴謹的實驗，包括非正式和沒有實際動手做的想像實驗（thought experiments），來從具體的宇宙中抽取出理論的真實性。他的學生就是天生的實驗者，被鼓勵去依本能探索，學校的老師會給學生很大的空間，依每天的課表去做實驗，而這個課表是依學生的反應制定的。學校整體來說，是實驗測試的主體[19]：來驗證這種教學法，是否真的可以引導學生從他們眼前的興趣延伸到廣大的知識基礎，使他們可以應付快速改變的世界。杜威宣稱：「這個學校對教學法的關係，就像實驗室跟生物學、物理學或化學的關係一樣[20]。」

這個實驗學校在一八九六年的一月開幕，有十六名學生，包括杜威自己的兩個孩子，以及兩位老師。到一九〇二年時，它已經有一百四十名學生和二十三位老師，以及十名研究生的助理。**這個學校沒有特別的課去教閱讀、寫字和算術，但是學生被鼓勵把這些基本能力當作解決問題的工具或技術，而不是學習的目的**。例如烹飪就是「了解化學和它的原則的好方法，研究植物是了解食物的好主意[21]。」，杜威寫道。園藝給了學生去做各種種子發芽的生物實驗的機會。嗅覺使學生了解為什麼木炭比木柴燃燒得更熱。學生從最基本開始學習紡織，他們剪羊毛、紡紗、織布，最後做成成品。

這種方法在現代叫做**「跨領域」**（interdisciplinary），但是就如杜威指出學術的分領域其實是很武斷的，很多學門都沒有清楚的界限[22]。杜威認為他的學校並不只傳授知識和技術，而且還提供學生一個自我指導的工具（instruments of self-direction）[23]，教他們如何在小型的社區和離型的社會中跟別人一起工作。

杜威希望他這個小型的社區可以長大變成一個「和諧有愛的大型社會」[24]，但是直到今天，歷史學家還在辯論為什麼這個這麼好的願景沒有實現，這可能跟杜威在一九〇四年突然離開了這個才八年的學校有關。與他崇高的理想比起來，他的離去其實是個微不足道的事件，他的太太艾麗思（Alice）是這個學校的校長，被控管理不善，有瑕疵。當杜威離開芝加哥大學時，哥倫比亞大學立刻搶他去任教，一九〇五年二月，他加入哥大的哲學系，雖然他的教育哲學的事業剛剛開始，但是他做原創性教育研究的日子卻是結束了[25]。這對他後來的幾十年很不利，因為他無法驗證他的理念了。

另一個他的學校無法擴展出芝加哥以外的地方的理由是，他的想法跟當時的社會風氣不合（譯註：跑在時代前面的人都是寂寞的），尤其那個時候他的同事，也是學術上的對手——桑戴克，提出一個很有吸引力的方案。

最初的實驗室

「我真是不了解杜威在想什麼[26]！」桑戴克如此抱怨著他的哥倫比亞大學同事，雖然他們兩人有很多共同之處，包括都對實驗有信心、都對宇宙的奧祕有興趣，但是從一開始起，他們兩人對世界的看法就是對立的，差距之大，連他們對詹姆斯做羅夏克墨漬測驗（Rorschach test）（譯註：這是瑞士精神科醫生羅夏克（H. Rorschach）所創造出來的人格測驗，一共有十張，七張為黑白，三張為彩色，每個人看到的都不一樣）的解釋都完全不同。當杜威讀到詹姆斯在一八八〇年代所寫的論文時[27]（這些文章後來被收入一八九〇年出版的《心理學原理》（*The Principles of Psychology*），他看到的是詹姆斯對實驗法的支持，人類的心智是在社會的情境下演化出來的，因此應該從整體（holistic）的態度去研究它。要把心智從社會環境中抽取出來研究，杜威覺得就好像在沒有陽光的情況下研究植物一樣是徒勞無功的，單一的個人心智無法用實驗法來研究，所以他才會去建構一個小社區，讓他有足夠人數來做實驗。

桑戴克無意中讀到了詹姆斯的書，開啟了他對化約主義的追求（化約和整體正好是相對立的）。化約主義是把一個整體分解到最小的單位再來研究它，對桑戴克來說，學習的心智太大了，只有了解一個系統最小、最簡單的機制，才可能了解它的整體。

桑戴克畢業自衛斯理安大學，他曾參加過一個比賽，需要他去讀詹姆斯的著作，結果他一讀之下，發現這是他讀過「最有啟發性的書」[28]，因為書中有兩百多頁都是在描述詹姆斯所做的實驗，桑戴克馬上認同這種研究法，知道它可以有無窮的威力。過去的哲學家認為記憶是一種心智官能（faculty），可以透過練習來增進，而這個說法在詹姆斯嚴謹的實驗下瓦解了。詹姆斯背出了雨果（Victor Hugo）一百五十八行的詩《薩提爾》（*Satyr*）（譯註：Satyr 是希臘神話中，半人半羊的動物），並做了紀錄，每一行詩要花五十五秒才能背住。再往後的一個月中，他又背了米爾頓（J. Milton）的《失樂園》（*Paradise Lost*）。依理論來說，這應該使他的記憶能力到達頂峰，好似牙買加的奧林匹克短跑金牌波特（Usain Bolt）（譯註：他是世界上跑最快的人，一百公尺只跑九·五八秒），然而，當他回到雨果的 Satyr 詩，發現他要比上一次多花七秒才能再背會。這些所謂的心智練習根本沒有用，甚至可能減弱他的記憶「官能」，假如真的有這種官能存在的話。

桑戴克興奮極了，一直以來，哲學家都是用文字辯論或內省法來護衛這個搖搖欲墜的記憶官能（memory faculty）。現在，一個學者，一個簡單的實驗，命中要害，一舉把這個說法擊破。所以當桑戴克去哈佛念英文和法文的學位時，他特別去修詹姆斯的課，一年之內，他便決定去念心理學的博士學位。

很好笑的是，當桑戴克開始念他的博士學位時，詹姆斯已經從實驗心理學轉到哲學去了[29]，不過當桑戴克需要一個地方來養小雞，因為哈佛大學不准他用小孩子做實驗，詹姆斯提供了他家的地下室讓桑戴克養雞和做實驗[30]。桑戴克後來寫道：「他希望這個讓詹姆斯夫人『討厭』（nuisance）的實驗，可以因提供了詹姆斯家最小孩子一些娛樂，而減輕一些厭惡[31]。」

這是桑戴克實驗的開始，以後的許多年，他從這個基礎上建構了他的心智理論，尤其是學習理論。在那個年代，心理學還是在講「質」（qualitative）的時候，雖然已經有一小部分量化的實驗出現了（包括詹姆斯的記憶研究及德國心理學家艾賓豪斯（Hermann Ebbinghaus），他是另外一個拿自己來做實驗的心理學家，他最著名的就是遺忘曲線，背會一長串無意義音節（nonsense syllables）後，測量自己有多快會遺忘它們）（譯註：艾賓豪斯用無意義音節的目的，是為了確定他所得出的遺忘曲線沒有受到任何以前學過詞彙的干擾，因為無意義音節以前不曾存在過，所以他對這些的記憶就非常的純淨，是真正的記憶力）。桑戴克非常相信數字的力量，即使是剛剛孵出來的小雞。他在詹姆斯家的地下室，用教科書搭起一個迷宮，把小雞放進去走迷宮，他很快就發現有經驗的小雞比從來沒進去過迷宮的小雞更快找到出口。

他在拿到博士學位前，就先拿到哥倫比亞大學的聘書了[32]。所以他把小雞從哈佛大學搬到哥倫比亞大學去。那時哥大的心理系是實驗心理學最強的系所，他在哥大心理系的薛門霍大樓（Schermerhorn Hall）的閣樓設立了動物實驗室[33]，他很快就從小雞升級到流浪貓（有的時候用狗和猴子），也從迷宮進步到木頭籠子，這就是後來很有名的迷籠（puzzle boxes）。他把一隻飢餓的貓關在裡面，外面的碟子上放一條魚，貓要想辦法去拉一條懸掛在頂上的繩子，這條繩子被拉後，會打開籠子的門，貓就可以跑出去吃到那條魚。這隻貓要連續做好幾個動作，如踩在踏板上，讓籠子頂上的繩子把籠子的門拉起來等等（後來他的兒子說，他爸爸設計的這個有機關的籠子足以媲美高德堡（Rube Goldberg）[34]）（譯註：這個人是拿過普利茲獎的漫畫家，畢業於加州大學柏克萊校區的機械工程系，專門設計一些有趣的機械，把簡單的工作變複雜）。

桑戴克在寫給他後來的妻子，貝絲（Bess Moulton）的信中說：「你應該來看一下這些小貓如何打開門閂，按門上的鈕，拉那條繩子，像狗兒一樣哀求食物及玩其他的把戲，而我則在旁邊吃我的蘋果，抽我的香菸[35]。」

桑戴克記錄小貓在籠子裡有多快找到開門的機關，跑出來吃到魚，貓要經過嘗試和錯誤（trial and error）最後才吃到魚，但是這個過程會越來越快，像他的小雞一樣，經驗會加速解決問題的速度，很明顯的在小貓和小雞身上，學習發生了。

但是這個知識怎麼進入貓的大腦中的呢？在一八九八年，二十三歲的他想到了一個理論來解釋這個現象。他這篇文章只是他後面五百多篇論文、五十本書的前菜而已[36]。他寫信給貝絲說：「我找到一個理論可以把那些老傢伙打趴在地上[37]。」

對桑戴克來說，那些研究動物行為的老傢伙把動物擬人化，好像動物也可以推理似的，他覺得這是荒謬的，他的貓是逐漸學會打開門的，牠們的學習是漸進的，那些人所謂的頓悟（epiphanies）並沒有出現在牠們的學習歷程中[38]。在他一八九八年的論文〈動物的智慧〉（*Animal Intelligence*，後來修改增訂為一九一一年的版本），他提出一個解釋：**動物是用嘗試和錯誤來解決問題的，而且把解決的方法透過重複（repetition）放入牠們的記憶中**，他用「把大腦中的路踩平」來形容這個歷程。幾十年以後，神經科學的研究部分肯定了他的話，形成記憶的神經元連接，的確會因為重複的活化而變得強壯——好像一塊草皮，因為重複走，把草踩平，就顯現出一條路來了。

最終桑戴克把他的發現歸納成一組學習法則，其中最重要的為**「效果律」**（Law of Effect）[39]，當動物在用嘗試和錯誤的方法學習時，凡是帶來滿意效果的行為會重複出現，而帶來挫敗感覺的行為會比較少出現。

他認為人類的學習也是一樣，人雖然可以推理，比他那些貓強很多，但是在記憶上，還是跟貓有著相同的歷程，他寫道：「這些簡單、半機械化的現象也是人類學習的基礎。」假設其他的因素都偏向學習（願意且準備好的心智，把要學的東西切成可以消化的大小，一個重複練習的計畫），那麼，效果律後面的假設就是主要，或許是唯一需要解釋的人類學習的東西了[40]。

行為主義的誕生

效果律對二十世紀投下了兩個黑影，一個落在大眾教育的機構上，它的影響一直到今天還看得到。另外一個到了實驗心理學界，促發了一個運動，主宰了實驗心理學幾十年。一九一三年，約翰霍浦金斯大學的心理學家華生（John B. Watson）到哥倫比亞大學演講，介紹了一個名詞「行為主義」（behaviorism），這是桑戴克和俄國的巴夫洛夫（Ivan Pavlov）已經熟知的。不過華生對行為主義的定義非常極端，只能從刺激（stimuli）去解釋心智，他所謂的刺激就是對動物所做的事，而反應就是所觀察到的動物行為，完全忽略或否認刺激和反應中間的心智歷程，根據行為主義的學習理論（這比桑戴克的更嚴謹），唯一可以強化刺激和反應的是它們一起出現的頻率。華生和他的助理雷妮（Rosalie Rayner）做了一個實驗，把一個九個月大的嬰兒小阿爾拔（Little Albert）用恐懼制約去害怕一個白色老鼠的填充物娃娃，每一次白老鼠布偶出現，就配對一個很大的聲響，後來阿爾拔對其他的填充物布偶都感到害怕。最後華生被約翰霍浦金斯大學開除了[41]，因為他跟二十一歲的雷妮發生了婚外情，導致華生的太太跟他離婚。他後來從事廣告業，「咖啡時間」（coffee break）就是他替 Maxwell 咖啡打廣告時，想出來的名詞[42]。

華生雖然離開了學術界，行為主義卻沒有因此而亡，那個發明教學機器的史金納接續了下去，他發明了史金納箱（Skinner Box），動物在裡面學習各種反應以換取食物。他最有名的便是訓練鴿子：他教鴿子打乒乓球，在二次世界大戰開始時，他訓練鴿子投彈[43]，他先訓練鴿子去啄標的物的照片（給鴿子看要被炸的標的物相片），然後把鴿子放到投彈口，當鴿子看到地上的標的物時，牠們就去啄炸彈的釋放鈕，可以準確命中標的物，這個曾經有實施過，但是雷達被發明出來後，就沒有真正派上戰場去用。幾十年後，史金納還是很難過這個鴿子計畫的早夭，不過凡走過必留下痕跡，他把這個計畫用到人類身上，出現了後來的教學機器[44]。

他在陪伴他最小的女兒去上小學四年級的數學課時，想到了教學機器的點子。當他的鴿子做對或做錯一件事時，牠是收到立即回饋的，但是在他女兒班上卻不是如此，孩子做錯了，他們並不馬上知道，要第二天老師批改完作業，發回來時，才知道這一題答錯了。史金納從自己的研究中知道這樣太晚了[45]，學習需要立即回饋才會有效，所以他開始著手設計教學機器[46]，如前面所見，可以立即讓學生知道他的答案是否正確，果然這機器也風光了十年，很多學校都使用它，直到最後被貶入學校的儲藏室。

不過史金納有一件事是對的：就是桑戴克開始的這個行為主義革命並沒有完全滲入教室中，或是影響老師和學生之間的關係或學生內心的思想，桑戴克的效果律就像鴿子計畫一樣，沒能進入核心，最後不了了之。

桑戴克去上學

一九〇〇年，在華生創造出行為主義這個名詞之前，也在史金納出生之前好幾年，桑戴克便在哥倫比亞大學的教師學院作教授了。他的興趣從比較心理學轉向了教育心理學。他的效果律成為全國推動小學、中學、大學教育標準化的基礎理論，影響了教育幾十年[47]。在他漫長的一生中，他始終保持對科學、教育，甚至對政府教育改革的熱忱，並提供這些志同道合者建言，以致於後來的教育史學家統稱其為「教育改革的行政進步論者」（administrative progressives）[48]，他們對美國的教育現代化有很大的貢獻，特別是美國的高中。很多小型高中合併變成中央系統的高中，設立輔導諮商、職業訓練課程，而桑戴克的效果律就為這些新的改變提供了理論基礎，說明為什麼這些改變是必須的。

行政進步論是當時整體社會趨勢的一部分，這個社會趨勢叫做「進步運動」（Progressive movement）。在這運動中，公立的機構是穩定社會的基石，當時社會混亂、都市遷移[49]、經濟衰退[50]，導致失業這個新經濟概念的出現[51]，同時，現代化的企業和勞工組織興起[52]，這兩股力量甚至產生流血衝突。對教育者來說，特別感興趣的是只要努力就可以爬上中產階級的夢想消失，即使你是中產階級，但是大企業的壟斷和市場經濟卻不能保證你的孩子也會是中產階級。

現在回想起來，教育者會投入社會運動是不可避免的事。就算是今天，教育對整個社會問題的影響力仍然不可忽視，從貧困的童年到經濟的萎靡到社會的不平等，整個社會下滑的現象都跟教育有關，更不說科技落後其他國家了。行政進步論者完全了解他們所面對問題的嚴重性，他們也從不懷疑他們就是改變教育現況的合適人選（the right people）。

從理論上說，改變教育現況很像杜威在他的實驗學校中想做的事。事實上，這個進步運動實施的正是桑戴克對教育和學習必須量化的看法。量化可以計算以及大量複製，就如教育史家湯林遜（Stephen Tomlinson）指出，桑戴克的理論為行政進步論者提供了監控學校每一步發展的必要工具[53]。

杜威的影響還是會存在，主要是透過師資培訓的方式，將其理念帶入教室中。但是前台的辦公室——從每個學校到整個教育部門——都採取桑戴克的理念，他的效果律是課程標準化的依據，是學校行政標準化的來源，但最糟糕的是，這把學生也標準化了。

或許桑戴克學習理論的第一個犧牲品是傳統古典人文的課程，以前認為學習是一樣通，樣樣通，假如你的希臘詩詞學得很好，那麼出社會以後，你的會計師事業也會很好，因為它訓練的是大腦記憶的官能。這個看法在現代是無稽之談，因為現在已經知道大腦不是這樣運作的，假如記憶、推理、知覺和判斷的官能不能改進（桑戴克的實驗[54]特別攻擊判斷力這個大腦官能[55]），那麼學校的行政人員依邏輯，只能在乎學生未來的努力。數學、科學、英文、歷史這四個課程支柱在這波改革中雖然還在，但改變了很多，物理和三角變成一般科學（general science）和一般數學（general mathematics），這些課的目的是要應用到家庭、農場、附近的工廠、都市和水生植物，這是一九二〇年國家教育協會（National Education Association）的報告中說的[56]，歷史變成社會科學，負起了「公民與道德」的責任，古典文學被掃到一邊，留出位子給家政（home economics）、體育、木工和工業繪圖等技職的課程。

從一九一〇到一九二〇年代，學校行政的超級結構強化了這個新的常模（norms），對桑戴克來說，這是正確的方向。老師被迫放棄對教育的控制，把它交給學校行政和課程的設計者（桑戴克賣教科書和字典賺了很多錢就是一個例子[57]）（譯註：以前老師自己編教材，沒有統一的教科書，後來老師這個權力被收回，只能教學校選定的教材）。他甚至預期將來機器會取代老師。他在一九〇六年說：「這個效果會出現在每一個可能的刺激和每一個可能的反應的原因上[58]。」他的理念變成法令，從上而下，把原來老師的工作給了校長、主任或科學家或教學機器。他限制了老師的角色，降低了老師的地位。而就如教育史學者拉格曼指出的[59]，性別因素更使老師的地位逐漸降低：行政人員（如校長、主任）通常都是男性，老師多半是女性[60]。

這非常符合當時社會的情況，那個時候美國全力在發展效率和量化——戴著眼鏡，拿著馬錶和筆記本，專門盯著員工減少浪費的糾察，是辦公室和工廠的常見景象。在學校也是一樣，老師承受很大的壓力，教學要有效率，不可以浪費納稅人的錢，大的學區併吞小的學校，那些從哥倫比亞大學教師學院畢業出來的專業人士（譯註：桑戴克就在哥大教育學院教書，所以這些人是他的門徒），把學校日常運作的控制權，從當地學校董事會的手上拿到他們的手上。

對這些新的行政人員，他們不可或缺的工具就是學分（credit）和學分時數（credit hours），不但控制學生在各學校間的流動，還應用到老師的授課時數和老師的薪水[61]。這種教學時間的標準化對行政進步非常重要，很不幸的是，如在前文中指出的，它對大腦的學習卻是一大災害。

當桑戴克和他的同黨在春風得意時，他們忽略了其系統所帶來的一些障礙。事實上，學習在學校裡已經失去了它的重要地位，變成篩選出資優生的功能了。他在一九〇一年說：「小學、中學和大學就是要篩掉一些不合適的心智[62]。」他認為這是好的、正確的，不認為這是一個成功教育系統的缺點。對他來說，學校要面對的挑戰並不是去增加智慧，而是區分出資優的和愚蠢的。他在一九〇六年說：「這是給值得受教育的學生唯一的方法，因為他們是會對世界的幸福做出真正貢獻的人[63]。」

後來，在一九二四年，他用一個實驗把這個想法推到最高點。他說「那些天賦好的會最有成就」[64]，這成為他篩選學生的理由。現在回頭去看，就如教育史學者克利巴（Herbert M. Kliebard）所言：「桑戴克究竟有沒有權力去下這個有問題的結論[65]。」其實，桑戴克的這個結論早在幾十年前就下好了。

在一九〇〇年代初期，桑戴克和其他教育心理學家就曾為某個特定主題的標準測驗背書，去測驗學生。這個測驗公立學校早就採用了（桑戴克並沒有發明標準測驗，但是他的確有設計好幾個標準測驗，包括比較學生的拼字、手寫、歷史、英文理解和畫圖的能力[66]）。這些測驗很快就被智力測驗（IQ test）所取代，不過桑戴克是全心擁抱ＩＱ測驗的，雖然他和ＩＱ測驗的主要推動者——史丹佛大學的特曼，對什麼是智力有一些不同的看法，但他們都同意ＩＱ是一出生就決定了，這個測驗對區分出一個人智商的高低很有用，他們跟其他的教育學者和心理學家聯合起來，使ＩＱ測驗成為全國性孩子學術能力的常模。

當ＩＱ在學校的影響力變大時，它的效能開始有人懷疑，杜威就是一個。他反對「任何一個程序假借科學之名，讓學生沉溺到數字階級中……，把他現在的情況變成永久[67]。」（譯註：我在台灣山地有看到孩子早早被貼上智障標籤，其實他一點都沒有智障，他只是不喜歡ＩＱ測驗，沒有去回答問題而已）雖然遭到抗議，ＩＱ測驗還是變成區分爵士樂時代（Jazz

Era）學生的標準工具，也是那時主要技職學校篩選學生的工具。特曼在一九二二年當選美國心理學會（American Psychological Association, APA）主席，一九二五年，美國教育部決定六四％的小學，五六％的國中和四十％的高中，要用ＩＱ測驗來把學生分到上大學或是藍領工作。教育學者拉維契（Diane Ravitch）指出：「這個把學生分到哪一條路的決定，其實就決定了孩子的命運，因為只有升學班的孩子才會上那些為他們準備上大學的課[68]。」（譯註：台灣過去也是如此，早早把孩子分入放牛班，生死不顧，給他們上的課、教的老師都和普通班不一樣，使他們永世不得翻身，這是什麼教育理念？）

這些大規模的量化、分類篩選最後怎麼樣了？前面有講過，這個效果不是全部不好，即使是最差的標準化測驗，也比完全講人情的篩選機制好，但是，在這同時究竟是誰被篩選掉了？

讓我們從現在可能顯而易見的地方開始。二十世紀初期整個ＩＱ測驗充滿種族歧視和階級歧視，這不只是藉口，還是當時的動機。進步論者的宗旨就是要區分學生的高下，他們要把太陽底下的每一件事都量化，這跟二十世紀初期另外一個社會運動——優生學（eugenics）不謀而合。

事實上，行為統計學（behavioral statistics）和優生學都可以追溯自同一個人，就是英國的高頓（Francis Galton），他可以說是這兩個領域之父（eugenics 這個字便是他創出來的），行政進步論者，尤其是特曼和桑戴克，都很尊敬高頓，桑戴克在一九三六年的自傳中寫道：「高頓影響我最深[69]。」特曼和桑戴克除了為高頓的優生學背書，他們的教育觀還隱含了更深的種族歧視和基因決定論。尤其是特曼，他是優生學的擁護者[70]，認為種族在智力測驗上的差距不可能用教育來縮短。桑戴克是紐約優生學高頓社團（Galton Society）的成員[71]，支持分離主義（segregationism）和職業教育主義（vocationalism），例如把某些學校改為非裔學校，把大部分文學素養課改成比較實際、在工廠中可以用到的課程。即使到了一九四〇年代後期，人類學家發現人性比基因上登錄的還要多（基因學家從新的染色體研究中看到，基因遠比那些優生學家以為的還要複雜），桑戴克仍然支持優生學，他寫道：「有能力和善良的人，可以生養下一代；低等和不好的人，則要防止他們的基因存活[72]。」

今天有無數的研究反駁他們種族主義的理論基礎。事實上，如在前面提到的，環境因素對今日IQ測驗的表現有很大的影響，美國本身的例子就有很多，人類學家歐格布（John Ogbu）就曾發現，全世界的少數民族都比當地的多數民族在IQ測驗成績上少十到十五分[73]，當這兩個團體移居到一個新的環境時，這個差異就消失了，所以分數低真正的原因不是在基因上，而是在少數民族的經驗上[74]。Vox的克萊恩（Ezra Klein）（譯註：Vox是美國FOX傳媒旗下的評論新聞網站，二〇一四年由克萊恩等人創立）指出，真正的議題不是在「IQ有沒有基因上的關係、會不會遺傳，或是說不同團體間有不同的IQ。真正的問題，是不可能不去看美國在非裔身上所做的殘酷和瘋狂的實驗，然後說這是基因在智力所造成的差別[75]。」

桑戴克這位把學習帶入量化時代的科學家，被認為是一個冷酷的哲學家，尤其是把他和人類學和內省主義的杜威相比的時候，更是如此。然而當他的背景理念逐漸為人所知後，他就看起來沒有那麼冷靜理性，而跟其他人一樣會犯「確認偏誤」（confirmation bias）（譯註：忽略事實，偏好支持自己的成見）。他和其他行政進步論者，因他們的種族歧視偏見，妨礙了他們取得少數民族真正智力的機會。他們的歧視還不僅於智力而已，桑戴克用階級和種族畫出了一個美國所謂的「好」（goodness）地圖[76]，你可能會覺得這種科學的傲慢自大很好笑，直到你想到它對全世界所造成的嚴重傷害（譯註：美國近年來的「黑人的命也是命」（Black Life Matters, BLM），就是對這種偏見傷害的一個反彈）。

我們現在仍在行政進步論偽科學留下的陰影中。直到今天，我們的教育系統仍然有著兩個目標，一方面，小學教育的目的仍是教：把有用的知識教給學生；另一方面，中學教育繼承著行政進步論的遺毒，讓我們把教育內容標準化、教學方式標準化，甚至把接受這些內容和教法的學生標準化，而這些是跟學習理念相衝突的（尤指對所有人的學習）。

這種情況常在標準化機械教學與真實世界實際學習相抵觸時發生，前面說過，認知科學的學習概念是個多層次的概念，比桑戴克最低層次的理論複雜的多。在後面的章節裡，我們會逐層爬上認知學習的樓層，你會發現每一樓層都更加打開我們的視野，我們從顯微鏡的層次開始，了解學習如何在神經系統細胞的層次發生，然後慢慢上升直到我們到達「後設認知」（metacognition）和社會動力（social dynamics）的層次。所謂「後設認知」就是「我們怎麼去思考我們的思考」（how we think about thinking），每一層都對學習有新的條件，討論這些條件可帶給我們對老師和學生的教育有更整體、有效的看法。

我想你現在了解我對桑戴克的看法了，但是後面我們還會繼續看到他的影響（至少在研究方法上，如果不是在他的理念上），沒錯，我們還是得從基礎上，一點一滴的建構出我們的學習理論，他會馬上辨識出正是他的化約理論，我把這個化約理論叫做「**由內到外的思想**」（inside-out thinking），從機械部件來解釋一個複雜的系統。這個由內到外的思想是抽取外面真實世界知識一個很有力的工具，以及一種更有效的將理論應用於實踐的方式。在AI時代，工程師假設你所建構的模式是真的符合外面的世界，但是桑戴克的模式顯然不太符合。

杜威的是比較整體的理念，我把它叫做「**由外到內的思想**」（outside-in thinking），把一個複雜的系統當作一個整體，而非把它打開來作實驗。這種相對來說，是比較小心的做法，比較不會有毀滅性的錯誤，但是也比較難轉換成在教育上可以用的方式。

對我來說，**如果要真的去複製我在2.007課堂上看到的學習方式，那真的需要由內到外，**

及由外到內兩種思考方式。這兩種看起來好像相互抵觸的方式，結合起來，可以使我們脫離過去的包袱，可是又沒有丟掉教室教學的精華，如史金納的教學機器。在下面的兩章裡，因為要從認知的最基本講起，我們會用由內到外的方法，但是當我們爬高一點時，我們就會用由外到內的方法了。這兩種科學思考方式會給教育者帶來非常不同的教學方式，但是假如我們希望看到最好的學習本質，我們必須融合兩者。

一開始，我們不必爬得高，下一章我會解釋即使在桑戴克的理論上，學習的生物真實性（biological reality）還是可以滲入，得到比較好的結果。

2 第一層：水蛭的細胞和學校的鐘

「間隔開來你的讀書時間。」

「不要在考前抱佛腳！」

「在考前就要開始讀書，不要等到最後一分鐘！」

我不知道這世界上還有沒有比上面這些話帶來更普遍性的經驗。在過去的時光裡，不知道有多少學生聽過這樣的警告，考前開夜車是不智的，不要臨場才燒香。雖然我們都知道這種讀書方式記不住、考試效果不好，但我們還是會做出錯誤的選擇。我一直到成年都還是如此，我的學生們也是。雖然我現在也是警告他們不要這樣做，要把讀書的時間區分開來讀。二〇一三年有一個研究，一半的大學生說他們是在考前的一天或兩天前才開始念書（這些是他們自己承認的），雖然他們都說不應該這樣做[1]。

的確，若把讀書時間區隔開來，多少天、多少禮拜來重複溫習一次，會大大增加讀書的效果，這個叫做「**間隔學習**」（spaced learning），有時又稱為「間隔的重複」（spaced repetition）或「間隔的練習」（spaced practice）。它是認知心理學中，歷史最悠久的研究題目，有各種各樣的實驗。從一八八五年，德國心理學家艾賓豪斯研究他自己的記憶開始，這個方法就應用到各種知識、各種學生身上。

想學非洲最古老的語言之一Swahili嗎？實驗者將字彙學習課程分為兩天，中間間隔一天，結果發現一週半後，請他們回來測試時，他們還記得三四%的字彙[2]。想要學數學嗎？在課程結束四週後，那些用間隔法做練習的學生，表現得比一次全部做完習題的學生好了兩倍[3]。這個現象在科學的領域也觀察到類似結果[4]，在七十六歲的成年人[5]跟小孩子，甚至嬰兒身上也是[6]。而且不只是學習的主題，它對不在意的學習（incidental learning，即非有意的學習[7]），甚至是技術的學習[8]，如彈鋼琴、打高爾夫球[9]都有效；對需要知識和技術結合的領域，如外科手術也有效。有一個二〇〇六年的研究發現，外科醫生在學習連接老鼠的血管時，如果他們的學習是分開來在一週內學會的，那麼他們的表現會比一次全部學會的控制組好很多，事實上，只有在一次大量學習的那一組發生過老鼠死亡的事件[10]。

這個現象不只在人類，跟我們親近的哺乳類動物也受到間隔學習的好處[11]，連果蠅也享受到間隔效應，例如要訓練果蠅去害怕某種氣味時，用區分開時段的訓練方式效果比較持久[12]。但是果蠅雖小，它們仍然有個腦，實驗發現沒有腦，甚至沒有中央神經系統的無脊椎動物，如海蝸牛，也都可以享受間隔效應的好處。海蝸牛的大小、顏色和形狀很像一塊煮熟的豬排，它沒有中央神經系統，只有神經網路，假如教牠對某個刺激起反應時，實驗者發現用間隔開的教法它們學得比較快。

就神經學上來說，海蝸牛真的是一種很簡單的動物。人類的大腦有八十六億個神經元[13]，而海蝸牛只有一萬八千個神經元。假如你要給地球上每人一個人類神經細胞的話，要給十二遍才會分完。相反的，如果你要給參加波士頓馬拉松的選手每人一個海蝸牛的神經元的話，很快就會分完，而且還有一萬個人沒有拿到。

假如一個神經元數目只有人類五百萬分之一的動物也能享受到間隔效應的好處的話，這個間隔效應就很有意思了，這其中一定有一些道理。過去教育者都把它當作周邊的東西——一個值得鼓勵的好習慣，但是不需要花時間去研究它。事實上，**間隔對教與學都有很大的關係，研究發現原來它跟記憶的機制有著關鍵性的關係。**

卡哈的先見之明

其實記憶的研究者很早就發現間隔效應的重要性了。德國的艾賓豪斯，這個戴著眼鏡、留著大鬍子的實驗心理學家，就發現間隔學習對記憶很有幫助，在一連串對自己做的記憶實驗中，艾賓豪斯仔細記錄當他把一百個無意義音節學到會背以後，間隔一小時、二十四小時、四十八小時，測試自己，看還記得多少。這就是有名的遺忘曲線（forgetting curve），遺忘後，再把它學習到一百%正確，需要多少時間，這時再過一小時、二十四小時、四十八小時，測試還剩下多少記得。他觀察到，經過一段時間後的重複學習，可以讓記憶保留得比較久[14]。因此他推論，學生不需要強迫自己在晚上完全去背會生字和文法規則，但必須在隔天早上時把它們溫習一下以加深印象。詹姆斯在一八九〇年看到艾賓豪斯的研究後，提出人類的記憶有兩個不同的類別，一個他稱為「主要記憶」（primary），另一個為「次要記憶」（secondary）。到一九一〇年時，他的學生桑戴克把它改成我們今天看到的名稱：「短期記憶」（short-term memory）和「長期記憶」（long-term memory）[15]。

在以後的年代裡，心理學的研究並沒有完全忘記間隔效應，但也沒有全力去研究它。對行為主義者來說，間隔的重複練習對訓練老鼠、鴿子和鋼琴家很有用，但僅止於有用而已，沒有去想為什麼有用（譯註：因為這是行為主義者不願去碰的「黑盒子」——大腦內的問題，所以他們避而不談）。

當桑戴克和他的門徒從腦殼外面去了解學習時，神經生理學家已經在大腦裡面探索了。很快的，這個神祕的大腦就要被解碼了。當然，他們一定要從大腦的最基本去了解起，如神經元長什麼樣，它們怎麼傳遞訊息，它們彼此又是如何連接的。在這些細節沒有被釐清之前，間隔效應是如何發生的就暫時沒有去處理了。

另外有一個問題也很有趣，就是當研究記憶的心理學家和研究大腦的生理學家這兩條路交會時，會怎樣。行為主義者從未懷疑在很遠的將來，學習行為底下的生理結構一定會曝光，史金納曾經預測：「當一個有機體做一個行為時，生理學家有一天會告訴我們他這個行為發生的細節[16]。」

對二十世紀中葉的神經生理學家來說，記憶的生理本質好像快要揭曉了，這系統研究的傳統源自卡哈（Santiago Ramóny Cajal），他是西班牙的神經解剖學家，拿過諾貝爾生醫獎。他所畫的神經細胞圖到今天的教科書都還在用它。一八九四年，他用法文對一群倫敦的科學家演講，他預測「記憶因為神經元之間的連接而發生」，這個連接後來被命名為突觸（synapse），他又說：「大腦皮質像一個長滿了樹的花園，這些樹就是錐狀細胞（pyramidal cell），因為文化刺激的關係，它會把它的根往下種得很深，長出各種不同的花和果實來[17]。」

卡哈是對的，事實上，假如今天的神經科學家玩穿越，回到一八九四年代替卡哈演講的話，內容不會改，頂多換幾個重點而已。但在當時，卡哈的神經連接理論並無法被驗證，當時也有其他可以解釋記憶現象的理論，例如一九二〇年，哈佛大學心理學家賴胥利（Karl Lashley），曾把已經學會跑迷宮的老鼠皮質一點一點的切除，看牠們到什麼時候就不會跑迷宮了。結果發現，雖然一大塊皮質都被切除了，但是只要老鼠還活著，牠就會跑迷宮。最後他下結論說，記憶是儲存在電場（electric field）中（譯註：當年教我這一段心理學史的正是賴胥利的學生，我還記得他在課堂上講這一段的身影，他給我們看一隻被切到幾乎沒有大腦皮質的老鼠，拖著半身不遂的身體，努力爬向迷宮出口取食物）。

一九四九年，賴背利的學生，加拿大麥吉爾大學心理學家海伯（Donald O. Hebb），提出了一個類似卡哈說法的理論。大腦科學的研究從以前到現在，問題都出在大腦太複雜。今天的教科書其實都把大腦畫得太簡單了，不然學生看不懂。傳統的畫法是把神經元畫成好像一朵鬱金香被拔出來放在地面，球根的部分是細胞體（cell body），上面有一些根，這些根就叫樹狀突（dendrites），它是從別的神經元接受新訊息的地方，細胞體內有細胞核和其他支持生命的東西，然後有一條長的軸突（axon）把訊息傳出去，大腦訊息的傳遞需要回到一個機制叫「運動電位」（action potential），當運動電位到達花的時候（這叫 axonal projections），他們就會釋放出化學物質（這叫神經傳導物質）到兩個神經元中間的空隙（就是我們上面說的突觸）（譯註：作者這裡講得不清楚，此處有另添加一些資訊）。大腦為什麼需要神經傳導物質？原因是電流無法跳過空隙（即突觸），所以大自然的做法便是在突觸前的神經末稍裡面存有很多囊泡，內有神經傳導物質，如多巴胺，電流到達這個神經的終端時，會刺激囊泡，釋放出神經傳導物質到中間的突觸，這些神經傳導物質游過中間的縫隙，活化突觸後，神經元的感受體讓電流繼續往下傳遞。這是最簡單，也是教科書上所畫的神經傳導過程，但是實際的情況比這複雜很多，因為一個皮質神經元不是只有前後兩個連接，它有成千上萬個突觸，甚至到十萬個突觸[18]。對二十世紀中葉的神經科學家來說，他們面對最困難的問題便是當一個神經細胞接受到輸入的訊息時，在什麼情況下，它會把訊息傳播出去？當它決定要傳出去時，它要傳給下游許許多多的神經元中的哪一個？

海伯認為每一次一個神經元引發另一個神經元活化，開始連鎖反應（chain reaction）時，這些細胞之間必需要有自我增強的歷程，使這個反應會一直傳遞下去，所以大腦裡一定有一個有秩序的、像工廠裝配線一樣的機制，一個啟動一個，一路活化下去，這就是有名的海伯定律：「同步發射的神經元是聯結在一起的」（Neurons that fire together, wire together）[19]。

這個看法帶來以下這個必然的結果：即記憶應該就這樣連接上了。當越來越多的實驗支持海伯定律時，神經科學家開始想，現在應該可以在大腦中找到記憶的所在地了，於是大家開始用貓、老鼠或猴子來做實驗。

海蝸牛上場

甚至用海蝸牛來做實驗。雖然在海伯的時代，很少人會想到用海蝸牛，因為牠的神經系統太簡單。偏向行為主義的記憶研究者都喜歡用比較複雜的動物，哺乳類和某些鳥類，因為牠們會做問題解決（problem solving）和記憶的作業[20]。對研究動物模式的神經科學家而言，行為就是高端[21]，當你從顯微鏡中去分解一個神經元時，動物為什麼要爬樹、為什麼要替牠的伴侶梳理（grooming）、為什麼要去按實驗室的桿子，這些都是太複雜的行為。因找出記憶和神經元的連接關係而得諾貝爾獎的肯戴爾（Eric Kandel）在二〇一八年的電話訪問中，回憶當時的情況，他說：「大部分的研究者都避而不談行為，他們認為行為太複雜、太混亂。」

肯戴爾生在維也納，一九三九年時，他和家人一起逃離納粹占領的奧國，來到美國的紐約，那年他九歲。到一九六〇年代中期，他已是哥倫比亞大學醫學院精神科的醫生，研究LSD這種迷幻藥在貓大腦視覺皮質的作用[22]。因為他的醫學院訓練，所以他有行為層次和細胞層次研究的經驗，而他想找一個簡單的動物來了解記憶，他發現隔壁實驗室的人在研究小龍蝦（crayfish）的神經元，他從那裡學會把玻璃的電極插入小龍蝦的軸突（雖然沒有烏賊的軸突那麼大，但也是大到可以操作），把它連接到擴音器上，這樣就可以把本來聽不見的神經活動變成可以聽得見的聲音。多年後，他在回憶錄《尋找記憶》（*In Search of Memory*）中說：「我不喜歡子彈發射的聲音，但是我發現運動電位上的碰！碰！碰！聲音非常醉人[23]。」

幾年以後，他有機會把這個電極的技術用到貓的海馬迴上，這個地方是大腦形成長期記憶的重要地方，這要感謝麥吉爾大學的米爾納教授（Brenda Milner）一系列的實驗結果。在知道了海馬迴的神經細胞跟長期記憶的形成有關係後，肯戴爾就想在貓的海馬迴附近探測一下，看是什麼因素使這個地方的神經元這麼特別。很快，他和他的研究夥伴就有一些發現了[24]。這些海馬迴細胞雖然很特別，但是還沒有特別到解釋海馬迴在記憶中所扮演的獨特角色（譯註：

米爾納的實驗主要是因為一個癲癇病人，在開刀把異常放電的兩邊海馬迴切除後，就得了失憶症，記不得開刀以後發生的事情了。這是心理學家首次知道海馬迴的功能，切除了海馬迴就會失去記憶）。肯戴爾於是想，記憶可能不是儲存在細胞裡面，或許在細胞之間[25]。

於是他決定回頭去做簡單的無脊椎動物（雖然其他資深的同事都勸阻他），他說：「別人告訴我，沒有任何一個自我尊重的神經生理學家，會放棄哺乳類的學習研究而去做無脊椎動物的學習，我是不要我的前途了嗎[26]？」但是肯戴爾知道自己要什麼，他要研究一個系統，像在烏賊軸突上看到運動電位那樣有著很粗神經系統的動物，可能是像上次來訪問教授所說的那種海蝸牛[27]，他回憶道：「海蝸牛的好處是牠的神經細胞很大，很容易找到，你可以研究一個簡單行為的神經電路，假如你找到了神經電路，就可以看到當這隻動物在學習時，這個迴路在幹什麼了。」

他在回顧時說：「看那個神經電路在幹什麼」好像很直接了當，本來就應該這樣做，但是在那個時候，就等於是記憶研究的聖杯（holy grail）。因為假如你能找出在學習時，這個電路中每一個細胞在做什麼，你就找到了記憶的細胞層次本質。

在他參加法國研究者陶克（Ladislav Tauc，就是來哈佛大學做海蝸牛演講的那位法國訪問教授）的實驗室之前，肯戴爾必須先完成兩年哈佛醫學院住院醫生的要求。在一九五〇年代，住院醫生的待遇還是比較人道的，他找到時間去讀書，包括史金納的《有機體的行為》（*The Behavior of Organisms*），裡面詳細說明了巴夫洛夫和桑戴克的實驗法，他後來寫道：「我發現書中所描述的實驗方法，可以馬上應用到我想做的海蝸牛節細胞（ganglion）的實驗上[28]。」桑戴克和史金納的由內到外的學習模式，很幸運的幫助他找到他朝思夢想的記憶的生物機制。

兩年以後，肯戴爾帶著他的小家庭到了陶克實驗室所在地的一個海邊小鎮Arcachon。他終於回到了他的出生地歐洲，回到了化約主義的由內到外的科學研究。

遲緩的研究

海蝸牛有著很大的軸突，這正是吸引肯戴爾去研究牠的原因，牠甚至比洪堡（Humboldt）烏賊的巨大軸突還更寬一點。尤其是海蝸牛至少可以抓在手上，不像其他的實驗動物，只能在水中用網子撈。海蝸牛像烏賊一樣，緊急時會放出墨水，牠們是雌雄同體，具有三十幾個環節的交配長鏈，後面那隻當作雄性，前面那隻作為雌性，中間那些有雄有雌，自己調配，有的時候，這列交配火車會捲成圓形呈咬尾蛇那種環狀[29]。平常的時候，海蝸牛的鰓和吸盤是暴露在水中的，但是一旦有天敵靠近，牠會立刻把鰓縮進身體裡去，而這個反射反應（reflex）是可以被訓練的，這正是肯戴爾要的東西。

他先把海蝸牛腹部的兩千個神經元分離出來，使它們泡在海水中維持生命，然後把電極放到他所能找到最大的神經元上。然後刺激比較小的神經元，看它們會不會輻輳成比較大的運動電位來複製行為主義最有名的學習實驗。

巴夫洛夫在做狗的唾液實驗時，觀察到三個非常簡單的學習。第一個是習慣化（habituation），動物對一個持續不停的刺激的反應，例如你搬到河邊的新房子去住，不久以後，你就不會覺得一直聽到水流的聲音了。第二個是敏感化（sensitization），通常是對一個討厭的、間歇性出現的刺激的反應，例如你屋內有個不知名的東西每十五分鐘發出一個刺耳的嗶嗶聲，使你每一次都驚跳起來。第三個是古典制約（classical conditioning），當一個顯著的刺激（通常是引起不舒服、恐懼或是性衝動），跟一個中性的刺激配對時，以後那個中性的刺激也會帶來不舒服、恐懼，或是性衝動的反應，如我們前面講到的小阿爾拔對毛絨絨的填充玩偶恐懼，因為華生把填充物和巨大聲響作配對，形成恐懼制約。

肯戴爾先形成海蝸牛的習慣化，他不停的用水去噴海蝸牛的鰓，使神經元活化，最後活化的程度減低[30]。假如運動電位像個骨牌效應（domino effect）的話，肯戴爾測量到的突觸電位（synaptic potential）就像是第一張骨牌的角度，在推倒第一張後，它就會使後面的骨牌連續倒下去，就可以測出突觸的強度。上游訊號越強，下游「骨牌」學得越快，這個突觸的電位就越強。肯戴爾發現他不停的去刺激海蝸牛形成習慣後，突觸電位就越來越低了，如他所預期。

很快的，他也訓練了海蝸牛敏感化和古典制約化，現在他可以說找到了記憶的細胞機制了，把巴夫洛夫所觀察到狗的行為化約到了細胞突觸的層次。不過這個只有在活的海蝸牛身上證明才有用[31]，而他是把神經元分離出來，在實驗皿上進行的，同時，他在法國的時間也快要到期了，他必須搬回紐約。在哥大，他組織了一個團隊，專門研究海蝸牛的鰓縮回反射反應[32]。肯戴爾用電極很辛苦的找出所有跟鰓縮回有關的神經元，很高興的是，這沒有個別差異，每一個海蝸牛控制鰓縮回的神經元都一樣，他們最大的困難是從活體上取得神經的反應，最後他們麻醉一隻海蝸牛，把它的頸子割開，抽出跟腹部節細胞相連的神經元，然後做實驗。到一九六九年時，這個團隊已經可以測量跟鰓回縮有關的六個運動神經元的突觸電位了，他們開始訓練這些海蝸牛，海蝸牛敏感化和習慣化的行為跟牠們鰓回縮突觸電位的強弱完全符合，但是古典制約就比較困難了，他們最後成功訓練海蝸牛對一個無害的刺激產生恐懼的反應，把本來不相干的感覺神經元和運動神經元連接在一起了[33]。

因為這些實驗結果的出現，過去一些爭辯開始消失了。賴胥利的電流域假說顯然是沒有意義的，同時，那些主張人類天生是一張白板的英國哲學家洛克（John Locke）或是天生帶有預設知識，如德國理性主義者康德（Kant）的主張，都變成是可以討論的了。假如海蝸牛的神經結構跟我們的大腦有相似共同點的話，那麼康德所主張的先天預設就沒有道理，而後天經驗決定這些神經電路如何傳遞訊號及何時傳遞，就符合洛克的說法。肯戴爾說：「一個有機體的行為是先天建構在它大腦中的，然而它所生存的環境和學習，會改變先天設定迴路的有效性[34]。」

過去事件的記憶

在肯戴爾的發現中，最重要的是細胞層次的學習機制，就是聯結（association），這正是桑戴克心智學習理論底下的機制。在肯戴爾的實驗中，這個聯結的現象只限於簡單的刺激和反應，你可能會想，一個系統怎麼可能又增強又減弱念頭的連接呢？我們可以這樣想，有一個人坐在仙人掌上，一次或兩次後，就發展出看到多肉植物的厭惡，但是這個系統怎麼知道仙人掌是什麼？

要解釋這一點，我們先從看轉到聞，因為視覺訊息要經過一大堆歷程才能進入視覺皮質，而嗅覺訊號經過的關卡較少（譯註：嗅覺是我們五種感官中唯一不需經過中途站——視丘的感官）。以過熟香蕉的氣味為例，假設你是不久的最近初次聞到過熟香蕉的味道，大約一年前吧，根據肯戴爾的模式，這個味道怎麼變成你記憶中的表徵？

當你第一次聞到有點過熟的香蕉時，這個過熟的香蕉所發出的化學分子進入你的鼻腔，透過神經傳導物質和它的感受體這種鑰匙和鎖的關係，進入了你五百萬或六百萬個嗅覺感受體（receptor cells）中（譯註：這鑰匙和鎖的關係是進入細胞的密語，如每一種神經傳導物質和它的感受體之間必須像鑰匙和鎖一樣完全密合，細胞膜才能打開，訊息才能進入細胞內），而嗅覺感受體有四百多種，那些符合香蕉化學分子的感受體才會送出一連串的運動電位，把這個訊息往上送，透過間隔你鼻腔和大腦的薄薄孔道進入大腦中葉負責嗅覺的嗅腦（olfactory bulb）[35]。

在那裡，這些進來的運動電位可以激發第二輪的運動電位，更往上進入大腦深處，或可以不激發[36]（譯註：這就是「入鮑魚之肆久聞而不知其臭」的神經機制，很多次以後，這些神經元習慣化了，它們不把這訊息往上送了，因此就聞不到臭味了）。假設它們是繼續往上送，這成千上萬的訊號就進入了第一層次的關口，是一組比較小的細胞群組（cell clusters），它們把進來刺耳的訊號壓縮到比較小、有組織的合音，再往上送。

下面，有意思的事情發生了，當這些進來的嗅覺訊號到達一組交換錯綜複雜的神經元時，它的活化發射伸入意識系統，有意識了（awareness），但是我們不知道它是如何活化細胞的生產線把這些訊息送入意識界（事實上，認知科學家不認為我們有可能找到這個歷程的答案），但是我們的確知道當大腦某處的一組細胞生產線第一次活化起來時，人會經驗到一個全新的感覺，有一些先天設定的反應交雜在其中，例如這味道中甜的化學成分可能使你流口水。

假如你是一隻簡單的動物，如海蝸牛，那麼這個經驗就到此為止，結束了。你可能會吃香蕉或是厭惡香蕉，發展出一些喜歡或厭惡的情緒，下次再聞到香蕉的味道時，你會根據這個情緒而做出反應。

但是假如你不是隻簡單的動物，而是擁有大腦，這個全宇宙最複雜的器官，那麼，當香蕉的味道進來啟動神經元時，你不只是反應而已，你同時也在腦海裡創造那個味道的內在表徵，將來又有同樣訊號進來時，可以拿出作比較。這表示除了大腦基層的神經元活化之外，另一個在高層次的神經元也在運作。

在這個記憶的模式中（假設神經元有模板匹配（template matching）的能力），那麼這些細胞生產線只有在對的、正確匹配的訊號進來時，它才會發射。這些訊號可以來自感官，即下一次你再看到香蕉時，或是從聯結的記憶再想到香蕉時，這些細胞就會發射了。你會發現，只要看到香蕉一次，你就跟香蕉有關的記憶聯結了，如香蕉的味道，在那個房間聞到香蕉的味道，那時候你是跟誰在一起，以及香蕉的影像。你還可以陸續加上其他跟香蕉有關的聯結，很重要的是，下一次你再看到香蕉時，這些聯結都會出現，久了以後，代表香蕉味道的細胞生產線、看到香蕉的視覺細胞生產線，及香蕉這個字的迴路，全部都互相連接在一起了，最後它們形成了你腦海中的香蕉，也就是說，你了解香蕉的意義了。

在這個記憶的模式中，肯戴爾在海蝸牛身上觀察到的突觸強度，跟桑戴克在二十世紀初期所假設的心智聯結理論就很相似了。的確，肯戴爾的研究為什麼那麼特殊使他拿到諾貝爾獎，不是他的神經科學實驗室的技術，而是他從細胞的層次來分析行為，因為在一九六〇和七〇年代，有很多研究者都是用電極放入神經元內來做研究，但是只有他把最底層細胞的機制應用到最上層行為的解釋。

肯戴爾說：「桑戴克、華生、史金納所領導的化約主義研究方法是非常好的，但是它沒有給你機制（mechanism），它們簡化了行為，並給你看行為改變了，但是生物學的化約主義可以使你找到機制，有了機制，就可以更深一層的去探討這個問題了。」當被問到行為主義有沒有過度簡化時，肯戴爾說：「沒有，他們的本能是去找學習行為由內到外的解釋，這個沒有錯，在二十世紀初期時，他們受限於可用的研究工具，他們只是走得不夠遠而已。」

間隔又回來了

像史金納這種二十世紀中葉的心理學家，希望像肯戴爾這樣的生理學家去解開學習之謎的清單（list）中，間隔效應從來不是在清單的最前面。但是當生理學的研究一直進步時，研究者很快就發現如果不去考慮時間的角色，他們就無法解釋突觸可塑性的機制，即突觸的強度會增加。

特別重要的是，肯戴爾的團隊在一九七一年有個重要的發現，如果他們刺激海蝸牛的鰓連續四十次，那麼海蝸牛鰓回縮的反射反應可以延長到一天；但是假如他們把刺激海蝸牛的鰓延長到四天，那麼這個反射反應可以維持兩個禮拜。早在艾賓豪斯的時候，科學家就已經知道間隔訊息輸入可以有效延長記憶的保存，但是沒有人去找出這個現象背後的生理機制。肯戴爾和他的團隊發現這個根是很深的，不同種族記憶的保存是在個別突觸的活動上，間隔是記憶形成的核心。

但是突觸是怎麼強化的？一九六三年時，佛列克斯納（Josefa and Louis Flexner）夫婦所領導的團隊發現，給老鼠吃一種會干擾牠產生使細胞同步發射的蛋白質時，這些老鼠可以形成新的短期記憶，卻無法形成長期記憶[37]。這表示記憶的細胞機制有兩種，一種是用手邊分子細胞工具就可以完成的，另一種是需要神經元去製作新工具，從頭開始製造蛋白質。

肯戴爾的團隊重複了佛列克斯納的實驗[38]，不過是用海蝸牛的神經元來做的，從此，他們開始鑽研分子層次的機制（譯註：分子層次又比細胞層次更小、更底層）。他們最先找到短期記憶儲存的機制，原來它跟上游神經元釋放多少神經傳導物質到記憶的突觸有關[39]。越多的神經傳導物質，突觸越強，記憶越好，但這是暫時性的。

現在要去找那個神經元的開關，使其打開，記憶就會保持得久一點。一九七三年，挪威的研究者布里斯（Timothy Bliss）和羅莫（Terje Lømo）用高速的電流，每秒一百次，去刺激兔子的海馬迴神經細胞，結果發現突觸的強度不是只有幾分鐘，而是幾天[40]，他們驚訝極了，便把這種長期維持突觸強度的形成叫做「長期增益效益」（long-term potentiation, LTP）[41]。

不過到了一九九〇年代，更多的實驗發現LTP只是個概念，它裡面有很多的階段和因果關係的機制。

今天LTP不是人類長期記憶唯一的機制，但是它顯然是開路先鋒者[42]。這個歷程的最後一個階段完全抑賴新蛋白質的合成，就像實驗室中的老鼠一樣，要靠新的蛋白質。現在因為有顯微鏡，我們可以看到一些蛋白質的作用，原來LTP是使神經元做結構和解剖學上的改變。這些下游的神經元有很多棘（spine）在突觸上，它們可以很快的增大，在增大的過程，同時增加神經傳導物質的感受體，這就會使突觸強壯。這些新的棘還可以在原來上游的突觸上形成雙層突觸，有時更形成全新的突觸，目的是強化原來的神經迴路使它變厚變大很多倍[43]。學習不只是改變我們的心智，它更改變了大腦的結構。

布里斯和羅莫的那種高速電擊刺激實驗，在自然界不會產生，因此帶來一個問題：LTP究竟是不是長期記憶的機制，還是它只是實驗室的假象。LTP可以很快形成，維持很久（有一個研究發現它可以維持一年，實驗者說，它還可以更久[44]），它的效應也會隨動物學習的能力減弱而失去作用[45]，如在生命終端的老鼠無法再學新東西時，也就沒有LTP了。所以看起來LTP應該是長期記憶的機制，當神經科學家用LTP去模仿大腦活動的自然模式時，這個方法所得到的突觸強度比標準方法來的強，這表示LTP可以自然產生，不需要科學家用快速的電流去刺激它[46]。

LTP也得到更深、更穩固的研究支持。肯戴爾的團隊發現在海蝸牛中，有第三個神經元介入，分泌很多血清素到上游記憶突觸的神經元中，這個訊號透過一連串的分子傳訊者（messenger molecules）使記憶的突觸形成強有力的長期狀態。假設這個歷程也可應用到我們複雜的大腦上，它就可能解釋為什麼短暫的強烈情緒刺激會像鎂光燈一樣留下生動的記憶。在這個模式裡，強烈的情緒狀態就像瀑布一樣大量釋放出來的訊號，告訴記憶神經元要長期保存這進來的感官記憶[47]（譯註：如車禍或命案現場的目擊者，會有很長一段時間忘不掉當時的驚嚇）。

鎂光燈效應（flashbulb effect）是人類記憶的一個特質，說明了情緒在教育上扮演重要角色，尤其是一場精彩、啟發學生的演講，會使聽過後一輩子忘不掉。不過更多的時候，我們會發現自己在沒有情緒催化的作用下，仍然在消化所學的事實和想法觀念。就如平常平淡的工作天我們依舊在學習，因為仍然有LTP在幫助我們記憶。事實上，支持LTP是記憶模式的核心最重要的證據是LTP也有間隔效應，跟長期記憶一樣。在實驗室中，如果把LTP間隔開來刺激[48]，也會得到上游[49]、下游[50]突觸被強化的作用。神經科學家提出了幾個解釋它的假設，有一個假設是說有一次組（subset）分子機制隨時準備好可以作用，因為每一次活化都給它一個機會去爭取到最新成熟的分子部件，所以間隔效應是細胞層次的原因而不是效果。假如重複接受的訊息是跟生存有關，動物會演化出一個深層的過濾網，把這種訊號優先儲存[51]。

當然學習比在突觸層次登錄記憶還要複雜，在下面的章節裡，我會談談在不同認知層次的學習策略，有的是跟大腦的結構有關，有的是跟心理學上的動機因素有關。然而，間隔效應這麼重要主要是因為它的深度，學生和心理學家都可以觀察到，從認知科學的表層到記憶最底部都有它的效應。

長的砝碼

每當我在思考間隔的重複學習跟我自己的學習經驗時，我都會想起這個「長的砝碼」（the long weight）的故事。

在我好不容易通過控制課程的補考後，我畢業了，很幸運的在深海探油器具製造公司斯倫貝謝（Schlumberger）找到了工作。

幾個月以後，我發現我自己坐在直升機上，正從蘇格蘭的艾伯汀起飛，我穿了絕緣保溫的夾克，因為公司堅持我要穿，萬一直升機落海，我有逃生的機會，底下的北海海水是冰凍的，當然這個機率很小，但是我突然發現我這麼多年來為了出社會工作所做的準備可能一不小心就前功盡棄了，我想像直升機的倒影在陽光下的樣子，好似電影《現代啟示錄》（*Apocalypse Now*）中那樣，我是來工作的，我上任前的工作準備訓練已經完成了。

那真是一段魔鬼訓練，我一跟公司簽了合約，他們就馬上把我送到愛丁堡的訓練中心，我在那裡兩個月為未來的工作做準備。他們告訴我海上探油的石油平台就是一個飄浮在海上的小型城市，這個城市設計的目的就是從三百呎深的海底挖出石油來。像這樣的系統問題是層出不窮的，我們的工作就是修理它，而且是按問題的進度而不是我們自己的進度。我以為這應該可以接受，直到我發現在陸地的訓練也跟在海上作業一樣，完全不可預測。為了訓練我們，公司建造了一個假的鑽井塔，包括巨大的分隔器（separator），這是一個小型潛水艇大小的油箱，用來分隔沙子、水、油、氣體。它是靠一個複雜的感應系統來運作，這個系統是掛在分隔器之內。假如運作很平順，它就會把油從一個口噴出，水從另一個口噴出。然而它完全符合墨菲定律，只要有可能出錯，就會出錯，這個分隔器整死我了。

在接受密集的訓練時，我們花很多時間學習這個複雜的電腦系統如何運作，然後有幾個小時讓我們在一片漆黑的夜晚去酒吧把一天的壓力釋放。當我們終於回到宿舍，躺在床上要睡覺時，警鈴會大響，房燈大亮，類似士官長的公司人員會進來告訴我們分隔器出問題了，叫我們馬上去修，沒有時間換衣服，沒有時間上廁所，馬上去修，馬上！馬上！馬上！

這種情況變成常態，幾乎每一天，總有個系統壞掉，壞掉的多半就是我們白天上課所講的內容，有的時候是前幾天上課的內容，不停的重新溫習一週前所學。有時機器在太陽出來時壞掉，有時是在半夜凌晨，大部分是在上課要用到工具的時候，真令人懷疑這些「壞掉」是人為去破壞的！

在這期間，我逐漸開竅，在大學裡，我徒勞無功想去了解的概念現在突然清楚了，這裡面一個原因是書本上講的是脫離真實世界的概念，但是現在放在我面前的水電導管、活門，它們的作用我現在了解了（我會在下面的章節裡說明情境對學習的重要）。

但是同樣重要的是時間性，以前，當我為考試開夜車時，並不是因為我懶或笨，我會選擇在考前開夜車是因為它真的有效——至少在短期內。的確，在大部分的心理學間隔實驗中，前一天才念與間隔開來念一樣有效，有時還更有效，但是假如一週後再考或一個月後再考，那麼間隔的效用是每一次都贏的。

我在大學時其實是了解這個道理的，但是我的時間和注意力都有限，而且一旦期末考完，我再也沒有必要去讀那些東西，所以我並沒有採取間隔的方法，反正應付過去了事。所以長期來說，我所學的都忘光了。

一直到後來，我才開始好奇，為什麼教育系統會把期末考設計成好像專門鼓勵不好的學習策略。這其實是提倡學習和標準化教育制度兩個完全不同的學校功能路線衝撞的結果。大學制度是考試很少，但考不好代價很大；而學習是常常考，認知負荷不重，是較友善的學習方式。**標準化學校的功能是篩選掉不適合的學生而不是建構他們學習的大腦**。事實上，整個大學教育的學期制，這麼長的時間所教的東西，學生畢業後，幾乎永遠不會再碰到，它的目標跟學習的大腦需要間隔的重複是完全相反的。這一點桑戴克不必負責，因為現代大學的學期制出現在他學說的影響之前，學校課程的設計本來就是為了找出符合桑戴克心智理論模式能夠形成最好的、最有用的記憶聯結的孩子，在細胞的層次強化他們的聯結記憶。

我在愛丁堡的訓練跟這完全相反，是一個我從來沒有經驗過的，它的目的完全不是篩選，而是提升深層、有情境的學習。過去，知識是我考完就忘記了，現在，這個知識跟著我，我只要去提取，它就跑出來了（有的時候，我剛起床，我在一個高情緒的狀態去再度提取這個知識，它像鎂光燈記憶一樣，馬上記住），很快的，我感受到最美好的事情正在發生。你有沒有注意到，當你學會一個生字後，你走到哪裡都會聽到那個字？我就是這個感覺，只是它是工程的原則。以前我的記憶是單獨的生產線，它跟其他的聯結都褪去了，有的時候是一再聯結，一再褪去。現在，我建構這條記憶生產線，它不但沒褪去，反而產生新的聯結。我建構它們，強化它們，把它們跟新的聯結放在一起，這樣之後，就會增加細胞生產線接受的訊息量（譯註：這其實就是我們在課堂上對學生說的「背景知識越廣，讀課本越輕鬆」，因為背景知識增加記憶細胞生產線吸收訊息的容易度，訊息陌生時記不住，了解得越深，越容易記住）。

這是在一九九〇年時的事，我那時不知道很多的研究正在發生，多半在肯戴爾的實驗室，這些發現可以幫助解釋為什麼**重新提取和深化記憶內容會加強記憶**，它們就像人體的骨架，有了骨架，肌肉才有地方可以附著。

今天我們知道LTP可以透過重複的間隔練習產生記憶，LTP的證據來自神經科學的實驗室，間隔效應的證據來自心理學的實驗室和教室，雖然它們並不是盡善盡美，卻是殊途同歸（譯註：在實驗上，殊途同歸的證據最有力）。例如兩者都是訓練時，間隔越久，效應越長，但是只能到某一點，不能間隔無限長。事實上，在時間這個問題上，還有很多我們不了解的地方[52]，例如對不同種類的神經元，間隔多久？什麼時間開始間隔效果最好？甚至心理學的間隔效應也是有其上限的，假如你希望記得一個東西一天，你要間隔你的讀書少於一天或最多一天；假如你要記得一個東西一個月或更長，那麼，你要間隔幾個禮拜或許一個月。假如你真的想長久記得一個東西，那麼你每幾個月就要把它拿出來讀一遍，不過沒有任何一個心理學家可以再詳細告訴你細節了[53]。

但是，有一個捷徑，假如你是「現炒現賣」（沒有時間再去讀一遍），那麼，這個不是間隔，它是大量重複背誦。一旦你已經忘記一點了，要再花一點時間去把它重新背會，那麼你就在做間隔了（譯註：其實我們小時候背書就是間隔效應，一篇古文今天背會了，去睡覺，早上起床，發現忘記了一點，背不全，再拿來背，明天早上又發現昨天全會的，有忘記的部分再溫習，等到一週後，老師上課抽背時，你已經可以流利的從頭背到尾了，因為中間經過了很多次的間隔溫習，神經迴路很穩定了）。假如你想啟動這個LTP，你需要說服你的神經元，這個你剛剛學的訊息是重要的，不是像其他無所謂的訊息。要達到這個目的，你需要在記憶開始褪去時，拿出來重新溫習一遍，最後，它就附著在你記憶中忘不掉了。

但是去建構間隔不代表你要讀讀停停。事實上，**交替練習**（interleaving）即在間隔期間去讀別的科目，不但使你能有效利用時間，還一石二鳥，兩個科目都溫習到了。在聯結記憶形成的層次，它更讓你去形成不同領域知識的連接，這會幫助你全面的了解和記憶（它還有其他高層次的好處，在後面第五章會談到）。二〇一〇年有個研究發現，兩組四年級的小朋友去解各種不同的幾何難題，每一種幾何問題中間都間隔著同樣的時間，但是一組中間間隔時是去解不同的難題，而一組是去玩積木，在後來的測試中，交替練習組的成績比積木組好了兩倍[54]。

這個交替練習的策略正是斯倫貝謝公司在愛丁堡訓練我的方式。一開始，我不喜歡（這個感覺很正常，在上面的實驗中，交替練習組在學習的時候表現不好，直到後來，這個好處才顯現出來）。後來當我的訓練結束後，我對自己充滿了信心，克服了巨大的困難，我覺得沒有什麼油井平台上的問題是我不能解決的，所以當直升機把我放在油井平台，我覺得我已經準備好去處理任何難題了。

在油井平台上經過幾天的野戰訓練後，我開始上工了。他們叫我跟隨一位年長的技工，他會教我怎麼處理繩子，的確，甲板上到處都是繩子，或許應該說電纜。高強度的滑輪和砝碼，有的時候要用手操作，在第一天即將結束時，老闆叫我去拿一個他需要用的砝碼。「爬上去那裡」，他指著平台上最高點，那是一個金屬架構，只有一個很長滑溜溜的樓梯，告訴上面那個傢伙你需要一個長的砝碼（a long weight）。

這個要求並非不合理，甲板上有各種形狀、各種大小的砝碼，所以應該也有長形的砝碼。所以我就遵命去做了，我在冰凍的雨水中爬上了樓梯，還不忘扣上安全吊繩，萬一腳滑才不會掉下來去送命。我告訴上面那個人我需要一個長的砝碼，他說「當然，留在這兒不要動。」他就去做他的事了，我站在那裡等，一直等。

等到最後，大約過了二十分鐘，我才發現，原來不是叫我上來拿長的砝碼而是叫我上來等（a long wait）（譯註：weight 和 wait 同音）。我真希望我有足夠的幽默感笑的出來，我私下詛咒、罵髒話，但是我學到一個東西，就是我還有很多要學的。這是一個教訓，帶有情緒的教訓，我會記得一輩子的教訓。

最先進的

在後來的時光裡，我開始懷念在石油井上的生活，石油工業的訓練非常有效率，因為它們必須有效率才可能生存，這整個工業是技術性的，競爭激烈的，更是危險的，一不小心就會出人命，所以公司沒有選擇，必須投資在他的員工上。這種投資（訓練）是其他工業比不上的，所以對公司裡的員工來說，很好，你學到紮實的技術，但是你不應該是非得在石油工業裡工作才能學到最先進、馬上用得到的技術訓練。在比較有經驗和閱歷後，我發現我自己在想，我這個認知上使用者友善的受教經驗，能夠用在石油以外的領域嘉惠其他的學子嗎？

今天，感謝我在北海鑽油的經驗，學習變成我去追求的目標，不為別的，只為學習本身，我渴望學到知識。我發現它是一個很好的個人價值觀，更重要的是，它也是科學不斷探究未知的一個驅力。

而記憶也還是持續落在「未知」的類別中，例如模板匹配，即一個細胞生產線只有在按到某一個特定訊號才會發射，這個原則在電腦深度學習的演算法中應用得非常好[55]，但是我們不知道它在大腦中是否真的是如此運作的。事實上，記憶突觸強化的解釋還只是眾多競爭中的一個比較有證據支持、比較被人接受的假說而已，記憶是否真的是這樣，現在還不敢打包票。因為大部分支持的證據雖然很多，卻還是缺乏直接的證據[56]。

最近MIT有一組科學家找到了一個可以更深入研究的方法，這個故事開始於利根川進（Susumu Tonegawa），一位諾貝爾獎得主，他幫助MIT成立了Picower學習與記憶研究院（Picower Institute for Learning and Memory）。到二〇一二年時，世界上最有名的神經科學實驗室都在尋找脊椎動物大腦中某些特定記憶的神經元。那一年，有個博士後研究員叫劉旭（Xu Liu）進入了利根川進的實驗室，他跟一個研究生瑞米爾（Steve Ramirez）一起用老鼠做實驗，他們先找出一個基因叫c-fos，這個基因在剛剛發射運動電位的神經元中會變得活化，把其他幾個基因跟它放在一起植入染色體中，這樣，只要這個細胞表現（expressed）c-fos，這些新的基因也會被表現（想像一個販賣機，每一次你要買巧克力棒，它就會掉出一包口香糖作贈品，也就是按一次巧克力棒的鍵掉會兩樣東西出來）。這些新的基因裡面有一個是從發光的水母上借來的，在黑暗中，發出綠色的光。當他們電擊被基因改造過的老鼠的腳時，老鼠就會產生恐懼記憶，而剛剛發射過的記憶神經元就會發出綠光（因為有綠色螢光蛋白質）。把它放在顯微鏡底下，這些細胞就像裴翠寶石一樣閃閃發光，這是人類第一次看到記憶的圖片[57]。

但是這只是一半的故事，在同一年，一個年輕的博士班學生羅矣（Dheeraj Roy）也加入了利根川進的實驗室，他在沒有窗戶的 Picower 大樓七樓的實驗室中做這個實驗。那個大樓的電梯保持著非常難受的悶熱，因為他說老鼠怕冷，而這電梯要運送老鼠　他的實驗室基本上是個無菌實驗室，進去的人都要穿實驗衣，戴丁腈手套（nitrile gloves）和髮套，因為這些老鼠是在無菌室中長大的，不能被外界汙染。

這個實驗室很小，大約只有衣帽間那麼大，在 MIT，空間一向是個問題，幸好實驗室的溫度比電梯低一些，裡面有四個聚碳酸酯的籠子，每一個籠子的地板都是金屬條桿（譯註：可通電），兩個光纖電纜從天花板垂直吊掛著。羅矣把房間的大燈關掉，打開旁邊的幾個開關，電纜就投射出藍色的光圈到籠子的地板上。

這就是劉旭的第二部分實驗，羅矣說。除了綠色螢光蛋白質，劉旭和瑞米爾還從單細胞綠藻身上弄來了一個對光敏感的基因「感光離子通道蛋白質」（channelrhodopsin），海藻用它來找太陽。當一個細胞展現這個基因時，它會對光纖電纜所發出的藍光瘋狂發射運動電位。自從二〇〇四年發現了這個技術以後[58]，這個光遺傳學（optogenetics）對凡是需要外在刺激神經元使它活化的研究技術，帶來了前所未有的精準度。在這裡，這個技術給他們機會去選擇性刺激只有跟全新記憶有關的神經元。當老鼠在籠子裡受到電擊，產生恐懼記憶時，跟這件事有關的神經元就產生感光離子通道蛋白質，當把老鼠放到另外一個籠子去時，這隻老鼠沒有什麼會怕的，但是研究者把光纖電纜插入老鼠頭上的電擊口，使藍光照進老鼠的大腦，這個感光離子通道蛋白質就被激發了，使得恐懼記憶的細胞活化起來，發射，老鼠就僵住不動了，他們成功引發了先前的恐懼記憶。

二〇一五年就在劉旭拿到西北大學正式教職時，卻不幸過世，得年三十七歲。不過他的遺愛仍在人間，二〇一五年利根川進的團隊發表了一篇論文[59]，在訓練這些基因改造的老鼠害怕電擊後，他們給老鼠一種藥，可以抹去突觸所建構的強度，理論上來說，這就抹乾淨了記憶。不久，這隻得了失憶症的老鼠就在牠本來很害怕、曾在這裡被電擊過的籠子裡，安心的逛大街了。

他們的計畫只是用這個技術去支持記憶的突觸強度理論（synaptic-strength theory of memory），所以他們把大腦的燈光打亮時，本來沒有預期任何事情發生。他們會刺激那組本來保有老鼠恐懼記憶的神經元，但是現在因為中間的連接擦掉了，它們就是一般的細胞而已。即使這些細胞活化起來，他們也不預期老鼠的行為有所改變，應該還是跟以前一樣快樂的倘佯在籠子中。

這就是為什麼當他們打開藍光，老鼠突然又僵住不敢動時，這些研究者也僵住了。這表示記憶不只是跟突觸連接強度的登錄有關，還跟這個連接的型態（pattern）有關。

「二〇一五這篇論文的結論是實驗室所有人都沒有想到的。」羅矣說。這個團隊現在是羅矣在領導了，他們在二〇一六年[60]和二〇一七[61]年陸續發表了兩篇論文，詳細說明這個結果，他們對記憶的解釋越來越有說服力了。

不過不是每一個人都同意他們的看法。加拿大麥吉爾大學的神經科學家蘇辛（Wayne Sossin），承認老鼠的僵住行為的確表示舊的記憶被活化了，但是他不同意MIT團隊的結論。他說「利根川進認為所有東西都儲存在連接能力（connectivity）上，對我來說，突觸強度（synaptic strength）和突觸連接能力（synaptic connectivity）是同樣的東西。」或許如羅矣和利根川進團隊所說[62]，在登錄記憶時，新的連接插入在兩個舊的、本來沒有溝通的神經元中間，而這個新的連接型態就是記憶的關鍵因素了，即使它們沒有扣得很緊的突觸。或者，在抹去記憶、製造失憶症的過程中，有些小的突觸強度被保留了，沒有完全擦乾淨，它們可能太弱，在正常的情況下，無法影響行為，但是在光遺傳學勢不可擋的力量之下，它又回復起來了。

蘇辛說他不了解這個機制為什麼連接能力不是突觸強度的改變。他認為在理論上，記憶可能有不同的機制同時存在。「它不是互斥，我認為不是所有的突觸都是一樣的，不是所有的連接都遵循同一個規則。」

在細胞層次的記憶研究不斷有新發現，但是不管這些爭辯，間隔和重複會幫助記憶持久是沒有疑問的。在利根川進團隊的新模式中，間隔只是幫助新突觸連接和LTP的維持，兩者都是回憶所必須的。蘇辛則是提出一個統一的模式重點在重複間隔上[63]。他認為一開始的學習引發新的突觸形成，然後間隔的學習穩定這些突觸，用它們去登錄記憶使它變得長久。

長久以來，我們把間隔當作是教育的副加東西——一個可要可不要的策略讓學生去選擇或忽略。但是**間隔效應不是學習的輔助品，它是學習的基礎**，即使是最簡單的動物也有。記憶的時間節奏（temporal rhythms）是天生的，不只是在我們大腦裡，在每一個可學習的有機體中都有。這讓我思考，難道我們不該用這生物學上的真實性來使我們的教育比較有成效嗎？其實**我們可以把間隔帶進傳統的教學中：隨堂小考使學生不停去回憶以前學過的東西，例如每次小考都包含前次的範圍**。從我在愛丁堡和北海的經驗可知，新的教育結構較少受制於規範和傳統，可以在實現間隔的好處方面走得更遠。

或許間隔可能帶來其他更高層次的好處。如果在聯結記憶的基礎層面上也存在不必要的學習障礙，那麼高層次的認知科學又會告訴我們什麼呢？

3 第二層：系統內的系統

如果你從南邊進入MIT第四十六號大樓，你會經過一個牌子上面寫著「Picower學習與記憶研究院」，但是假如你從北邊進入同一大樓，上面的牌子卻寫著「麥高文大腦研究院」（McGovern Institute for Brain Research），一個大樓怎麼會有兩個研究院？假如你了解這個大樓的結構，就不覺得奇怪了。它是一座橋橫跨大交匯口鐵路（Grand Junction Rail- road），這是一條八．五五英哩長的單軌鐵路，連接波士頓南北的交通，為了要讓底下的火車有足夠的高度通過，兩邊的樓層從三樓以上才連在一起。它有一個鋪著磁磚的大廳，上面的中庭隨著每一層樓而更加寬廣，像個倒立的金字塔。這使得光線可以照射到每一個角落，也使麥高文和Picower的科學家可以彼此互相招呼，當你看著玻璃的屋頂時，你很容易忘記中庭的地板和牆壁都是懸在空中。雖然這兩個研究院可以分開，各自獨立，但是當他們連在一起時，一個權力龐大的巨型機構出現了，四十六號建築物存在只有一個目的：縮短中間的差距。

認知科學是一個集體的統稱，裡面有許多不同的領域，中間有間隙。Picower是專門研究大腦細胞和突觸層次的認知科學，如果要從Picower研究的層次到麥高文科學家研究的層次，你需要放大，放很大才行。麥高文科學家專門製造大腦3D的數位影像，叫做立體像素（voxels），每一個立體像素可以包含一個九洞高爾夫球場那麼多草的突觸[1]，許多大腦的謎，包括那些還沒有答案的學習和記憶問題，都在這些解析度的層次中。因為Picower層次的研究，我們現在知道，至少在理論上知道，突觸如何登錄和保存訊息。而因為麥高文科學家在系統層次（systems level）的研究，我們現在知道，大腦在形成和提取記憶的區域在哪裡，偶爾，我們甚至猜到處理某些記憶的細胞生產線在哪裡。但是在這兩個層次之間，目前還沒有工具或方法去解答下列問題：那些特定細胞是登錄哪些記憶？這些特定細胞是如何被選出來的？一個記憶和另外一個聯結記憶的區隔在哪裡？這些現在仍是未解之謎。

事實上，所有的認知科學都是如此：一大片的未知，偶爾冒出一點科學的結果。要解釋這個，讓我們先把四十六號大樓轉到一邊，想像Picower面朝下倒在街上，而麥高文升高在天空，落下一堆泥土、雜物和殖民地時期的陶器。現在我們有兩層垂直的認知科學領域結構，讓我們在它上面和下面各加一層，地下室現在已經在街上的Picower的下面，我們在這裡增加一個遺傳學和基因組學（genomics）的研究室，因為基因組學對神經發展有很大的影響。基因組學的工作跟Picower的工具有很多重複的地方，如光遺傳學的實驗。但是我們還沒有縮短兩者中間的距離，一個是基因在記憶理論上是占多還占少的比例？另一個是基因在單一神經元中如何運作。

第二層平台是 Picower 層，他們受到分子生物學技術和基礎神經科學理論的幫助，發展很快，他們有時可以用這些方法去探測 Picower 和麥高文兩種不同研究層次中間黑暗的地方，如找出哪一個特定神經元在大腦裡做些什麼事，但這是一個非常辛苦、非常昂貴的歷程。例如二〇一五年，神經科學家做到了肯戴爾對海蝸牛的實驗，不過是在果蠅的大腦中，而果蠅的大腦比海蝸牛複雜許多。他們分離出一個主要的突觸[2]，這個突觸會因學習而變強，這是一個了不起的發現，但是要找出果蠅學習行為改變完整的神經電路還很遠，雖然整個果蠅神經連接網路已經找到，但是科學家仍然需要一個一個去找出哪一個突觸負責哪一個行為。

「我希望在我有生之年，能看到從感官輸入到行為輸出的神經電路的解碼。」這個研究的第一順位作者海格（Toshihide Hige）說。他說這句話時，三十七歲。

不過科學家從兩頭去縮短中間的差距，而不是只有從細胞層次往上延伸，麥高文的系統層次也努力往下作連接。麥高文科學家用的是功能性核磁共振（fMRI），你有時在醫院會看到這台儀器，它專門偵察大腦哪個區位充滿了氧氣的血液，這是大腦該區在工作的象徵。利用這個方法科學家可以找出目前在用的大腦部位，甚至到毫米立方那麼小。分子神經科學家覺得這個範圍太大了，我們的大腦有一百萬個以上的毫米立方組織，但是對研究整個大腦或大片大腦的科學家來說，fMRI 所給的準確度已經幾乎是奇蹟了。

認知科學的領域其實不是止於麥高文那一層，它還繼續往上伸，腦造影工具被各種心理學方法取代，再上去，社會學、人類學甚至經濟學都在認知科學領域之內。知識的距離在高層次依然存在，例如認知心理學家往下挖，把混淆變項除去，因為他們想知道人如何思考；而系統層次的大腦研究者往上，想知道心理學家看到的表層現象有著什麼樣的神經解剖和功能上的根，他們對間隔效應特別有興趣，因為它的根很深，穿過中間很多可見的和不可見的區域，一直深到突觸下的層次。其他相似的因素也存在，例如根比較淺的因素，也能成就或破壞我們學習某樣東西的機會。

在一百年前，桑戴克認為一個人的知識包含了這個人的記憶，這個記憶是彼此聯結，一直往外擴張的網。好似他穿透水晶球看到了今天 Picower 的研究：細胞生產線中相互連接的突觸，他無法預期的是，這源自突觸層次上面的歷程都證明對學習發生的 when 和 how 一樣重要，這決定了哪些學生值得留在教育系統中，哪些應該被篩除。

今天，我們對中間的層次知道了很多，也知道學習的障礙會發生在哪裡、我們應該怎麼做。在我幫助人們發展他們一生的學習關係時，哪些人是值得教育投資的，可透過兩個系統層次的研究得到解答：一個跟記憶在大腦儲存的生理結構有關，另一個跟基本驅力動機有關，如好奇心。這兩條線縱橫交錯穿過 MIT 麥高文大腦研究院，讓我們先來看一下他們的研究走向。

瑞士軍刀的大腦

過去幾十年來，從事神經科學系統層次的研究者有幾千個人，我只挑兩個人來談，他們都在麥高文研究院，都認為大腦是區塊性的（compartmentalized），這個模式是由內到外的機械式學習法。

他們兩人都有著非常有趣的大腦。

當你跟蓋伯埃利（John Gabrieli）說話時，你會注意到他的頭是不動的，眼睛直視你的眼睛，或許這是他在麥高文地下室做 fMRI 實驗時養成的習慣。他把自己作為受試者，在正式實驗開始前，先試著做一輪以確定所有的流程都沒錯（譯註：在開始正式實驗之前，一定要先做前測以確定流程無誤），他眼睛會直視某處，一動也不動，生怕漏接了什麼訊息。

蓋伯埃利最為人所知的是他為腦造影技術的開拓者，發展出專對某個特定神經學上疾病的研究技術，以及回答一些基本的問題，例如記憶和學習的內在機制。後者擴增了我們對這方面的了解。

其實，記憶的聯結比前面一章中講的複雜許多，記得那個香蕉味道的例子嗎？為了簡化起見，我讓你知道大腦的聯結皮質區（這是一個界定不清楚的區域，香蕉的味道在此有表徵，香蕉的音和香蕉的字都在這個地方），這個地方的記憶是混在一起儲存的。再想像一個私家偵探的辦公室，裡面檔案亂七八糟，只有它的主人才找得到所要的資料在哪裡。這兩個例子給了你對記憶的大致印象，或許有些過時，卻沒有錯。這是二十世紀上半部心理學家對記憶如何組織的著名理論，雖然賴胥利在一九二〇年代提出一個理論，他在一九四〇年代花了很多時間去反證它，系統化的切除老鼠的大腦，想去找出記憶在大腦的哪裡。這實驗是失敗的，他在一九五〇年說：「在重新審視記憶位置的實驗證據時，我有時覺得學習是不可能的事。然而，雖然手邊的證據都指向學習是不可能的，學習卻真正發生了[3]。」

第一個真正指出大腦有比較特殊的歸檔系統的人是莫賴生（Henry Molaison），大家原先只知道他名字的縮寫 H.M.，一直到他二〇〇八年過世後，真正的名字才被揭露。一九五三年，他有著不可控制的癲癇症，唯一治療的方式便是把大腦放電的位置切除，因此他左右兩個半球的海馬迴及它旁邊的大腦區塊便被切除了。他的癲癇不再發作了，但是同時也失去了記憶。手術醒來後，無法形成長期記憶，以失憶症病人度過往後的人生，這個悲劇會使看過電影《記憶拼圖》（*Memento*）的人感到熟悉。一開始時，麥吉爾大學的米爾納教授聚焦在 H.M. 不能形成長期記憶，這使神經科學家注意到海馬迴在處理長期記憶的固化（consolidation）的重要性[4]，但是 H.M. 仍然保持他童年的記憶，所以海馬迴不可能是處理長期記憶最後的地方，研究者假設短期記憶必須要穿過海馬迴經過某一種的轉換，最後才會被儲存起來[5]。

到一九五〇年代末，科學家很清楚看到大腦的記憶系統至少有兩個不同的處理方式，但是它的系統化仍不清楚。那個時候是認為記憶分為長期和短期記憶兩種。

很快，這兩個類別就像顯微鏡底下的細胞一樣，開始分裂了。那時，研究者對H.M. 的興趣從他不能做什麼轉到他還能做什麼，而這種研究法帶來了很多新知。他可以改進一些動作的技能，如照著鏡子裡的影像畫出一個五角星星，他從來不記得他畫過，但是他畫的技術隨著練習而變好[6]（譯註：他每次都抱怨，從來沒有聽過這麼無稽的事，照著鏡子畫，但是每次都有進步，到最後他說：「嘿！這比我想像的容易很多！」完全不記得他已經畫過十幾二十次了）。

這個研究的重要性是過去都認為記憶是單一的，現在一分為二了，有意識去提取的記憶（就是H.M. 無法記住的新事實、新單字、新認識的人）叫做外顯記憶（explicit memory）；而H.M. 還可以學的，還可以保存的記憶叫內隱記憶（implicit memory），這包括古典制約，如肯戴爾在海蝸牛身上做的實驗，以及動作（motor）和知覺技術（perceptual skill），如騎自行車、彈鋼琴、閱讀（譯註：他可以很流利的讀，只是讀完忘記剛剛讀的是什麼）。

這個內隱記憶的概念並非新創，一八〇〇年就有失憶症病人有內隱記憶的報導。例如有個英國婦因溺水傷腦而變成失憶症患者，她後來學會以裁縫為生，雖然每一天的工作對她來說都是一個新的技術學習；另外有個四十七歲的婦人，因酗酒而導致失憶症，瑞士心理學家克拉帕雷德（Édouard Claparède）手上藏了一根大頭針要跟她握手，她被刺痛後，第二天醫生再來巡病房，伸出手要跟她握時，她把手藏在背後，不肯跟醫生握手，她並不知道為什麼，但是就是不願[7]。

現在對這些舊的軼事（anecdotes）（譯註：沒有實驗證據只是觀察到的現象，在心理學上被稱為軼事）有新的解釋了，也知道為什麼容易忘記鎢（tungsten）的原子重量而不會忘記如何騎自行車。一旦了解這些記憶是在大腦的不同部位後，它們的記憶容易度就不難理解了。一九九四年有一篇論文就發現，H.M. 描繪五角星星的能力在他整整一年沒有做這項練習後仍然保存著，這就像一旦學會了騎自行車，一輩子都會。

這篇論文的主要作者就是蓋伯埃利，他和他的博士論文指導教授 MIT 的科金（Suzanne Corkin），從一九八〇年代中期一直到一九九〇年代中期，仔細研究了 H.M. 的內隱記憶，列出了他可以做和不可以做的事情（即記得和不記得的項目）。他們的努力創造出一個新的實驗技術叫促發效應（priming），利用它我們可以探知意識下（subconscious）的聯結記憶[8]。在一個典型的促發效應實驗中，我請你讀一長串的字，其中一個字是 meter，然後當你可能已經忘掉這個字的時候（通常是幾分鐘，或幾個小時以後），我請你填空 me___，你可以選 meter 或 melon，你多半會選 meter，因為你大腦中 meter 的迴路被活化過一次，再次看到可能的提取線索 me___ 時，meter 的迴路已在熱車狀態（譯註：開車的人都曉得，已經熱過的車會比冷的、剛發動時的車快），你就填下 meter 了。

但是這種實驗有個缺點，即使是最嚴謹設計的實驗，研究者都不能確定得到的結果是由於促發效應還是來自半遺忘的片斷外顯記憶。不過失憶病人如 H.M.，因為他們沒有外顯記憶，他們的表現一定是來自促發的內隱記憶，這就解決了來源的問題。

蓋伯埃利在這方面的研究使記憶的種類越分越細。他發現 H.M. 可以做一些其他記憶有缺失的人不能做的促發作業，例如 H.M. 可以去做模稜兩可的「點連線」（connect-the-dots puzzles），而阿茲海默症的病人不能做[9]。蓋伯埃利認為這就是證據，記憶還有很多不為人知的特質在字的記憶和影像的記憶上，等待開發解碼。

到他完成博士論文時已經有新的、比較正確的研究工具出現了[10]。一九九一年十一月《科學》期刊的封面是一個人，腦殼被飛機的螺旋槳削掉一片，暴露出裡面有幾塊橘色的大腦，這是最早的 fMRI 大腦影像圖[11]，開啟了大腦研究的革命。在這之前，正子斷層掃瞄（positron emission tomography, PET）需要幾分鐘的照射去捕捉神經元幾毫秒的活動，這很像用美國南北戰爭時期的照像機去捕捉蜂鳥翅膀的振動（譯註：蜂鳥因快速振動翅膀，每秒七十次以上，可以停留在半空中，而其他鳥不能如此懸停）。fMRI 卻只需要一秒，比 PET 快多了，而且它不需要像 PET 一樣必須注射放射性物質才可以照。所以這個技術出來以後，腦科學家都去他們當地的醫院搶用這個機器。

蓋伯埃利像許多年輕的大腦科學家一樣，對神經科學的研究有興趣，他那時已經到加州的史丹佛大學任教，把自己變成這個新科技的專家。他和 MIT 教授、也是麥高文研究員肯維胥（Nancy Kanwisher），做了第一個、也是最有影響力的 fMRI 研究。

在一九八〇年代，肯維胥和蓋伯埃利是研究所的同學，今天，他們兩人也都是 MIT 腦與認知科學系的教授，她跟蓋伯埃利一樣有著讓人感到有趣的頭，因為在她頭髮底下，頭皮上有大腦部位的刺青。

在早期跨顱磁刺激（transcranial magnetic stimulation, TMS）時代，需要先找出大腦的定位，TMS 是個非侵入性研究大腦的方式，它是用磁場去刺激大腦某個部位的神經細胞，在臨床上常用來減輕憂鬱症的症狀，在實驗上用來找出大腦某部位的功能，如打在運動皮質區上，手指馬上就不能動了，就知道這個地方是掌管手指運動的地方。肯維胥為了找出大腦的主要地標來做實驗，她便和另一個研究生在頭上刺青，刺青在麻省是違法的，所以她們還跑到羅德島（Rhode Island，美國最小的一州）的首府才做成功。她現在談起這件事還會笑，她說：「那是二十年前的事了，其實它並沒有效，只是當時好玩而已。」

在一九九〇年代初期，她是年輕很有拚勁的科學家，在波士頓區爭取 fMRI 掃瞄的時間（譯註：當時的競爭很激烈，只要是用這個全新的機器掃出來的大腦圖，幾乎都有登上期刊的機會），她並沒有大的研究計畫專案，而 fMRI 的費用很高，在麻省總醫院（Massachusetts General Hospital）中，有好多競爭者在跟她搶使用機器的機會。她想做的是找出大腦辨識形狀的地方，但是她的實驗並沒有成功，於是她回頭去找文獻，看看右腦受傷的病人會不會失去辨識面孔的能力。

「我以前從來沒有研究過面孔的辨識，因為我總以為面孔是個特殊的個案，不像物體知覺那麼重要。」她後來回憶說。「但是我需要停止摸索，要趕快發現些有意義的東西出來才行，所以我轉向，去找出新的興趣來[12]。」她深入fMRI機器去測試她自己大腦對面孔還有其他視覺刺激的反應。結果在她右腦後側有個地方在電腦螢幕上亮起來了，當別人的大腦也得到同樣的反應時，她把那個區塊叫做「梭狀迴臉區」（fusiform face area），是大腦辨識人臉的區域，或許大腦的知覺系統區也會有這個功能。她後來寫道：「這個發現符合了當時的看法，心智不是一個一般性（general purpose）通用的機器，而是一個由許多不同部件組合起來的東西，有些部件有其特殊的功能，專門用來解決某個特殊的問題。」

她在一九九七年解釋了梭狀迴臉區，這已經是fMRI第一次應用到研究上很久之後了。她為什麼花這麼長的時間呢？因為每個人的大腦不同，人的身體就跟外表一樣有很多的不同，當然大腦也不例外，所以假如你要在不同人的身上找到同一個小小大腦區域時會有困難。很多年以來，人們系統化的去描述大腦的區域，包括類似經緯度的座標系統，但是因為人天生不一樣，同樣的結構可以在不同的座標上出現，肯維胥她們最後解決這個問題的方法是用功能性（functionally）。用功能性來界定這個地點，比如說波士頓不是北42.3°西71.1°，而是大部分人住在靠近查理斯河出口的地方，用這個方法肯維胥界定了梭狀迴臉區，她不是用大腦神經結構 GPS 位置，而是用梭狀迴對臉起顯著反應的位置，其實好幾個團隊在同一年也都各自找出了解決大腦位置座標的問題。

一旦受試者功能區找到後，你就可以開始問問題：這個區域是對顛倒的臉起反應？還是對沒有眼睛的臉有反應？一步一步，可開始縮小問題去了解大腦的知覺系統如何理解外界的訊息。在這個新方法嚴謹的實驗之下，過去無法看到或理解的大腦特定功能區，開始從霧中走出來了。

這讓我想到另一件值得注意和鼓舞人心的事，即肯維胥的頭。二〇一五年她被診斷出淋巴癌，不過她現在已經完全康復了，但是化療會使她掉頭髮，她決定利用這個機會去教學生大腦的功能分布圖，肯維胥有個 YouTube[13] 影片，記錄了這個過程。在影片中，她身後的螢幕播放著她大腦的 3D 模型圖，上面標示出具有不同功能的大腦區域。她問學生：「這些區域對應我大腦的哪裡呢？因為有頭髮，所以很難講清楚，對不對？」於是她拿起剪刀把頭髮剪掉，再請一名學生幫她把頭髮剃光。接著，學生用黑筆在她的頭皮上畫出大腦的標準解剖圖，再用紅色、藍色、紫色和綠色，將 3D 模型圖上的特定功能區域畫在對應的位置，這是她自己的大腦功能圖，這些地方是她在發現梭狀迴臉區之後發現出來的。

今天，我們清楚知道這些大腦的知覺功能區域[14]，有些甚至滿到腦側來，一個是音樂，另一個就在它旁邊的是音調（pitch），另一個是身體器官，另一個是地點。從演化的角度來看，大部分是合理的，你可以不必多想就知道這個臉是屬於誰，是你認識的，還是不認識的人的，或是一個有威脅性揮舞的物體。因為這種快速視覺辨識對我們祖先的生存有利，目前還有人在辯論這種快速的面孔辨識，是天生的本能還是後天經驗造成的？

無論如何，有一個功能性的知覺區域是不可能天生的，因為它所反應的刺激是五千年前才存在的，在梭狀迴臉區的一個角落裡有一個小小的地方叫「視覺字形區」（visual word form area, VWFA），一般稱為「大腦的字母盒」（brain's letterbox），這是大腦辨識字母的地方。科學家不但很驚奇大腦有這樣一個特定功能的地方，更驚奇的是這個地方還是「不變的」（invariant），每個人，不管文化、語言，他的字母盒都在那個地方。

肯維胥想：「為什麼它的位置是如此系統化的在同一個地方？對我來說，這是不合理的，閱讀並沒有演化的歷史，為什麼它總是在大腦的同一個地方，不論是誰？」

快速辨認出字母的形狀、找出這小群字母所代表的音，以及字的意義，需要這些功能在某一個特定地區才行，如果字母盒和其他處理語言區的連接不是這樣，那麼這個孩子就不能閱讀了（譯註：字母盒的位置在左腦枕葉和顳葉交會的地方，枕葉是視覺皮質，顳葉有威尼奇區（Wernicke area），再往前有布羅卡區（Broca area），所以字母盒的所在地是形音義的連接處，它必然在那裡）。

這種現象叫失讀症（dyslexia），在字的辨識上有困難。一九九〇年代後，關於字母盒和其他區域在閱讀上所扮演的角色，越來越引起系統層次研究者的注意，甚至連一向不為任何事情所動的蓋伯埃利都轉向去研究它。

失讀的大腦

蓋伯埃利一九九〇年代在史丹佛大學時，大部分的時間花在記憶的腦造影研究上，尤其跟記憶有關的醫學問題如阿茲海默症、失憶症、思覺失調症、巴金森氏症、杭丁頓症（Huntington）。只有一個非醫學的領域一直引起他的注意，就是閱讀。這從他的 H.M. 研究一直延續到現在。到一九九〇年代後期、二〇〇〇年初時，閱讀所涉及的生理解剖學上的基本原則已經大致為人所知了。

腦傷病人的研究以及開刀時大腦接受電刺激病人的研究（譯註：腦殼打開，硬腦膜（dura）打開後，大腦沒有痛的感覺，所以病人會先接受電刺激，以確定要切除的部位沒有重要的如記憶或語言的功能，也就是說，要避免因治病而使病人變成失憶症或失語症），使我們知道大腦有語言區、辨識語音的聽覺區、辨識字的視覺區，這些早期的發現（可以回溯到一八六一年布羅卡區的發現[15]）不能告訴我們的是，這些區域如何聯合一起工作產生閱讀。到一九八〇和一九九〇年代時，腦造影技術使蓋伯埃利的促發實驗可以在大腦中看到它的連接，例如聽到一個字時它所促發的連接，過去必須問失憶症的病人在兩個同音字中選一個，例如給他看 taxi，他後來聽到 fare 或 fair（譯註：fare 和 fair 同音，但 taxi 後面應該接 fare）時會寫下哪一個呢？現在有了 fMRI，研究者只要給受試者看字或給他聽字，然後掃瞄他的大腦，看他們默讀或聽，或對名詞的相關動詞起反應時（如看 cake，反應 eat 或 bake），哪一個地方有活化起來[16]。因此這種研究法代表了寫的訊息和說的訊息在大腦中如何產生變化，這個複雜的心智流程（flowchart）的開始。

這個流程圖最重要的是它包含了平行處理，例如看一個字「花生」（peanut），當你讀這個字時，有很多聯結會浮上心頭：花生的形狀、它的味道、棒球、花生先生（Mr. Peanut）（譯註：美國的花生品牌）等。

我們的心是如何從紙上的字跳到花生這個形象或概念的呢？一開始時，這個字從視網膜進入大腦，它經過一連串的視覺處理歷程，字母形狀的辨識引起字母盒區域神經元的活化，它決定哪些字母是相關的，它們排列的次序如何，它很有效率的區分出形狀相似但意義不同的字母（如 C 和 G；i 和 j），而把形狀不同但意義相同的綁在一起（如 g 和 G；a 和 A），字母盒不區分大寫小寫、手寫或印刷，它把字形狀的線條組合成字母，然後把它們組織成小的團體[17]，包括字素（graphemes）[18]（譯註：字素是拼音文字中最小的區別單位，它是一個抽象的單位），如peanut中有五個字素：p-ea-n-u-t，及詞素（morphemes），這是文字中最小的語法單位或最小的有意義的單位，如pea和nut，這些歷程會引發更多的大腦活動。這時，大腦的活動會同時兵分兩路前進，看哪一條路先完成工作，決定性因素在你所讀的字，假如是熟悉的字，如peanut，那麼大部分的動作會依「深」（deep）的閱讀路徑，字母直接和字義的細胞生產線打交道，這個分散的網路叫做「語意詞彙」（semantic lexicon）。

另外一條表層淺（surface）的路跟上面深的路相反，它不是直接進入語意詞彙。我這裡先要說，我們並不知道記憶在閱讀裡所扮演的角色，例如我們不知道任何一個特定項目在語意詞彙的哪裡，就像我們不知道做面孔辨識時，那個面孔表徵在梭狀迴臉區的哪裡，肯維胥說：「我可以閉上眼睛去想我母親的臉，碰！它就出來了，但是那個記憶是儲存在哪裡呢？我們完全不知道，而我覺得很糟糕，我的意思是，在研究了二十年以後，我還是一點都不知道，真是很丟臉，但是不只我不知道，我想整個領域的人也不知道。」

不過，我們的確知道每一個功能區會為它特定偏好的刺激活化起來，若損壞那個區，結果就是那個功能不見了，瞎了（blindness）。例如梭狀迴臉區受損，這個人就不能辨識面孔，稱為面孔失認症（prosopagnosia）[19]，又叫臉盲（face blindness），不能辨識、分辨不同的臉。損壞字母盒就會引起失讀症（alexia）[20]，又叫「字盲」（word blindness），後天性的不能閱讀。即使臉的表徵和字的意義在大腦不知名的某個區域，知覺系統需要處理輸入的臉和字的訊息，很可能存在他們各自的功能區內，因為文字是後天學習來的，它不是天生的，所以很可能在字母盒中，有一個休息區給非常特殊的記憶[21]，所以亂七八糟辦公室只有主人才找得到東西的記憶組織模式（messy-office model）就崩潰了，而被肯維胥的瑞士軍刀（Swiss Army knife）模式所取代。這個模式是說大腦有各式各樣的工具去完成各種不同的特定功能。在大腦的字母盒中，記憶變成一個工具，它原來模糊不清、界限不明的聯結被磨平成為一把尖銳的手術刀，不論你原來的語言是什麼，它都在同一個大腦位置，它的目的永遠是把形狀切割成抽象的訊息。說實在話，所有你曾經讀過的、記住的東西，都是透過先前的記憶所建構的。當你停下來想一下時，這個重疊的記憶結構看起來是很不牢靠的，所以在做任何決定前可能要三思。

的確，你的直覺不是全錯，因為在任何一個複雜的系統裡，問題一定會出現，大約有五%到十二%的孩子因失讀症而有閱讀困難[22]，他們跟其他同年齡的孩子比起來，語意詞彙少了很多，這使他們後來的閱讀更加困難，最後使他們沒有辦法透過閱讀去學習新的東西。失讀症有很多成因[23]，但是大多數是大腦中神經迴路發展不正常，無法正常連接到遠方的語言處理中心。很奇怪的是最影響失讀症的閱讀路線，居然不是從字母盒到語意詞彙的深路線，而是表層淺的路線：是先從音節和字的聲音表徵再到意義的那條路線。假設你沒有失讀症，當你碰到一個生字時，你會把它讀出聲音來，這時，這條路線就馬上活化起來，這就是你在初學閱讀時常常發生的事，到後來這個聲音的中介者就可以去除掉，你的閱讀歷程就逐漸自動化了。

但對失讀症者來說，事情就不太一樣了。有失讀症的人對如何讀出 game 這個字的音有困難[24]，幸好現在系統層次的神經科學發展出了一些工具，可以在大腦中看到這些問題發生在哪裡，從而對症下藥。

二〇〇〇年時，蓋伯埃利是瑞典認知神經科學家克林伯格（Torkel Klingberg）團隊中的一員，他們在發展針對這個問題的新技術「擴散張量影像」（Diffusion tensor imaging, DTI），它是 fMRI 的近親，利用大腦中水分子的走向去偵測神經軸突的走向。一九九四年這個技術出現後，對大腦皮質各部位的連接有突破性的貢獻。我們的大腦皮質是本章所談到所有功能的所在地，它只有六張名片那麼薄，主要是灰質，覆蓋著整個新皮質表面，就像肯維胥在她剃光頭的影片中所示，皮質就像一個大型披薩那麼大、那麼厚，它摺疊起來裝在我們的腦殼中。在皮質表層下是所謂的白質，它主要是很長的管狀軸突，連接大腦不同區域的灰質，DTI 使科學家可以找出白質的軸突來，可看到不同的閱讀作業所引起的神經連接。在二〇〇〇年的研究中，蓋伯埃利的團隊發現了一個奇怪的現象：在失讀症者的大腦中一根非常長[25]、跟閱讀有關的神經纖維（白質）通道看起來有點不對勁，後續的研究（包括二〇〇五年蓋伯埃利回到 MIT 的麥高文研究院）發現，失讀症者大腦中有四條主要的白質神經通道，其中兩條通往全腦的迴路不良，有一條叫左弓狀束（arcuate fasciculus）[26]，這個地方跟「語言覺識」（phonological awareness）有很深的關係[27]，這個語言覺識能力對表層閱讀路徑很重要，它是心智操控口語聲音的能力。

蓋伯埃利以前的一個博士後研究生，也是他現在的合作者，目前任職於哈佛醫學院和波士頓兒童醫院的教授嘉貝（Nadine Gaab）說：「這個弓狀束其實是連接前後面的閱讀網路，這個地方不正常很有意思。」訊息必須在前後面閱讀網路流暢行走才能達到閱讀力和理解力，如果這條通道出了問題，就會有失讀的症狀顯現出來。

連根拔起

除了大腦神經迴路的不正常之外，蓋伯埃利和他同事還找到另外一個可能原因，失讀症的症狀和腦造影圖像都指出有突觸可塑性（synaptic plasticity）的問題。我們在前一章有講到突觸可以選擇性的被強化或減弱，這個假設認為一般性系統化的問題只會影響閱讀，因為在所有我們會做的事情中，閱讀是非常特殊的，甚至說非常獨特的一件事。蓋伯埃利說：「沒有任何一個人類行為像閱讀一樣需要這麼多知覺表徵和認知處理歷程的多模式協調（coordinating multimodal），所以一般來說一個神經元的失功能只會稍稍影響一個行為的減弱，但是閱讀上，它的後果卻會減弱整個學習閱讀。[28]」

現在回頭看，好像很奇怪，閱讀有這麼多關卡影響著它的成敗，而且只有閱讀是如此。因為閱讀這個能力不是演化來的（譯註：說話是本能，閱讀是習慣），在人類演化的歷史上，大部分我們現在做的事，如打球、打電玩、刺繡，都不曾聽過有學習障礙的，為什麼偏是閱讀有？

閱讀可能出問題的原因之一，是它沒有一些舊的演化來的能力可以借用（打球揮棒的方式其實跟老祖先打獵時的揮棒差不多），閱讀其實跟我們先天設定的神經配備背道而馳，它甚至違反了大腦原先的結構。如果我們的大腦有保單的話，閱讀可能會使保單失效。我們已經把大腦的功能推到極致了，如果生理機器有任何的損傷，很可能會危及整個大腦運作。

回到字母盒來說，許多研究者認為字母盒不可能存在於其他任何地方[29]，因為它必須在視覺皮質的附近，那些從眼睛而來攜帶字母形狀訊息的神經迴路，必須在淺和深的兩條閱讀路線匯聚的附近。二〇一六年，一個巨大的科學團隊，成員有蓋伯埃利、嘉貝、肯維胥，提出了一個解釋字母盒位置的理論，他們比較了識字前和識字後兒童的大腦，發現只有後者才有字母盒（記得嗎？字母盒和梭狀迴臉區一樣，是用功能來界定的，所以它只有在學會閱讀以後才出現），他們的腦造影研究清楚指出字母盒只有在孩子入學幾年後才出現。他們在論文中寫道「這個皮質區的位置決定於它的連接能力」[30]。

字母盒所在的皮質區其實很早以前就演化出來，它的神經機制本來就很特別，是專門把視覺形狀訊息轉譯成其他區域可以用的訊息，這個設置是如此的特別。有一派學者認為不是大腦去適應處理文字，而是可以符合嚴謹大腦條件的文字系統才被保存下來，這個理論是說所有的文字都是由簡單線條所構成的形狀所組合成的[31]，包括中文字，這個理由很簡單，就是這些形狀是我們視覺系統可以很快甚至自動化去分解開來的。法國神經科學家狄漢（Stanislas Dehaene）寫道：「閱讀是逐漸演化到適應我們大腦迴路的形狀[32]。」（譯註：狄漢的《大腦如何精準學習》（*How We Learn*）一書中亦有提及，讀者可參考）

不過不要以為這些神經迴路是特定到沒有彈性，假如及早發現孩子有失讀症，是可以減輕他的症狀的，這個方法是在他們學習閱讀之前，先找出高危險群的孩子[33]，因為現在已經了解口語和聲音處理歷程在失讀症中所扮演的角色，所以很容易找出這些孩子[34]，給他們特別的訓練：如這兩個字有沒有押韻？請他們快速念出一長串圖片的名字等。嘉貝更發展出一個電腦的APP，把這種測驗變成動物園的電玩遊戲，可以幫助更小的孩子。這個APP的主畫面是一條森林小徑，看起來很像她從波士頓兒童醫院窗口看出去的公園景色。

無疑的，大腦，尤其是年幼的腦，可以克服失讀症所帶來的挑戰，但是這些補救方法底下的機制仍然不清楚，大部分的解釋是說練習可以強化大腦結構的突觸，增加它們的活化力。不過蓋伯埃利在失讀症者的右腦也看到同樣明顯的迴路成長，不是只有掌管閱讀的左腦而已。他認為這個發展代表訊息傳遞的路徑被重新設定了，「當你幫助另一條神經迴路的發展時，可能就沒有必要去強制規範左腦的閱讀迴路。」他說。「有的時候失讀症者最好的結果是去發展出另一條神經通道，而不是去改善原本的通道。」（譯註：我們都有這個經驗，一件做壞的衣服

拿回去給裁縫改，改來改去都不稱意，不如買塊新的布料重新做一件）

像這樣找出另一條路，也發生在失讀症的孩子很辛苦的在自己讀時。但在沒有專家幫忙的情況下，這個經驗通常是沮喪的，左腦前額葉下區跟文法和口語有關的地方常常會過度使用，這對閱讀沒有幫助。狄漢認為「這是一個勇敢，但是常常徒勞無功的努力」[35]。我們看到很多失讀症的孩子咬緊牙根在拚命讀，這個病變發生在神經科學的系統層次，阻礙了最有動機的學習者，它跟智慧和學習的態度是沒有關係的。

閱讀不是唯一需要精準的記憶和知覺交互作用的學習，數學也是，的確，有一種學習障礙跟失讀症有著前後一起發生的關係，叫失計算症（dyscalculia）。嘉貝說：「大約有四十%的失讀症孩子後來會發展出失計算症，所以在早期的發展上，它們的機制應該有相互重疊的地方，不過我們現在還不清楚這個情形。」蓋伯埃利認為：「失計算症的大腦區域比較小，在很多方面它像比失讀症晚十五年的版本。」

失計算症怎麼會隱藏這麼久而不為人知？這個答案很簡單，因為很多人都說他的數學不行（但是你很難說我不認得字、不能閱讀）。嘉貝說：「假如你數學不好，你以後還是可以成功，你可以在哈佛大學教英文，但是假如你不能閱讀，那真的會有很辛苦的人生。」

當神經科學家對失讀症和失計算症比較了解一點了後，他們開始問：我們標準的教育系統過去是允許誰升級，又把誰留級了呢？二十世紀初，對於智慧和能力性向的觀念不是要去教育像失讀症這樣的孩子，因為失讀症只會干擾個人的教育前途，它不符合桑戴克的模板匹對，直到最近我們才修改學校的規章，允許這些孩子有比別人多一點的考試時間，失讀症跟失計算症一樣，如果沒有被診斷出來，沒有人知道它是病。

此外，是不是還有什麼人類學習的能力還沒有被發現的呢？是否有怪獸在晚上飄過麥高文的窗口，我們可以感覺到，卻從來沒有看見？是不是還有什麼方法可以使學習變得比較使用者友善、比較有效呢？

準備好了去學習

二〇一一年，有一個這種怪獸飄過了蓋伯埃利實驗室。那一年，有個博士後研究員劉（Julie Yoo）帶頭去研究海馬迴旁邊區域，這個地方叫「旁海馬迴」（parahippocampal place area），這個地區是最初被肯維胥和賓州大學神經心理學家艾浦斯理（Russell Epstein）發現它跟地方和場景有關。劉和蓋伯埃利的太太也是團隊的合作者蘇珊（Susan Whitfield-Gabrieli），希望能找到一個地方可以預測這個孩子是準備好可以學習的（preparedness to learn），這個問題困擾了科學家很久，可以一直溯到桑戴克，他曾在「準備律」（Law of Readiness）[36]中說他觀察到在他做實驗的動物大腦中似乎有個開關，當開關關上時，本來學習表現很好的就變不好了。

想用 fMRI 去掃瞄整個大腦來找出動物是否在「準備好學習」的狀態是不可能的，區域太大了，無法同時觀察到，而且反應的部分可能太小，恐被忽略。不過小但是很高性質的特定功能區倒是提供了一個獨特的機會。團隊把他們搜索的範圍縮小到「旁海馬迴」區，當受試者在記憶風景圖片時監控它的活化型態，這個研究法被證實有效：他們找到一個特殊的活化型態，可以預測受試者會不會記住這張圖片[37]。

這個實驗是開創性的創舉，但沒有什麼實用性，因為學生必須躺在 fMRI 中才行，而且這研究只知道地點的記憶，但不知道事實的記憶，它是一個概念的證明，當別人問：「你可以測量大腦是否準備好去學習某一個特定的作業時，你可以肯定的回答，無論如何，這個實驗是以前沒有人做過的。」蓋伯埃利這樣說。

這個實驗做完後，劉和蓋伯埃利又回去研究失讀症及其他的學習障礙。當我得知上面那個實驗時，我馬上想到，假如可以知道大腦是否準備好了要學習，那麼一定也可以知道大腦是否還未準備好，雖然沒有準備好不是一個病，因為每一個人都有過（譯註：所謂成熟就是從沒有準備好到準備好），但是「還沒有準備好去學習」卻是一個威脅，就像失讀症一樣，它有使教育走偏的可能性。它的根似乎也在認知科學的系統層次，也像失讀症一樣，我們不必接受它的影響。

在前面說過，我在大學最後一年的學業成績很不好，有一部分原因是教那些材料的時間不對，另一個原因是我還沒有準備好去學。我的困境發生在學期中的某一天，教這門課的老師是這個領域頂尖的學者，他教我們流體動力學和音速的關係。

在表面上看來，超音速流（supersonic flow）並沒有那麼複雜，當你使流體通過管子，但堵住一部分的管子時，會產生一個阻塞點（choke point），流體通過該阻塞點時會以非常高的速度噴出。教授的授課從這裡轉到「衝擊波」（shockwaves），這個我懂，但是我不懂它跟超音速飛機有什麼關係，教授同時也模糊的說它跟「訊息的反向傳播」（back-propagation）有關，但我不明瞭為什麼。

在那次上課和考試之間，每次我打開書要來讀這一段，我的眼睛就跑到腦袋後面去了，我知道我應該把它弄懂，但是我無法找出這個新訊息的用途，我的大腦把它貼上「外來物」（foreign object）的標籤。

快速往前轉一年，那時我在北海工作。我工作的油井平台不是一個永久性建立在海底的平台，而是飄浮在海面上的，它的設計是為了探油，它可以把油管伸到很深的海底，看看底下有什麼東西，地質學家可以從噴油出來的壓力解讀很多海底的資訊，壓力越平穩，底下的油越多，但是測量它的價值卻是一個很不確定的事情，因為你所看到的改變是很小的，而你是站在一個晃動不止的水伐上，上面有很多複雜的機器，而且是由非常沒有經驗的水手在操作（我是說我自己）。

當我在這個系統工作時，突然了解我的教授在說什麼了，這個頓悟使我差一點掉到海裡去。當油浮到平台上來時，它要經過一個可以關掉的活門。平台上的地質學家在這個活門上方的一個點來監控我們探井的壓力。但是壓力不是很平均，它會上下波動，從活門下面一路溢上來，有的時候壓力太大會爆表，為了避免爆表，地質學家就叫我們「阻塞流量」（choke the flow），這會使流量流得更快，比聲音在油裡的速度還快，這時我終於了解那位教授在說什麼了。聲音其實是來自壓力波（pressure wave），當我們說話時，是在空氣中送出高和低的壓力。聲波（sound wave）或是壓力波（它們是同一個東西）從油管中往上移動，到達地質學家的儀器時很容易超越儀表最高的數字，即所謂爆表了，假如我阻塞流量，那麼只要流速夠快，壓力波就不會超越阻塞點。流動的流體的確有攜帶訊息，就像我的教授所說，那個訊息不能反向傳播，假如阻塞得夠緊的話。突然之間，我很想重新回去把過去不懂的弄懂，因為當時還不是網路時代，我只好去請教比我資深的同事，感謝他們的耐心，花比必要更多的時間教我。

後來，我冷靜下來後，我在想，為什麼當時我不能了解教授在講什麼？我的問題在哪裡？難道我的大腦裡也有一個阻塞點嗎？假如有，是什麼打開了我大腦中的活門？

好奇的大腦

一九九四年卡內基美隆大學的心理學家魯文斯坦（George Loewenstein），建構了一個理論可回答類似上面我問的問題[38]。當大腦發現它所擁有的知識和它可能擁有的知識中間有落差時，我們的好奇心就會浮現。

有一種好奇心表現出來的是長期對某些項目入迷，如漫畫、運動新聞、謀殺案等的網路直播，魯文斯坦和大腦科學家想要知道的是另外一種快速搐動（twitch）的好奇。假設你剛剛發現有一種蛾，牠會咬破你的皮膚，吸你的血，牠的活動範圍越來越大。這個消息可能會使你馬上去查谷歌（Google），你去查資料的驅力會像飢餓、口渴、性慾和其他病態的毒品上癮一樣嗎？心理學和神經科學發展出一個次領域，想知道什麼東西引發我們的動機和驅力，什麼時候（when）和誰（in whom）以及它如何暫時性的壓過其他慾望。就慾望的目標為訊息這個好奇心來說，它的變化是很大、莫測的，為什麼一個訊息非常搶手，而其他的卻無人問津？對一個好奇而言，它的無用就好像一把砂子對一個飢餓的胃一樣。

到了二〇〇〇年代中期時，fMRI 的研究者已經深入好奇心的問題而且找到線索了。蓋伯埃利的團隊，包括他太太，發現一點點金錢的報酬會啟動海馬迴的活化（海馬迴是長期記憶固化的地方）[39]，使訊息停留久一點。他們在想：不知道引起受試者的好奇心，會不會也像金錢一樣使訊息在海馬迴中停留久一點，但是他們挖得越深，挑戰越多。「好奇心是準備好了要學習的信號。」蓋伯埃利說，很不幸的是，大腦有五十種不同的方式來指示，我們不知道追哪一個才好，好奇心的活動型態多到讓他們發現，他們不是在找什麼是大腦準備好要學習的指標，而是在排除什麼不是。他們那個風景圖片的實驗，因為用的刺激材料是很普通平淡無味的場景，所以在沒有好奇心之下找到了大腦準備學習之處。

在這同時，其他的研究團隊走了相反的方向，他們直攻好奇心，幾年以後，二〇一四年加州大學戴維斯校區的團隊看到了好奇心在大腦的作用。研究者在問受試者一些無聊的問題時，同時給他們看不停改變的人類面孔，結果發現受試者比較可能記住某一張面孔，如果這張面孔出現時正好是他比較有興趣的問題，但是這些無聊的問題跟面孔一點關係也沒有。看起來是，當你在好奇的情況下，長期記憶的電位會升高，不管是哪一種記憶都會得到LTP的益處，研究者說：「多巴胺系統的活化加速了海馬迴的LTP歷程[40]！」

你沒看錯，LTP就是突觸增強效應的那個LTP，系統層次的神經科學家認為好奇心就像LTP的火箭燃料，對長期記憶的儲存有關鍵性的作用。

所以不管連接是單薄的、脆弱的，高層認知的細胞和系統層次終於碰面了，好奇心把它們兩個帶到了一起。好奇心在個人和集體層次的不同，是程度上的不同而不是種類上的不同，它們都在努力縮小中間的差距。

為什麼（why）和它後面的怎麼做（how）都與上一章所講的有關：額外的神經電路是記憶強化的原因。記憶神經元主要是靠麩胺酸（glutamate）在溝通，它是目前神經系統中最普遍的神經傳導物質。同時，高層次的管理電路掌管著其他有各種效應的神經傳導物質，如肯戴爾在海蝸牛中看到的鎂光燈效應，那種記憶的儲存。就人類的好奇心來說，看起來是管理層次的神經元把多巴胺這種神經傳導物質送到海馬迴，使那裡的記憶變得更持久。

這些訊號為什麼這麼迷人，尤其是好奇心，而不是飢餓或口渴那種生理的慾望？原因在它的來源，海馬迴本身似乎決定了一個進來的訊息值不值得好奇。假如值得，它就送出興奮的訊號到大腦期待報酬的區域去，這些區域就會送回多巴胺來報答，告訴海馬迴把這個新進來的訊息變成長期的記憶，海馬迴告訴它自己什麼時候要把這訊息儲存起來[41]，所以現在問題變成是什麼啟動好奇心呢？是什麼樣的訊息會使大腦渴望得到更多？

當我沒有辦法使自己去對流體動力學的阻塞感到好奇時，我會想要否定一些大腦中非常基本的驅力，它們是比喻性（metaphorical）的也是神經性的（這是假設好奇像飢餓一樣），這就像在吃飽的情況下參加吃熱狗比賽，我對這些知識並不渴望，我沒有辦法去說服我的大腦去酬賞我。

但是當我在油井平台上時，因為有情境的幫助，我跨越了「最適居住的大氣層」

（Goldilocks zone）（譯註：Goldilock是童話金髮姑娘和三隻小熊的主角。她要吃的粥必須是不太燙也不太冷、最適合的溫度，被氣象學家借來表示最合適居住的地方，所以又被稱為habitable zone），我的知識正好足夠去激發更多的知識，這就像俄國心理學家維高斯基（Lev Vygotsky）的「近端發展區」（the zone of proximal development）一樣[42]。問題是，這一點的知識注入怎麼可能激發成大腦的驅力，使它活化？

哥倫比亞大學的加特利（Jacqueline Gottlieb）是專門研究好奇心的，她可能有答案。幾十年前，當時科學家相信所謂的好奇心就是「新奇感」（neophilia），想去探索環境中新的、沒見過的東西，或是「訊息落差理論」（information gap hypothesis），這是說當環境中可拿到的訊息比你已經知道的還多時，就會產生好奇心。兩個理論都有它不足的地方，新奇感的理論在黑暗、恐怖的地下室開始時就結束了，很多時候，我們會「讓不知道的東西留在不知道的階段」（let the unknown remain unknown），不必打破沙鍋問到底比較好。訊息落差理論的問題在於，真正的訊息落差其實是很少見的，因為常常是你不知道你不知道什麼（you don’t know what you don’t know）。在「冷知識競答賽」（trivia contest）（譯註：它很像電視台的益智節目，但問的問題是很少人知道或關心的題目，例如某名人的中間名字是什麼等），你所不知道的訊息是很清楚的，因為那是問題的答案，在知道不知道上也有同樣類似的情形，「當你讀一本神祕小說或看懸疑電影時，你的眼睛會盯住紙本或螢幕，大氣不敢出，你期待訊息的出現。」加特利說。但是不管你是在教室決定你人生要幹什麼，或是你是我們靈長類的親戚在探索一個新的環境，你都不能確定下一分鐘你會看到什麼，「好奇心就是學習，當你在野外沒有什麼束縛時，你就在學習。」加特利說。在大部分的情況，你所接到的訊息比你想要處理的還多，更不要說去記住它，所以大腦並不會時時啟動好奇心，而是必須謹慎小心的喚起它。

加特利認為因此人類發展出一個策略，偏好新奇和訊息落差，她的「學習漸進理論」（learning-progress theory）指出，當你碰到一大堆資訊時，這些資訊會強迫你去改變或重新界定先前的知識，這時，好奇心就會產生，在冷知識競答賽中，那些問題會產生訊息落差，問題中的訊息會讓你去尋找更多的訊息。像比較開放的系統——她是指外面的世界，你的好奇心只會啟動你已經擁有的感官訊息，而它會更增加或挑戰你已經知道的東西。

教室一般來說，算是外面的世界，作為老師的，例如我，會以為我是唯一的訊息來源，但是即使在手機、平板電腦出現之前，這都不是真的。別的學生、窗戶外的小鳥、燈罩上的蒼蠅，這些都跟學生的注意力在競爭，即使老師強迫學生注意，效果也不好，學生不是感到好奇而是感到「無聊」，用心理學家意斯伍（John D. Eastwood）的話來說：無聊就是我們不去處理眼前的訊息，即使心裡想那麼做，那個訊息就是進不來[43]。

好奇心卻完全相反，它可以在教室中被激發，但不是由老師命令，而是**把知識包裝成學生可以消化吸收的訊息落差，最簡單的做法便是問學生問題**，這是所有老師都知道的祕訣。這就是為什麼這種所謂「蘇格拉底方式」（Socratic method）會千年來仍然在使用，當它有效時，學習就好像吃和喝一樣令人滿意。

甚至可以消化更難的東西，毒品之所以能影響大腦的報酬中心，是因為它很快就造成毒品和報酬愉悅感的聯結。

幸運的是，這個滿足感也可以應用到好奇心上，我有時講下面這個故事給我女兒聽，她不相信，但這是真的：在石油在平台上時，我發展出一個很強的聯結，把報酬的快樂和學到的有用知識聯結在一起，在我生命中第一次，驅使我去學習，不是由於外在的壓力而是內心的求知慾望。當我從鑽油平台下來回到陸地上時，我的大腦求知若渴。

事實上，我下船登陸的那天，平台結冰，我扭傷了膝蓋，我記得那天的直升機旅程，因為第一，當我穿上厚厚的救生衣時，我後悔不應該喝水；第二，在直升機上，我發現我得回到學校去教書，所以我得馬上學會很多東西。

這是我最後為什麼來到 MIT，因為我可以跟機械工程這個領域最好的人學習，同時可以學什麼是學習，這要感謝我身邊的頂尖認知科學研究員如肯維胥、蓋伯埃利和其他幫助我的人。

系統層次的認知科學家們在他們尋求記憶是儲存在哪裡、怎麼儲存的、在什麼情況下儲存時，同時也揭開了深度學習歷程之謎，這對每一個學生來說都是極端重要，這些發現跟大家一直認為學習應該是辛苦的，正好相反。過去都認為學習要靠毅力才能達成，它是人生的考驗。事實上，一個學生是否努力去念書或是努力在一堂無聊的課中睜開眼睛，努力通常是不夠讓他今天有學到東西，滿載而歸。**要讓一個高動機的學生發揮他們的天賦能力，我們必須使教育能符合他們大腦的要求，很多時候，最重要的是找到引起學生好奇心的教學方式。**

任何一個資深的老師都很快可以找出引起學生好奇心的教學策略，即使在傳統教室中上課也會見效。有些是把課程跟學生的興趣掛鉤（不過這種方法很容易出錯，沒達到預期的效果，如經典的《洋蔥》（*Onion*）（譯註：這是美國一個諷刺的數位媒體公司）節目裡那位英文老師諷刺「莎士比亞像最終的饒舌藝人」（Shakespeare Was, Like, the Ultimate Rapper）[44]。其他的策略包括用蘇格拉底方式製造訊息落差，或鼓勵學生先隨便瀏覽一遍課文，再去仔細讀它，並設計只有仔細讀的人才會回答的問題，更有人採取學習漸進理論對好奇心的建議，例如先找出這個主題大家對它的迷思，再詳細解說。

但是這些策略都有一些本質上的限制，因為它們只對有動機的學生才有效，但是即使學生有動機，如大學時代的我（我想學，但是無法使自己好奇起來），提升學生的好奇心會像雞生蛋、蛋生雞那樣，先要有一些知識才能吸收後面的知識，但是有時即使已有一些知識，還是很難吞下去。

有沒有比較有機（符合自然或是說大腦本質）的方式，可以使學生去飲知識之泉，不是因為強迫而是來自真正的口渴？

肯維胥說MIT四十六號大樓不是一個傳統的學術大樓，而是一座連接不同層次的橋梁。她說不要忘記麥高文那邊做系統層次研究的實驗室，一個真的在思考什麼是思考的系所。雖然神經科學系統層面已經找出記憶的機制和如何強化它，但是學習不只是記憶而已，想了解更多，需要爬得更高：去跟MIT的認知心理學家求教。

4 第三層：革命

麥肯茲在水裡游，沉思著，這學期已經過了一半了，2.007 學期末機器人大賽的時間已經在日曆上標出來了，而他知道自己在課業上落後了。即使現在，週日的下午，Z 粱、方艾咪、哈塔利和其他人，可能已經把他們的設計修改得更完美了，而他還在游，來回來回的游，都是往前游卻是沒有到達任何地方。

當他游泳時，他的大腦並沒有關掉，仰式使他可以向上看，看到游泳館的通風排氣管，他在想今天有什麼不對勁呢？

今天他不知道為什麼不開心，是機器人呢？還是文特教授？於是他給予兩者對等的思考時間，這禮拜初，他通過第一個里程碑，可以進入最後的決賽，但是他還沒有成功的喜悅，他和他的同學展示了「最關鍵的模組」（most critical module, MCM，是工程師的術語），每一個部件都要對才可能得分。今年的主題是星際大戰（Star Wars），主要是 X-wing 的戰鬥機。Pappalardo 實驗室的老師已經超越他們以往的表現了，展示出兩台完全一樣木頭做的、完美的星際大戰戰艦，從機翼到機翼是十二英呎，從船頭到船尾是十英呎。

萬一你沒有看過《星際大戰》這個電影，可能不知道 X-wing 是來自 TIE 攔劫機。X-wing 跟《星際大戰》中那些陌生的太空船不同，它跟真實生活中單人戰鬥機相似，除了飛機的機翼可以像書的封面一樣打開，以便於戰鬥時操作，它的整個形狀像個字母 X。

這次的比賽是兩個學生一個 X-wing，麥肯茲和他未來的夥伴要在戰鬥機前排成一列，背向觀眾，他們的機器人在跟膝蓋一樣高的黑色木頭舞台上，這舞台上同時也停著 X-wing。當開始的鈴聲響起時，他們的機器人要盡快跑去完成任何船艦上方或下方的任務，他們可以用遙控或設定自動化去旋轉 X-wing 像管子一樣附著在星艦四個機翼上的推進器，在《星際大戰》電影中，這個推進器的功能像火箭的引擎，但是在這裡它們比較像旋轉的噴射機引擎，以厚的木頭輪子固定在每個推進器的尾端，這個設計使它可以轉彎，因為每個機翼都有推進器，X-wing 兩邊各有兩個機翼，所以每個學生必須旋轉低的推進器和高的推進器。他們的機器人能旋轉推進器越快，得分越高，上面的推進器可多得一分，因為它比較難接觸到。更麻煩的是每一個推進器還有一個二十五磅鑄鐵做的飛輪（flywheel），需要很強的扭力（torque）才能移動它。2.007 課的學生拿到的馬達是高扭力的伺服馬達（動得很慢），或是高速度低扭力的驅動馬達，兩者都無法旋轉二十五磅的飛輪，有的學生已經開始做一個齒輪的轉換器以解決扭力的問題。這個挑戰麥肯茲很不喜歡，因為即使他想出來該怎麼做，他還得面對推進器的挑戰。關於如何解決這個問題有兩派學說：可以在推進器的表面驅動一個輪子，用摩擦力去轉動它；

或是可以插入一個東西到推進器表面的四個「扭扣洞」（buttonholes），像攪拌義大利麵那樣去轉它。他的同學Z已經拿著一個兩頭叉在實驗室中晃來晃去了。

假如旋轉低的推進器很困難的話，那高的就更不用說了，因為它需要機器人伸長手臂去X-wing後面操作。有一個推進器是在星艦的後面，所以麥肯茲決定用比轉容易的得分方式。在星艦兩個機翼前面有一個小的壓克力小格子，在他們有磁性的手下面掛著三個很重的金屬壞人玩具：就是《星際大戰》電影中的帝國風暴兵（Stormtrooper），假如機器人把這三個帝國風暴兵拆下就可以得分，不過仍需把他們磁化貼到X-wing下方的一條鐵的帶子上。

麥肯茲跟他的夥伴，也是他的室友和最親密的朋友葛瑞夫斯商量，他們決定用鉗子那樣的工具把帝國風暴兵拿下來，不過這還是有困難，即如何將循環電路的馬達轉換成鉗子的橫向運動。麥肯茲把金屬片切成六長條，組合成三個剪刀，再用一條釣魚線讓馬達完成工具，他很興奮的給文特教授看他的新產品，現在這就是他正式的MCM。

文特教授那一天的計畫是在教室中每一組花十分鐘跟他們討論其作品，在麥肯茲調整X-wing的另外一邊，他的同學波霍斯特（Zooey Bornhorst）正在調整她的MCM，文特教授先走到她那一邊，麥肯茲馬上聽到老師對她的稱讚。波霍斯特也是想靠剪下帝國風暴兵得分，但是她的MCM沒有會動的部件，她的做法是用帝國風暴兵旁邊的鐵金屬片滑過去把士兵乾淨俐落的切下。從文特教授臉上的表情看不太出來他的情緒，但是剛剛那麼流暢的讚美語卻沒有再出現。文特教授提供了一些忠告，麥肯茲的剪刀可能要弄成鉤子形狀，要比較不像剪刀而要比較像昆蟲的下顎骨，即便如此，麥肯茲不但要先鉗住帝國風暴兵，還得把它們拉下來，力量要大於吸住他們的磁性才行，文特教授皺眉頭說：「這種方法多增加了一層複雜度。」

文特教授走向下面一組學生，方艾咪有著一組最炫的 MCM，一個巨大輪子去旋轉推進器，馬龍（Jordan Malone）這個電腦輔器設計天才建構了一個工業用的大剪刀是壓克力的材料，用雷射切割出來的。這天最大的驚奇是 Z，他用轉動叉去旋轉推進器，但是沒有用到齒輪箱，而是把實驗提供的最強快的馬達直接插入最強的電池中，他不是從 Arduino 中取得能量（這個方法其實比較容易控制馬達），而是製造出一個相對穩定輸出電壓，現在他把他的叉放進一個推進器的孔中，發動它，在幾秒之內，這個推進器就以驚人的每秒二十五半徑的速度旋轉起來了。Z 得分的機率比麥肯茲或波霍斯特他們高，甚至比安南亞（Ananya）還要高，他拱橋形狀的機器人正在努力抬起一個木頭做的模型，這個模型是模仿《帝國大反擊》（*The Empire Strikes Back*）中韓索羅（Han Solo）的碳牢房。Z 看起來發現了這個比賽的漏洞，幾乎無法隱藏他的喜悅。

幾天以後，麥肯茲一邊游泳一邊想，他去文特教授的辦公室找過他談做機器人的策略，發現他的辦公室充滿了早期變形金剛（Transformers）玩具，但是談完了出來，他仍然很迷惘。每一次他說到剪刀的問題，教授都有給他有用的建議，但是都沒有說出他對這個設計整體真正的看法。麥肯茲後來在回憶時這樣說：「我覺得他好像丟給我一些更複雜的方式去修補我的機器人，這讓人覺得很沮喪，因為感覺這是在浪費時間。」他重重嘆了一口氣。假如文特教授不喜歡他的設計，他是一點口風都沒有露出來。

懶知識的問題

麥肯茲的懷疑是正確的，文特教授對他的剪刀方式沒有興趣，他在比賽結束後回憶：「那個剪刀想法有一堆不確定性，他用的機制是勉強拼湊出來的，不可能運作得好。」但是即便如此，他還是不願告訴麥肯茲放棄這個，去試試其他新的方法。因為假如他這樣做了，就破壞了這門課最主要的目的：**不是只教學生微積分、物理和機械工程的原則，而是要他們用微積分、物理和機械工程的原則去思考，要把懶知識（inert knowledge）應用到生活中。**

當我想起自己是大學生的時候，我在腦海裡記了一大堆懶事實，我在期末考完把它們都還給老師後，永遠不會再用到它們，但是我的這個情緒比起我的好朋友MIT物理學教授馬哈姜（Sanjoy Mahajan）來說是太微不足道了。他把復興懶知識，尤其是數學和物理，作為他的個人任務，只要有機會他就去教，他常常用牛頓的動力學為例來說明傳統的學習方式有多糟。他請學生想像有個不銹鋼的球，掉到一個不銹鋼的桌子上再彈回來。如果不去管空氣的阻力，這個球在碰到桌面的那瞬間，還沒有反彈起來時的力是多少？大部分的學生都上過牛頓的物理課，他們會說除了球的重量，桌子也會彈出一些向上「正常」的力到球上。通常他們說這個力量等同於球的重量，因為那時球既不向上，也不向下移動。

馬哈姜通常在一家叫做原子豆（Atomic Bean）的咖啡館，這家店在MIT和哈佛大學之間，裡面的音樂聲震耳欲聾，他端一杯去咖啡因的茶，為了蓋過音樂大聲的說：「一所又一所頂尖大學的學生都搞錯了。」他說。「我在歐林（Olin，麻省一間很小但很有名的工程學院）問過這個問題，我也問過MIT的學生、英國劍橋的學生，九十%的學生會說向上彈力等於球的重量[1]。」

很容易可以證明這個說法是錯的。他請一個自願者把手放在桌子上，手心向下，然後從袋中拿出一個網球大小的石頭，輕輕放在自願者的手背上，問自願者會不會痛？都回答不會痛，然後他拿起來，在自願者手背上空垂直往下丟，這時，受試者都會馬上把手抽回。馬哈姜就問了「為什麼你要抽回你的手？」畢竟九十%的物理系學生說，因為石頭掉下來時，是石頭的重量加上下面往上的正常力量——這是石頭安靜停在手背上的力量。

當然真正的問題是，每個人都了解一個掉下來的物體比一個靜置的物體重了幾千倍，這是為什麼自願者看到石頭要掉下來就馬上把手抽開。那些成績好的物理系學生都沒有把直覺的知識跟在物理課堂中所學的有組織、抽象的知識連接在一起，這就像課堂裡可以提取的記憶關掉了大腦生活經驗那一半的記憶。如果借用佛勞爾斯的說法，就是「他們學了物理學，但是沒有學如何用物理學去思考。」

這個懶知識的問題在各個不同的領域中，例如如何使三年級、四年級人文學院的學生，把他們在一年級時所學的寫作課知識應用出來是個大問題[2]；如何使學生把課程所教和學習歷程看成一個整體，不要過度授課而是用學生天生的好奇心去引導他們求知。從外到內教授法最極端的例子是「發現學習」（discovery learning），學生要像小牛頓和孟德爾（Mendels），去發現他們世界裡的基本原理和真相（fundamental truths）。

一個學校會不會採取這種改變取決於好幾個因素，有些學校重新撰寫他們的立校理念，其他的，如我在印度念的小學對外在改變充耳不聞，而在MIT，這個趨勢鼓舞了研究者和教學者，包括前面所講的2.007（原本叫做2.70）。一九七〇年時，佛勞爾斯增設了現在這個著名的機器人競賽，這種動手做的挑戰和思考方式，可以讓懶知識起死回生。

由外到內的思考批判傳統的教育，他們認為學生做不來，馬哈姜一邊喝茶一邊說「他們是對的」，但是只有做，在由外到內的思考方式／系統中是不夠的：教師不能一步一步的教學生如何去設計、如何去執行一個複雜的專案，不然學生只會照著做，沒有創新。**學生必須自己去把抽象的知識變成真實世界的實作**，這就是為什麼文特教授暗示麥肯茲他可以怎麼改善他的剪刀模式，卻不告訴他打掉重做，再去想個好策略。

馬哈姜說這種方法可能是最基礎的公理或原則，**老師是在旁指導**，而不是老師主講（sage on the stage）、以老師為中心的教學法。

即使這種教學法很好，還是有人反對，當然有些缺點是顯而易見的，比如說，動手做的學習法很貴，需要很多資源；假如學校不用成績這種量化的測量學習方式，學生的進步有時很難追蹤。另外還有一個更深的問題，就是批評者認為，由外到內者針對傳統教育所提出的療方，似乎比疾病本身還糟糕。

馬哈姜認為他自己就是反對的一個，「我認為發現學習——最激進的由外到內的教學法，完全是胡說八道。」

不聞不問隨他去的由外到內和他們反對者的裂縫，最後變成兩邊如何解釋認知高層次中某個特定層次的研究。我們下面馬上解釋。

一九五〇年代後期和一九六〇年代時，最上層的大腦科學和最下層的心理學中間的裂縫突然拉近了。這個歷程從以前到現在都充滿了緊張，或許這是不可避免的，系統層次大腦科學家的範圍很複雜，包含了很多東西，如神經元、記憶、驅力等，但是當你用顯微鏡去看時，有些心理學的東西會落入你的視野，突然之間，你的管轄區包括不只是生物學的機制，還包括整個人類過去的歷史。過去千年來令哲學家們苦思不解，沒有答案的問題現在有了曙光，縮小大腦和心理學的差距必須悄悄走近炙手可熱的哲學問題：如人類意志力的本質和意識是什麼。

跟教育比較直接有關的是在大腦科學和心理學交界的地方，這也是研究者開始比較少談記憶而多談學習的地方。這兩個字並非同義詞，記憶只是儲存訊息，而學習包括從訊息中抽取規則的意義，找出訊息的型態，把它們的功能發揮出來。雖然學習很可能在認知比較低的層次，例如大腦的字母盒，在那裡，要辨識字母的形狀來抽取意義，就是在心理學的層次，學生和老師的學習策略開始激出火花來。

由外到內及由內到外兩派教育的改革者，都同意目前教室的教學法沒有功能，它造成懶知識，他們都同意一個比較多使用者友善、比較少認知阻梗的教學法，是改善這個問題的關鍵。然而他們意見分歧的是如何界定「使用者友善」，這句話的模糊、模稜兩可，來自什麼時候神經元的活動變成思想和記憶，最後變成學習。這個結果就是兩個不同的教育計畫，初看之下是不可能共存的。

認知開關

一九五〇年代是行為主義的黃金年代，他們反對任何輸入（input）和輸出（output）之間的心智歷程，但是到了一九六〇年代時，風向改變了。不同領域的學者開始尋找在我們思考背後的機制，在大腦科學和認知心理學——這個關心思考內在歷程的次領域——加上相關的領域如語言學和電腦科學的幫助，一些開拓新領域的先鋒科學家便開啟了一個新的紀元，探討人類如何思考，後來被稱作「認知革命」（cognitive revolution）。

在教育上，是心理學方面的革命先開了第一槍。認知心理學的起源其實跟「美國的再發現」（American rediscovery）有很大的關係。一九五〇年代，比桑戴克年輕二十歲的瑞士心理學家皮亞杰（Jean Piaget）的理念和想法，在英語的世界裡被遺忘了。

今天，皮亞杰是二十世紀心理學的巨人。他不但為近代由外到內的教育方式鋪了路，同時也把兒童發展的研究帶進了現代科學。他早期的研究被人關注還有另外一個原因。他證明了同一個刺激對不同的人會有不同的心智反應。對桑戴克和他有同樣概念的人來說，現代智力測驗是法國心理學家比奈在一九〇五年設計的，主要是用來區分孩子天生的能力。然而，對皮亞杰來說，這個測驗不是去篩選出孩子，而是找出他們的共同點。

皮亞杰在十九、二十世紀之交，於瑞士的法語區長大。他很早就顯現出對動物學的興趣，尤其是軟體動物，他快速讀完所有的課程，二十一歲就拿到博士學位。之後，他轉去尚在起步的心理學，在瑞士的蘇黎世跟有名的心理分析師容格（Carl Jung）和精神病理學家布魯勒（Eugen Bleuler）做研究，後來去巴黎的大學教書，在那裡，他認識了跟比奈一起合作的西蒙（Théodore Simon）。

很快，皮亞杰就進入了智力測驗的領域，他負責把原來設計給成人的智力測驗修訂為兒童版，然後用口語（因為孩子還不會閱讀）去測試兒童並記錄他們的錯誤。但是他不是僅僅施測而已，他想了解兒童犯錯背後的原因，所以他會去追問為什麼，這個方法後來成為他一生研究的典範[3]。

他發現相同年齡的孩子常會犯類似的錯，可以從孩子年齡的增長預測他的進步，這表示心智的發展有顯著的階段，他給這些階段取名為「感覺運動期」（sensorimotor）和「前操作期」（preoperational）[4]。但是對現代科學來說，這太籠統了，不過他理論底下的假設卻是屹立不搖，激發了幾世代學者對兒童心智的研究。

根據他早些觀察到的現象，他展開了後來發展心理學的研究，發現小孩子犯的錯是來自天真而不是沒有推理能力，例如小孩子會誤以為堆在一起的六顆彈珠比散在桌上的六顆彈珠少，他從類似這樣的實驗中發現，學習歷程最重要的是「了解」（realization），他不認為這是資料的儲存，而是一種發明：孩子主動建構了解外面世界的捷徑，他認為這種創造的歷程其實是組合我們所有對外界認知總和的方法。除了前面說的彈珠實驗，這個理論還解釋了學習就是簡單的觀察，當你回想一個場景，假設你回憶吃早飯時的情形，它不會像相片那樣清晰無誤，而比較像印象派的畫，只有幾個主要的細節浮現出來（你可能記得你吃 Cheerios 牌子的穀類，但不記得吃了多少）。假如你認為學習不是被動的一連串快照，而是一個主動的編造過程的話，你就了解為什麼你會選擇性注意細節（如吃的是什麼牌子的穀類），因為這個選擇注意跟個人成長的背景有關，某些細節會比別的細節更重要（譯註：美國早飯很多是吃穀類（cereal），所以電視上廣告打最兇的也是這些穀類食品，從小家裡買什麼牌子的穀類，就變成這個人長大後的早飯穀類牌子。我很驚訝作者吃 Cheerios，因為他在印度長大，小時候應該不是吃穀類的，尤其 Cheerios 很受兒童歡迎，因為它很甜）。這個學習理論可以解釋有些人不但增加他們的知識庫量，也將這些知識用在問題解決和做決策的技術上，因為這是建構在原始資料（raw）上的表徵，以及如何最佳反應的個人經驗上。這種個人經驗的重要性使後來的教育者了解**教學必須掌握學習者的先備知識**（譯註：就是孔子的因材施教）。

在這模式中，知識的總和包括無數的個人經驗和規則，這就是皮亞杰說的建構（schemata 或是單數 schema），它像樹一樣整齊排列，長長的樹枝從基本知識的樹幹中長出。

在一九二〇到一九三〇年代，皮亞杰曾經到美國幾個常春藤盟校演講過，但行為主義盛行後便被遺忘了，當然跟當時對女性的不重視也有關，因為兒童發展被認為是女性研究的領域[5]（譯註：讀者不要忘記，美國女性是一九二三年才有投票權）。

一九五七年十月四日，一個白點飛越了美國夜間的天空，俄國人成功發射 Sputnik 火箭上了月球，嚴重打擊了美國人的自尊心。MIT 的物理學家查卡瑞亞（Jerrold Zacharias），是二戰時曼哈頓計畫（Manhattan Project）的參與者，他在核磁共振領域的研究導致 MRI 的誕生。在這一年之前，他曾拿到一筆很大的聯邦研究基金想去縮短美國學生和俄國學生在知識上的差距。現在，俄國居然已經發射火箭上太空了，這個專案就更重要了。美國總統艾森豪（Eisenhower）增加美國科學基金會的預算四倍，派MIT的校長基利安（James Killian）作他科學和科技的特別助理，並且建立美國總統的「科學指導委員會」（Science Advisory Committee），查卡瑞亞就在這個委員會裡面。

對查卡瑞亞來說，行為主義對教育的影響是美國知識差距最主要的原因，為了找出有動機的學生，他聘任了一個私人好友、哈佛大學心理系的教授布魯納（Jerome Bruner）來執行這件事。布魯納公開他對行為主義的不滿一年後，他帶領一批心理系教授跟當時不可一世的史金納分家。

一九五九年，查卡瑞亞召集了一批心理學家和研究科學家在麻省的Woods Hole開會，討論如何把認知科學的新發現應用到科學教育上。布魯納把他在這次會議的報告出版成一本書《教育的歷程》（*The Process of Education*），他不像美國的心理學家，他一直很認同皮亞杰的理論，他把皮亞杰跟行為主義記憶模式不同看法的討論放進了他的書中。這本書出版後大為暢銷，在四年之內賣了五十萬本。

因為這樣，皮亞杰又回到了檯面上，而這次，美國準備好接納他了。到一九六〇年時，認知革命已經遍地開花了，而啟動這個革命的震央正是麻省的劍橋市，假如你站在這個事件發生的原子豆咖啡館，你不可能丟出一塊人行道的磚而不打中一個正在打開新領域的認知科學家。

在哈佛，這些人包括布魯納、他的同事米勒（George Miller）[6]，我下面馬上會講到他，他正在研究工作記憶，還有布朗（Roger Brown），他研究兒童的語言發展。在MIT，電腦科學家在想如何無中生有的建構一個心智。當然還有認知語言學家喬姆斯基（Noam Chomsky）[7]，他在一九五九年評論史金納的《口語學習》（*Verbal Behavior*）[8]，開了認知革命的第一槍。在這種濃烈的認知科學家環繞的氣氛中，皮亞杰的理論恰似拼圖缺失的那一塊，來的正是時候。

馬哈姜把椅子往後仰，凝視著原子豆咖啡館的周圍，他說：「大腦中的表徵一定是跟這個人的認知和心智有關，這個部分，我想是沒有爭議的。」皮亞杰的學習理論問題出在從理論到實踐：當你要把它轉成教育哲學時，問題就出來了。

皮亞杰理論所發展出來的教學方式，最大的爭議點在前面說過的發現學習，這是假設最好的學習方式是讓孩子自己去增加他知識建構上的新知，而不是要老師替他找，老師在這個模式裡只是協助發現的人，他們只要教學習和問題解決的策略，而不是教跟世界有關的事實。學校的宗旨變成教學生學習如何學習（learn to learn）。

校園建構

老師培訓計畫是皮亞杰的理念進入美國教育實作的主要途徑，他們進入MIT的路更是直接，所以他們是馬上在MIT留下了腳印，但是MIT也是立刻反彈回去。

在MIT校園中，皮亞杰主要理念的推動者是帕波特，他是南非的數學家和電腦科學家。在來MIT之前，他在巴黎跟皮亞杰工作了四年，他走在時代的前端，很早就看到電腦以後一定會變便宜，每一個小孩子以後一定會想要學編碼。他發展出一套很簡單的電腦編碼語言「Logo」，教小孩子如何使用電腦，他在一九七一年寫道：「有人想用電腦去操作（program）小孩，有人想用小孩去操作電腦[9]。」他可能是在針對史金納，因為史金納仍在查爾斯河二哩外的哈佛宣揚他的教學機器。帕波特發展出Logo烏龜（Turtle），這是一隻住在一個透明、半個籃球大小裡的烏龜，專門幫助學生把只有很少人會的寫程式經驗變成有形、實在的東西。這隻烏龜是電腦遊戲的先行者，它可以畫幾何圖形，對那些幸運能接觸到這個烏龜的學生來說，數學的目的已經改變了，它從解決問題的工具變成創造的工具。

今天，帕波特的遺愛仍然在MIT，因為他有一個學生瑞士尼克（Mitchel Resnick），也是他長期的合作者，繼續把他的理念傳播下去。

瑞士尼克身高六呎四吋，從我認識他起，就是留著花白的鬍子，他跟你講話時，會把椅子往後翹，從眼鏡底下看著你。他是MIT媒體實驗室底下終身幼兒園（Lifelong Kindergarten）團隊的領導者，他們的宗旨是「設計、創新、實驗和探索」。

有一天清晨，在其他員工還沒有來上班之前，我們在他溫暖原色的（primary-color）辦公室中，談起學術上的前輩。他說皮亞杰最大的貢獻是他強調學習者，尤其是兒童，是主動去建構知識，而不是被動被餵食。帕波特完全同意這一點，他說：「人們建構知識最有效的方式，是從建構外面世界的真實東西開始。」

帕波特是講真的，他的確認為建立一個知識的樹就是去建構這個東西：在教室中、在車庫裡、在電腦上。帕波特在他的書《孩子的機器》（*The Children's Machine*）中提到：「孩子在腦海中的建構，如果有外界常常可以看見的東西或公共建設的支持的話，他這個建構會更完善、更得體。那麼這些外界的東西是什麼呢？它們可以是沙灘上的沙堡、蛋糕、樂高搭成的房子、一間公司、一個電腦程式、一首詩，或一個宇宙的理論[10]。」

瑞士尼克說：「創造新東西的歷程常使我對事情有不同的看法，而當我對事情有不同的看法，它又會激發我去創造新的東西。」

今天，建構主義（Constructionism）也就是皮亞杰的哲學，主要應用到STEM（Science, Technology, Engineering, and Mathematics）領域，尤其是工程領域。但是帕波特（他在二〇一六年過世了）會反對這種窄化的應用。事實上，人文學門很久以來，就依賴建構式的教學方法。講起來STEM是從人文教育那裡借了點子，最近才迎頭趕上。例如學生很難在藝術創造的課中，不自己創造東西出來而想及格，比如說一幅畫、一個樂曲創作或一首詩，如果不是你的原創，這門課就沒有意義了。其他的人文領域，如大學的寫作課，它也是創造的課程，瑞士尼克說：「寫作幫助你組織、表達、分享你的想法。」的確，「我們希望每一個人都學會寫作，不只是那些長大要成為作家的人。」寫作不只是幫助學生形成概念，把邏輯性表達出來，它還有社交的功能（至少在理論上）。他說：「我認為給每一個人發聲的能力很重要，讓他們覺得他們對社會現在發生的事有貢獻。」

今天，許多可見的或不可見的，影響著我們生活的規則，不是用英文、西班牙文或中文寫的，而是用電腦的語言寫的。瑞士尼克說：「對我來講，學習電腦編碼就跟學寫信一樣，它不只是為了人們在工作上可以用它，也不只是為了學習電腦概念，它是在表達你的意思、組織你的思想。」

當帕波特在他一九八〇年的書《心智風暴》（*Mindstorms*）中說每一個人都應該學習如何編碼時，很多國家都同意他的看法，英國和哥斯大黎加的公立學校都把它列為必修科目。然而，雖然它很流行，帕波特也拚命推銷，程式語言還是沒有革新教育，使教育產生革命。這其中Logo本身有問題，帕波特原先是要讓這個語言很容易學，但是它的文法還是相當困難，這使很多初學者和老師卻步[11]。結果，即使在一九八〇和一九九〇年代電腦在教室中開始出現，電腦實驗室在中小學成立，編碼的課程還是未能起飛，反而是不同的電腦用途如教育的電腦遊戲成氣候了。這些電腦遊戲其實跟史金納的教學機器沒什麼兩樣，只是弄得更炫麗了而已。

帕波特寫道：「一點一點的，電腦的顛覆性特質被蝕退了，電腦現在被用來增強學校的工作方式。」

但是 Logo 的長處和短處仍然困擾著瑞士尼克，他是 MIT 的電腦博士，指導教授便是帕波特。他開始自己做研究，他把 Logo 用到新的方向，包括一個暢銷的商品（LEGO Logo），使學生可以用 Logo 的電腦程式去控制樂高的機器人。這是一個非常吸引人的事，不過從外人來看，樂高本身可能比寫電腦程式更有趣，這給了瑞士尼克一個點子：或許可以用電腦來組合有各種顏色的樂高。

於是他和他的團隊發展出一個程式語言叫 Scratch 遊戲設計，使用者可以用簡單、方塊型的視覺元素去寫電腦程式，而且這些方塊碼在動畫中還可以控制遊戲主角的動作，即使一個完全沒有寫電腦程式經驗的人也可以用。這個語言可創作出好笑的卡通短片，最經典的就是一隻貓在螢幕上跳舞跳過整個螢幕。在我寫這段的當下，Scratch 有三千萬用戶[13]，最重要的是這些學習者不是因為老師指定作業而去用 Scratch，而是他喜歡，所以很多是用他們自己的休閒時間在網路上玩 Scratch，包括我女兒在內，而且通常是成對在玩，或是一個團體在玩，這就是瑞士尼克的老師帕波特當初設計 Logo 的願望。瑞士尼克說：「我們所有的專案最終的目的就是幫助人們學習有創意的思考、系統化的推理和合作的學習，在這裡都做到了。」

雖然表面上看似很風光，但底下仍有一股暗流。帕波特要的是顛覆傳統的教育教條，瑞士尼克對桑戴克主義者很不安的地方在於，學校到目前為止仍然用成績來篩選學生，「我會很贊成減低分數的重要性。」他說。「你知道，在MIT，第一學期是不打分數的，我想把它延伸更遠一點。」在MIT，大部分的教授同意第一學期不打分數是個好主意，對學生的心智健康有利，因為十八、九歲是心智還在發展的時期。不過仍然有一些內部阻力，有一個教大三課程的物理教授告訴瑞士尼克說，因為第一年學生被剝奪成績的動機，所以來上課前都沒有好好準備，但是他認為如果一個MIT的學生因為課程不打分數就不好好上課，那麼這個學生根本不配留在MIT。如果一個學生學習的動機只在分數，MIT收他進來是真的犯了錯。

打分數是來自長久以來由外到內想法的實踐，每一個數字或字母背後代表這個學生的潛能，其實這個測量不能測出他們想測的東西，**我們完全不知道全球有多少可以造就的學生，因為成績和分數模糊了他真正的學習力。更糟的是成績、分數和教室，阻止了某些學生對學習產生興趣。**如果改用專案的教學法（project-based），包括MIT自己的建構式教學法，可能可以給學生一個新的方式去證明他自己，同時也給他們一個機會去找到真正的熱情，瑞士尼克說：「只有這樣，他們才會願意努力學習，因為那是真正成功必須走的路。」

採用建構式教學法看起來好像不費吹灰之力，很容易處理之事：提供動機、環境和知識到教育系統中就好了，但是很多教育研究者認為，這種策略不符合學習的認知歷程，甚至還會扼殺它。

由內到外想法的反擊

瑞士尼克當然是極力主張由外到內的人，但是他知道教室的改革才剛剛開始，因為成績仍然存在於每一個學校，而由內到外的支持者如馬哈姜，則有不同的想法。

的確，在老的學校，傳統的教學法仍然普遍，但是由外到內的改變已經悄悄滲透到課程中，而且系統化的阻撓了學習。

馬哈姜以他女兒為例，她就讀於劍橋市的公立小學。

「在全美國的小學裡，小學生要背生字。」他說，這是為了使學習閱讀跟學習說話一樣的自然。一九八〇年代時，流行所謂全語言學習（Whole Language）運動（譯註：作者用 Whole Language method，但是它其實是 Whole Word method，不教孩子拆解字母，只去記整個字的形狀，這場爭辯時，我正在美國加州大學恭逢其盛，我記得大家都是用 Whole Word method，當然 Language 包括字，但是翻譯成全語言學習會導致誤會，所以在本書中譯為全字學習），他們反對傳統的音素（phonic）教學法，不先教孩子把字分解成音素，然後把這個字的聲音發出來，而是主張直接把這個字用聽和說的方式進入記憶。只要看多了，自然就學會這個字。在一九八〇年代後期，這個方法像打翻的牛奶一樣，到處都是[14]。

現在回頭看，這是一個完全失敗的嘗試，它的理由我們在上一章有講到，這不符合大腦學習的方式。大腦天生就能辨識語音，這是演化來的能力，但是無法天生就辨識文字，所以只要讓孩子暴露在語言環境中，他自然會學會語言。在一九八〇年代中期，支持音素教學法的證據越來越多，到一九九六年，這個全字教學運動接受到一個它無法忽略的消息：推廣全字教學最用力的加州，在全國的閱讀能力測驗中敬陪末座[15]。

「我知道它是完全失敗。」馬哈姜說。「我的女兒是全字運動的受害者，她不會讀 dog 而她是全學習字者，她到七歲還不會讀 dog！」

對那些想要反證「發現學習」功能的人來說，全字學習的崩盤提供了一個反擊的機會；一九八五年，新南威爾斯的教育心理學家史唯勒（John Sweller）做了一個實驗。

下面是一個簡答題：第一組學生動手解代數問題，第二組學生不去解題，而是去看這個問題的詳解（worked examples），也就是把解這個題目的步驟一步一步都列出來。現在給學生一個新的代數題目要他們去解時，你認為哪一組會做得比較好？

史唯勒的研究發現，看詳解的那一組成績比較好[16]。這個實驗在一九八〇和一九九〇年代都被成功複製過，不過都是在跟數學[17]有關的領域如統計[18]、幾何[19]和電腦程式設計[20]。這些發現激怒了由外到內的擁護者，他們過去一直認為教室的時間和精力應該用在解決問題的策略上，而不應該用在某個特定領域的枝微末節上，或許比較令他們不安的是史唯勒下的結論。他認為解決問題的技術基本上是教不來的，就像學習走路或說母語。如果是這樣，那麼由外到內教育者和他們的學生花時間在複雜的挑戰上，希望能發展出一般問題解決的能力都是在浪費時間了。

更糟的是，或許所有的問題解決練習都會阻礙學習，為了找出這個說法的理論支持，史唯勒的團隊回頭去看，幾十年前，在認知革命時的一個著名基礎研究〈魔術數字7±2：我們訊息處理能力的限制〉（The Magical Number Seven, Plus or Minus Two: Some Limits on Our Capacity for Processing Information），這是哈佛心理學系米勒的實驗，也是第一個探究工作記憶或工作注意力的實驗。即在某一剎那，你意識所能注意到的所有訊息，會短暫儲存在工作記憶中，他們只有兩個命運，一是進入短期記憶並朝長期記憶的路走去，另一是馬上被忘記。當人們很集中注意時，他們可以在工作記憶中，記住七個組塊（chunks）的訊息。這個組塊是個很主觀的東西，例如二〇〇一這個數字對庫柏力克（Stanley Kubrick）（譯註：他是電影《2001太空漫遊》的導演）的粉絲來說，只要一個組塊；而數字七八四五（隨便抓的）就需要四個組塊來儲存它們了。

在一九八八年史唯勒發表了一篇論文[21]，使擁護由外到內的人腦室（ventricles）都涼掉，那些問題解決表現不好的學生會不會是他們的工作記憶不行呢？根據「認知負荷理論」（cognitive load theory，這是他取的名字），思索如何去解決問題會占用工作記憶很多空間，而這些空間本來可以拿來做更好的事情。他說，在做學生的時候，最好是把所有的認知負荷都拿出來放在桌子上，而不要去占據工作記憶的空間去解那些不需要的謎團（puzzles），「我沒有看到清楚的證據支持問題解決是個有效學習方式，反而有很多的證據說它不是。」他寫道。

這個發現挑起了針峰相對的爭辯，到今天的教育和心理學期刊上仍然可見。幸好最近神經科學家找到了認知負荷底下的神經機制，才平息兩方的爭論。

要解釋它，我們得先回到MIT的Picower研究院去。一九五六年哈佛的米勒發表魔術數字七的論文[22]，認為人類的工作記憶能夠記住九個組塊的數據，但是後來一串的論文認為人類的工作記憶只有四不是七。二〇一〇年時，Picower的研究者陸維斯特（Mikael Lundqvist）想到了一個可以解釋這個現象的原因。他的辦公室號碼正好是四個數字，坐電梯上去找他時，你得不停在心裡背誦這四個數字。

工作記憶的短暫本質可能不是認知的限制，你會希望意識的思維能在腦海中自由的流動，而不堵塞在某個地方太久，所以對工作記憶的表徵也是像短期和長期記憶一樣，是登錄在神經元的生產線上，靠著突觸的強化或弱化結合在一起。那麼，就機制來講，是什麼使工作記憶的細胞生產線很快建構出突觸的型態，又馬上把他們擦得乾乾淨淨？有很長一段時間，科學家認為前額葉皮質（這是工作記憶的所在地）必須靠著不停活化細胞生產線來保住訊息的表徵，也就是說，在你的注意力游離，動作轉移到不同的細胞群之前，前額葉皮質必須保留思想的表徵在工作記憶中。

二〇一一年陸維斯特在瑞典的斯德哥爾摩做他的博士論文（他是瑞典人），他用電腦來模擬工作記憶，突然之間，他想到一個新的點子，「如果我用突觸的電波（wave）來儲存記憶而不是用電流的波峰（spike）」，在這個模式裡保留在工作記憶中的組塊不是一次全部被保留，而是一次一個。

陸維斯特長得很高大，有著及肩的金髮，又說著斯堪地那維亞的口音，猛一看，他像是北歐神話裡走出來的巨人似的。只有眼睛顯露出研究科學家的特徵——睡眠不足。自從加入MIT米列（Earl K. Mille）的實驗室後，他花很多時間去校正他的模式。他的數據來自兩隻猴子，頭上戴有電極可以告訴他大腦前額葉皮質什麼時候活化。這個技術比較有侵入性，fMRI只能告訴我們每秒神經元的活動，但是直接在大腦插入電極卻能記錄每毫秒的神經活動。目前這些猴子的實驗數據支持了陸維斯特神經元活化的模式。

持續性模式的神經元是不斷的發射（spiking），而爆發性發射（burst-firing）是比較細微（subtle），但是爆發性模式提供了工作記憶有極限本質最有吸引力的解釋。想像工作記憶的四個組塊中，有四個英文字寫在沙灘上：sanjay sarma is here，這四個字有隨時被海水沖洗掉的威脅。在舊的模式中，每一個字的字母都是同時被刷新，在陸維斯特的新模式中，則是每次都刷新一點。假如我貪心一點，想加上第五個字（sanjay sarma is here today），我可能來不及在寫完第五個字之後，趕快回到前面去重寫第一個字而海浪就已經打上來，把第一個字的痕跡抹平了。很快，我又回到四個字的情況，只是現在變成 sarma is here today 了。這個理論上的「刷新率」（refresh rate）的限制就提供了很強的解釋[23]，為什麼每次你添加一個新的組塊訊息到工作記憶去，就會流失一個舊的。

學習大致粗略的

我們也可以用一些指標（metrics）而不是組塊來測量工作記憶的容量，如一個人可以複誦一段語音的長度、一個人可以複製一幅圖像的逼真度。研究者用這種策略，發現工作記憶有很大的變異性也跟智商的測量有相關[24]。如果工作記憶阻塞，那麼問題解決能力就受到打擊。某些大腦病變的情況，如思覺失調症（schizophrenia）和注意力缺失／過動症（ADHD）會干擾工作記憶。即使短暫的侵入也會造成傷害。一個最惡劣的例子就是刻板印象，性別[25]、種族[26]和社經地位[27]的刻板印象會干擾思想，吃掉孩子的工作記憶容量，降低他們的考試分數。

由內到外的擁護者認為，不良的教學設計只會放大這些問題，當你在解決一個複雜的問題時，「絕大部分的記憶是在『搜尋』。」馬哈姜說。「你對自己說，好，我知道什麼，我要去哪裡拿到我要的東西？我現在離目標多遠？」

從試題詳解著手而不是動手去解題，是一個繞過工作記憶路障的方法。由內到外的人也支持「過度學習」（overlearning）某些事實，如熟背九九乘法，這使我們在解決問題時馬上可以叫出這些知識，而不增加工作記憶的負擔。

馬哈姜有一個特殊的技能，他是世界上最好的估算者。有一次，他的同事跟人打官司，在談一筆很大的和解費。一個記者問馬哈姜估算一下這筆錢是多少，結果跟實際的金額相近到這個人懷疑內部有人走漏消息而提起訴訟。

馬哈姜的這個技能應該不算意外，因為他寫過一本有關估算（approximation）的書《街頭數學》（*Street-Fighting Mathematic*），從書名就可以看出這是解決複雜問題的書：第一步，先快速瀏覽一遍問題，得到一個大致的估算，然後才把工作記憶投到真正要去解決的問題上面。這個先斬後奏（shoot-first-ask-questions-later）的方式，不但對STEM的問題很有幫助，對寫作也很有效。「不管怎樣，你先寫一個草稿出來。」他說。「然後當工作記憶的負荷被釋放出來後，再慢慢修改它，把它修到完美。」

這種方式有一點值得注意的是，它就是一個解決問題的策略，所以這跟最極端的由內到外的說法不同，即教育應該注意內容，不是歷程；馬哈姜教的是歷程，也是內容。他的策略是**如**

何引導你思考，這跟教練指導運動員如何去運動身體沒有兩樣。

事實上，有的時候，我們沒能好好控制我們的思想，跟忽略我們的身體有異曲同工之妙。陸維斯特的爆發性發射偵察到猴子前額葉皮質的運動，跟最快的大腦訊息流動「思想的速度」（the speed of thought）很接近。我們有意識的思想是如何控制工作記憶的內容呢？在這裡，陸維斯特的模式又給了一個很好的暗示。我們無法說意志如何出現在大腦中，我們對自己的思想和動作真的有自由意志嗎？然而，我們知道當你創造出一個工作記憶的表徵時，神經元活化的型態，跟你決定去移動一下手臂時的神經型態非常相似。

這個關鍵是腦波的重要神經現象：電磁波的起和伏與大量神經元的活動是相呼應的，當你控制手臂時，運動皮質區有一個貝塔波（beta wave）的型態，它是沒有什麼事情發生時的腦波，很像專門潑冷水（wet-blanket）的人，抑制不要的活動。假如你要用手臂，必須把它移開後手臂才會動。當這個貝塔波被移開後，高頻率的加馬波（gamma wave）就會出現，它和手臂的動作是一致的、相呼應的。很奇怪的是，這些也是爆發性發射，跟陸維斯特在他工作記憶研究中所看到的爆發性發射很像，也是先有貝塔波保持不活化，然後移開貝塔波爆出發射[28]。兩者的相似性在理論的應用上很有意義：那個讓你控制手臂的意志歷程，可能也是你控制思想流動的歷程。

「運動皮質區在動作時，和前額葉皮質在抽象思考時，它的動力和所有其他的歷程非常相似，這有很大的意義。」他說。「不過它還是有爭辯的餘地。」

我很感謝陸維斯特去思考這樣的問題，但是我最感謝的是，他願意冒大不諱去碰觸神經科學的聖杯：「什麼是意志」這個問題。

「神經科學家一直在尋找意志在哪裡，不是嗎？」他說。「是不是因為增強學習，我們學會辨識在對的情況下去做什麼事，使它看起來好像是我們的意志？」

這個由內到外和由外到內的辯論可歸結到一個熱門的話題。二〇〇九年，有一本書叫《建構主義者的教學手冊：成功還是失敗？》（*Constructivist Instruction: Success or Failure?*），封面上有兩個辯論講台，它本來是想給雙方公平的機會來反應議題，但是很快就變成爭論問題解決是不是一個技術（skill），可不可以被教？學習者是否有意志力去控制他們的工作記憶？就像地緣政治的對手宣稱自己的礦權是一直深到地心都是他的一樣，這兩方也是想把認知科學從他們腳下切開。

其實，雙方都想使教育變得更好，但是一旦研究的範圍包括了人類這個整體，就免不了碰到這些問題，怎麼好？（Better how?）對誰好？（Better for whom?）**學生應該跟隨著自己的衝動去決定學什麼嗎？還是他們應該學會嚴格控制自己的思想，去讀老師認為重要的題目？**在我們往下面的章節走，進入更廣大的世界，要用到更多的學習的認知科學時，這種問題會一直出現，這是一個未來教育領域不可避免、無法忽略的問題。

但是這不表示我們應該放棄，在《星際大戰》中，路克天行者（Luke Skywalker）說：呼吸……繼續呼吸。

回到MIT的游泳池，呼吸正是麥肯茲在做的事，即使帝國風暴兵、韓索羅和X-wing戰鬥機在他的工作記憶裡浮沉，他只能呼吸，他發現「星際大戰」開始給他壓力了。游泳隊開始了新的操練：仰泳翻轉，如此高速轉換方向很容易使人失去方向感。教練的計畫就是一直練習，像背乘法口訣似的，一直到它變成你的第二天性。麥肯茲發現他的心智被這項活動所占據，使他忽略來回游的失方向感。從表面上看來，這個轉身的技術好像瘋狂的技術活動，但是麥肯茲覺得自己在一個很清楚的狀態，這是他一整天都沒有辦法達到的狀態。

的確，有的時候，人在混亂中找到秩序。這個教訓是我們在嬰兒期就開始學的，我們要從刺耳的噪音和影像、味道中，去抽取出意義來。在校園中，沒有人比舒茲（Laura Schulz）更了解這一點了。她是認知心理學家，專門研究小孩子用來了解外面世界的邏輯。

自從布魯納介紹皮亞杰到美國來後，舒茲解釋說，皮亞杰的理論就有一些改變，「當然皮亞杰的階段理論崩盤了。」她說，只留下它最基本的假設。一九八〇年代中期，一個新的、比較嚴謹的理論開始取代皮亞杰，把孩子描述成小小科學家，一個杜威會歡迎的理念。舒茲的指導教授，也是她後來的合作者加卜尼克（Alison Gopnik）寫道：「基本的想法就是，兒童發展出他們對世界的知識所用的方法，跟大人在科學上用的方法一樣。也就是說，兒童先發展出理論，這些理論使他們對新的東西能得出預期，或預測這個新東西會怎麼樣，他們做實驗得出新的證據，他們解釋證據[29]。」這個想法稱為「理論理論」（theory theory），對我們如何將新數據納入舊知識中，提供了一個非常令人信服的解釋。當證據顯示必須修改現行的理論時，兒童會去補充、修改原始的假設，有時整個拋棄，重新來過。舒茲等人的實驗顯示，當兒童碰到證據跟他們個人的理論不同時（通常是有欺騙設計的玩具），他們就會去探索，去了解為什麼，這個結果符合前一章講到的學習漸進理論，驚奇的訊息不但會啟動好奇心，在有意識的學習層次上，它還會把被動的觀察者轉變為實際的科學家。

不過，令人困惑的新的訊息不見得都會有馬上可以被發現的解釋附在上面，幸好我們的大腦演化成可以有效的處理這種情形。原來嬰兒不僅僅是用最簡約的態度去解釋事件，還常用有限數據下最好的、最可能的方式，跟統計學家貝氏推論（Bayesian reasoning）一樣。

在幾百個支持這個理論的研究中，有一個是舒茲做的。她和一個研究生系統化的玩一些壞掉的玩具，讓寶寶在旁觀看（他們的媽媽隨侍在側，通常做嬰兒的實驗需要他們坐在媽媽身上，他們才可能安心去看實驗者的表演），當寶寶要玩一個玩具，而發現這個玩具壞掉時，他們通常有兩個選擇，一個是去看玩具為什麼不能動，另一個是把它交給大人去修理。舒茲和她的學生發現[30]，寶寶的表現跟他們觀察舒茲怎麼玩玩具有直接的關係（是否有一個是好的，而另一個是壞的？兩個是不是都有時候不能動？）寶寶會有策略的決定是否自己去試這個玩具為什麼不會動，或是把它交給媽媽。這個結果很驚人，在非常少的訊息之下，寶寶都是做出最佳的選擇，他們像個小統計學家。雖然這個天生的能力在大人每天的生活中很難觀察到，因為我們每天都在整合很大、很複雜的統計數據，但是沒有理由相信我們會停止把新的知識加到我們的知識樹中。這種統計推理其實就是皮亞杰在二十世紀初期所說的心智理論，你可能會很合理的假設，舒茲的實驗強烈支持了皮亞杰的學習模式，她應該也會支持由外到內的教育方法吧？但是她沒有。

「我想我們還沒有到那裡。」她說。一方面「你不可能用發現的方法學會微積分」，但是另一方面「我們需要能建造出東西的工程師」，而這需要某種程度的從做中學。當我們想如何盡量教育最多的人又要有效率時，很明顯需要兩種方法並用。我們對動機和興趣不同的學生需要有更高的容忍度，我們要有高能力的由外到內的課程。當我們正確使用這兩種方法時，就可以使懶知識的骨頭跳出棺材並跳起舞來。不過我們需要資源——錢和時間，以及學生的認知資源，才能教導他們有用的硬知識。所以我們忽略了由內而外教學方式的好處，這對我們是很危險的。

教育不可能等待完美的答案，我們需要綜合各種不同的意見，而且在新證據進來時，立刻更新。對搖搖欲墜的教育心理學來說，最好的方式不是選邊站，而是採取貝氏的統計方式，像寶寶一樣用科學的方法建構他們對外界的認識[31]。**科學家和教育者必須建立一個有效的理論，找出在教育現場什麼最有效，而在同時保持開放的胸襟，當必要時，接受改變。**

麥肯茲在游泳池努力練習，像是游了好幾個小時，突然之間，他知道該怎麼去做他的機器人了。他是在倒過來游時，還是仰著游時改變心意的？他的決定歷程是真的意志力嗎？還是環境因素的產品？還是這是他工作記憶和長期記憶複雜交互作用的結果？雖然認知科學各層次都進步得很快，我們現在還是沒有辦法回答這些問題，不過，當他爬出游泳池時，有些事情不一樣了，他的心智改變了，他的思想定下來了。從明天開始，他要專注在旋轉 X-wing 的推進器上，即使他必須打掉舊的重新開始，也在所不惜！

5 第四層：思考如何思考

有的時候，我把學習法則想成一張神祕的大海地圖，在二十世紀初期，桑戴克曾經描述過它最顯著的地理特質，從那以後，幾個世代的製圖者都想添加一些細節，或是改正一些錯誤。這裡有一個問題，那些真的想去探究這個險惡水域的人——學習者和他們的老師，不知該相信哪一個製圖者。一方面，有由內到外的地圖，那是根據機械模型繪製的：「由於我們對海岸地形的了解，這裡應該有危險的水下礁岩。」另一方面，有由外到內的地圖，這是根據實際觀察繪製的：「從這個方向出航的船通常都沒有回來，所以那個地方一定有危險的岩石。」

兩種策略過去都曾引導學習者誤入歧途，例如由外到內引導了許多學校去實驗全字學習，這個例子到現在都還被用來提醒教育政策者，如果忽略大腦的本質，會導致教學的慘痛後果。

但是由內到外也導致錯誤，一九八三年哈佛大學的心理系教授嘉納（Howard Gardner），從腦傷的病人身上觀察到一個現象，就是某個大腦區域因中風或創傷受損後，那個地方的功能會受干擾，但其他的功能完好無缺[1]。所以他認為大腦不是一個總體的智慧，而是有很多不同領域的智慧組合而成，這就是多元智慧的理論，反駁了過去的總體智慧論。就如嘉納自己指出：「ＩＱ測驗加了太多的權重到某些能力上，因為它比較容易測量，就像一個老笑話：一個人在路燈底下找鑰匙，鑰匙並不是在這裡丟掉的，但是這裡比較亮[2]。」他這個受到大腦如何運作而產生的理論，是更新版的由內到外的思維。

但是他很快就發現，有人過度推展他的理論，把它演變成「多元學習型態」（multiple learning style）[3]。這個有毒有害的想法，認為大部分的學生需要特別的教育媒介，因為他們大腦對某一方面比較強／弱，雖然有很多證據反對這種說法，坊間仍然流行著這種補習班。我到現在仍然會碰到學生說他是「聽覺型」的、「視覺型」的或「動覺型」（kinesthetic）的學習者。或許他們真的有一些相關的能力，臨床心理學家常常用某種ＩＱ測驗去做臨床診斷，看是哪一種的學習障礙，但這不是、也不該是改變教室的教學方式。每一個大數據的檢視都發現，用學生偏好的學習型態去教這個孩子，並沒有產生任何可以測量得到的效益，甚至傷害他長期知識的儲存[4]。

另外一個對大腦神經心智狂熱、由內到外的改革者，是提倡左腦、右腦的學習者，他們說某個學生是右腦型的，因為他比較有創意；某個學生是左腦型的，因為他比較邏輯思考。這個迷思可以追溯到十九世紀，但是在一九六〇年代大行其道。因為一個嚴重癲癇而無藥可治的病人，在把他連接兩個腦半球中間的胼胝體剪開，使兩邊腦不能互通訊息後，一邊腦的放電不能影響另一邊腦的作息，所以這個病人免去了癲癇發作之苦，而這手術意外發現兩個腦半球各有其所長。但是我們正常人兩個腦半球是連接在一起的，fMRI的實驗顯示幾乎所有的認知作業都需要兩個腦半球合作[5]，實驗發現一個聲音若從右耳進入大腦，它在千分之二秒內就會傳遞到左腦去，不可能只啟動一邊大腦而讓另一邊靜止不動[6]。這個左右腦主控的觀念可能在某些方面有一點用處，但它只是個比喻，大腦不是這樣運作的。

還有很多大腦的迷思，例如我們只用到十％的大腦（不過現代由內到外的擁護者不必內疚，這句話可以追溯到詹姆斯[7]）。事實上，全字運動的崩盤，雖然由外到內的邏輯要負最大責任，由內到外的擁護者也有一些責任在內。

在一九八〇年代後期和一九九〇年代時，老師們跟神經教育學（neuroeducation）進入一場暴風雨式的戀愛，這個想法是建立在兒童期大腦研究的新發現上。孩子在十歲以前，大腦的突觸連接會大量發展，而大腦同時也在做突觸的修剪[8]，最後使大腦在二十歲左右成熟[9]。最晚成熟的是前額葉皮質，這個區塊跟大腦的執行功能有很大的關係，它不只是工作記憶的所在地，跟注意力、情緒控制和專注力也有關係。我一直認為我在大學時代的表現，是因為我前額葉皮質發展尚未成熟。

假如從出生到十歲是大腦突觸發展的主要時期，神經教育學者就推理，認為在這個時候應該給孩子很多的感官刺激。一九九六年《新聞週刊》（*Newsweek*）一篇文章指出：「在對的時間進行對的輸入，幾乎所有都是可能的，但是假如你錯過了窗口打開的時間，你就要跟一個有障礙的孩子玩了[10]。」

的確，有一些學習是有關鍵期（critical period）的，語言學習就是一例。但在一九九〇年代中葉[11]，它太過解釋，走火入魔，導致美國有些州立法要學校提供感官豐富的教學環境，每天播放古典音樂（這是根據一個已經被駁斥揭穿的說法，誤以為只要聽莫札特或巴哈的音樂就會增加孩子空間推理能力），這種做法就像安慰劑一樣無害，但是當它解釋過頭時，問題就出來了。例如在全字學習上，這些學者認為孩子可以透過看字而猜出它們的意思，只要看得夠多次即可，立法者和學校的董事會不明就裡就簽字同意。結果導致在某些州，有一代的學生他們閱讀能力低於全國指標。

到一九九〇年代中葉，甚至在大家還沒有看到全字學習的後果之前，已經有人提出異議，在「大躍進」直接從大腦科學跳到教室應用之前應該三思。華盛頓大學認知心理學家布魯爾（John T. Bruer），在後來被視為「神經懷疑主義」（neuroskepticism）運動的最重要論文中寫道：「認知心理學比神經科學在教育上較為中肯，目前在大腦和學習中間的跳板還無法承受這麼多的壓力。」他認為將來大腦研究若要對課堂教學做出貢獻，「它最好跟隨間接的、兩個橋梁的路徑」，先停下來在認知心理學的層次驗證一下是否行得通再進入教室。

對於一些由內到外的人來說，這可能是一條可以將其轉化為有效教學的路。但是這還是不能解決一個事實，就是即使是最公平的教育心理學家，還是可以挑選一些最符合他目的的神經科學研究，因為這正是導致全字學習慘敗的原因。

很高興的是，還有一條路，我們可以策略性的綜合由內到外和由外到內的取向，在心理學認知革命的歷史上，這兩種取向都曾顯著的更新了桑戴克的學習律，而同時在教學上採用神經科學新發現。有個學習理論就是採取了這個新發現：想要學得好，要忘得好（The secret to better learning may be better forgetting）。

遺忘的力量

過去幾十年來，桑戴克學習律絕大部分的更新是在他的效果律，這是描述記憶如何儲存在聯結的網路中。他跟遺忘有關的使用律（law of exercise）卻沒有多少人注意。或許是因為大多數人，包括桑戴克自己在內，都認為遺忘就是記憶的流失。

桑戴克的理論很簡單：記憶是時間的函數，時間過去，記憶衰退。但是事實上，它相當複雜。一九三二年，密蘇里大學心理學家麥吉奇（John Alexander McGeoch），曾經請學生記憶隨機配對的字，如 cat-peanut，當 cat 出現時，學生要說 peanut，但是在中間的時候，他又給學生看 cat-glasses、cat-typewriter，結果，中間插進來的這些聯結就使學生回憶原始的 cat-peanut 困難了許多[12]。

麥吉奇對這個實驗結果的解釋改變了遺忘的定義，他說這些學生不記得 cat-peanut，不是因為記憶力被洗掉了，而是因為其他競爭的記憶干擾了正確的提取。很快的，干擾而非廢棄不用，就成了遺忘的主流解釋，這對什麼是記憶有著深遠的影響。

假設記憶是深藏在森林裡的一間小屋，假如是干擾而不是廢棄，使你找不到它，這並不表示小屋不見了，它還是在那裡，只是你目前找不到它。許多研究者，包括史金納在內，開始去思考如何走對路去找到小屋，這裡有兩條不同的路，一條叫「提取強度」（retrieval strength），另一條叫「儲存強度」（storage strength），這名稱是認知心理學家畢約克和他的太太（Robert and Elizabeth Bjork）所取的。儲存強度是「這個東西學得有多牢靠」，提取強度是「這東西有多容易取得」。

當一個東西的儲存和提取強度很低時，例如很久以前學校老師的名字，它根本就不是一個什麼記憶。但是一個最近剛剛學，而且近期內有重要性，例如陸維斯特辦公室的號碼，它有著高提取強度，但是低儲存強度：你會暫時記住，但事情過後就不會再用到它。當然也有東西是高儲存強度但是低提取強度，例如腦海中迴響的旋律，或小時候好朋友家的電話號碼，你現在可能想不起來，但是如果給你恰當的線索，這個記憶會回來。最後，高提取和高儲存強度的記憶是你很熟悉，而且馬上能講出來的東西，例如美國第一任總統、你的生日，或是某個人因為他的慷慨改變了你的生命，那你也會記得他的名字。

畢約克是明尼蘇達大學從物理系轉數學系的學生，很喜歡打高爾夫球，他在明尼蘇達大學研究所讀的是新興的數學心理學。他還是研究所一年生時，他的指導教授拉波吉（David LaBerge）告訴他，數學心理學最強的人艾斯特斯（William Estes）要到史丹佛大學去教書，鼓勵他也轉去史丹佛大學跟艾斯特斯做論文。但是畢約克是個好學生，一般老師不會放好學生走，所以後來畢約克回憶道：「拉波吉這樣做完全是對我有利而對他是傷害，這真是讓我吃驚極了。」

艾斯特斯在二次世界大戰前，原是史金納的學生，大戰爆發後，他被送到南太平洋當兵，家人寄了很多書去給他讀，排解他的寂寞。當時寄包裹有重量的限制，他看書的速度比家裡寄書的速度還快，使他很挫折，便叫家裡寄一些數學的書去，因為數學的書看得比較慢，可以維持久一點的時間，而他本來也是想多學一些數學。當戰爭結束後，他回到學校時，他挾帶新數學的武功，便幫忙成立了數學心理學和同名期刊。

數學心理學是想要設計出簡化大腦學習歷程的模式，它在認知革命時成立，一九五〇和一九六〇年代，帕波特和他的同事在ＭＩＴ加以發展，它和電腦研究是平行進行的。一九六六年時，畢約克在艾斯特斯的指導下，開始在史丹佛大學用電腦（那時還需要打卡讓電腦讀）去模擬人類學習的數學模式，那時候叫作馬可夫鏈（Markov chain），這是一個機率的事件排序，這個主題後來在我ＭＩＴ的研究中出現——數學心理學家是用電腦模擬大腦學習的先驅。畢約克和麥吉奇一樣，都是用配對的作業去模擬簡化的大腦記憶模式，他的模式有短期和長期記憶，但是在短期記憶中的訊息無法送到長期記憶去，「缺少一個轉換的階段，所以進不了長期記憶」他說。這在當時是件很震驚的事，更令人驚訝的是畢約克解決的方法[13]——他讓短期記憶的單位去作隨機遺忘，這樣做了以後，模式開始乖乖運作，那些要被記住的訊息就完美的滑進長期記憶了，這個結果帶給畢約克他一生的事業，先去密西根大學教書，再回到加州大學洛杉磯校區（UCLA），試圖找出為什麼遺忘這麼重要，以及電腦所摸擬出來的方法可否用到坐在教室中的學生身上。

在UCLA教授俱樂部一棵棕梠樹盆栽下，我訪問了畢約克和他的太太，UCLA的教授俱樂部是一幢一層樓的平房，外面是洛杉磯繁忙的街道，雖然校園中著名的噴泉已經不噴水了（洛杉磯還是缺水嚴重，因為連續多年來的乾旱），加上一週前的森林大火，到現在濃煙還籠罩著整個城市，彷彿好像有人按了暫停的鈕，環境的災難暫時停格，時間短暫到正好讓人們討論如何善用我們的腦力讓人類能生存下去。

畢約克和他的太太各點了一杯卡布基諾坐了下來。

在畢約克轉去研究遺忘後許多年，心理學家還是認為記憶的儲存強度和提取強度之間有很大的不同，但不知該如何去用這個資料。畢約克提出了一個理論，它不僅把兩個強度綜合在一起，還把遺忘作為大腦如何學習的基礎。

「我認為真正的差別是你不需要這兩個強度，但是你需要他們的交互作用。」伊麗莎白・畢約克說。

他們從一開始就懷疑遺忘的重要性，詹姆斯在一八九二年時說：「假如我們記得每一件事，我們會無法運作，就好像我們不記得任何事情一樣[14]。」畢約克很同意這個說法，他在一九七二年預測：「假如沒有遺忘，我們會衰微下去，直到完全混亂的地步[15]。」於是他們開始設計方法使新的記憶無法提取。在一九七〇年代一系列的實驗中，他的團隊用各種方法使受試者遺忘。第一個是用干擾的方法[16]，跟麥吉奇的方式很像，他也把受試者從原來學習的房間移到另外一個房間去測試[17]，因為曾有實驗顯示，在不同房間學習和測試的效果，比在同一個房間學習和測試的效果差，因為相同的房間含有相同的學習線索（譯註：這個實驗是英國的巴德利（Alan Baddeley）做的，他曾花錢請潛水夫在海底背生字，發現在海底學、在海底考，效果最好）。他也試過把學習時間間隔開來[18]，他的發現跟前面的間隔效應一樣，事實上，只要開過夜車第二天去考試的人都會告訴你，臨時抱佛腳的記憶是很短的。這些都是他想找出可以測量的遺忘。

他甚至告訴受試者不要去記某些項目的方法，去誘出遺忘。他在受試者學會一長串單字後，告訴他們，把它忘記，不要去記住它們，這只是個練習，真正要記的字在後面。在受試者記住第二張單子上的字後，他要受試者默寫出兩張單子上的字，結果發現受試者果然忘記很多第一張單子上的字，第二張單子的字就記住了很多（這是和控制組相比較的結果[19]，一個設計良好的實驗一定要有控制組）。

在這麼多年的遺忘研究中，最有趣的是在受試者回憶不出來後，他給他們線索，幫助他們回想。結果發現，學生並不是更新舊的記憶而已，這個記憶會排山倒海而來，好像它們有了新生命，要盡量被記住。這些本來已忘記、後來又復活的記憶，會更容易被提取，牢黏在記憶中，也就是說，它們比從來沒有忘記的記得更牢。

他為這種忘記又重新學習的現象舉了一個例子：你在宴會中遇到很多人，你想要記住這些人的名字，當有新名字需要記住時，人們可能在心裡重複好幾次那個人的名字，這個方法會有效，但是只有短暫的效果。這種方法不能進入長期記憶，結果才一會兒時，你發現你面對許多競爭的可能性，他是 James？還是 John？還是 Jake？但是一個小時以後，名字回來了，對了！他是 Jim，我怎麼會忘記他的名字？畢約克說在忘記一個名字一陣子之後，你的眼睛在掃視全場時，忽然得出那個人的名字，這時，你會牢牢記住這個人的名字。這種記憶經驗很多人都有，就是你可以在晚一點的時候，甚至第二天，突然想到他的名字。

他認為**學生和老師可以利用這個忘記和再次提取的方法，去增加讀書和教學的效果**，前面所提到的間隔效應不但可以用在細胞層次，用突觸強化來解釋，還可以用高層認知的間隔造成遺忘、又重新再記憶，來提升記憶的效果來解釋。間隔效應的機制一直都有爭議，有的時候，我想這些解釋可能都對，它們並不是互斥的。前面講到交替練習的方式，就是學數學接著學英文，這種方式可以得到深度的加強記憶，當然你在這些努力過程中，忘記的字最後一定要提取出來，這個記憶才是有效。

在這些研究中，我覺得特別有興趣的是「指導的遺忘」（directed forgetting），告訴學生不要去記它，很神奇的，學生就真的沒有去記住了。這現象底下究竟是什麼機制呢？

在一九七〇和一九八〇年代，伊麗莎白只能在這項研究中做幕後的工作，因為美國學術界有個不成文規定，就是不讓夫妻在同一系任教。這個叫裙帶關係（nepotism），因為美國的系務是由教授們開系務會議決定的，夫妻若同心可能會影響系務發展，所以許多年來，法律的確是懲罰女性。這個不成文規定的壓力來自同儕，有人會勸告你，你們最好不要一起發表論文，或是你最好換個領域去研究。所以雖然伊麗莎白的背景是學習和記憶，她卻被迫研究視覺辨識和做兒童發展的研究。這個現象近年來解除了，他們已經可以聯名發表論文了。

研究受試者為什麼在接受忘記該項目的指導線索（cue）後就會忘記該項目，是個很有趣的問題。他們設計完善的實驗法，發現一個出乎意料之外的現象：從記憶中提取項目出來這個「藝術」（art）（譯註：後來的記憶研究發現它的確是個 art，每個人不一樣），並不只提高了後來的提取率，同時也主動壓抑了其他競爭項目的出現[20]。

所以這個沒有預期的發現，讓我們知道提取可以改變記憶，超越被回憶的項目之外。畢約克把各種材料攤出來，工具拿在手上，準備要面對學習大師桑戴克了。

廢棄不用的新理論

假如遺忘只是衰退的函數，如桑戴克在他廢棄不用理論中說的，那麼，遺忘是有害的，是永遠的敵人，如飢餓、寒冷或死亡。如果我們必須記住所有遇見的東西，這對身體的能源或資料的儲存來說都是很花成本的，所以在某一點上，遺忘就變成不可避免的了。

在畢約克一九九二年的論文中，他們問，有沒有可能，長期記憶的容量是無限大的？研究者心目中的記憶不是一個容量有限的箱子，而是一棵還在成長的樹，每一個新的樹枝都能增加儲存的地方，所以變得無限大。在這個模式中，遺忘的功能不是像不可避免的陰去對抗記憶的陽，而是像個幾千年來演化出來的工具來修剪長太高的樹，這個樹就是知識之樹。這個工具就是畢約克觀察到的提取強度和儲存強度之間的相互作用（interplay）：在宴會中你剛剛遇到一個人時，很容易叫出他的名字，因為提取強度很高，在你登錄他的名字時，他名字的儲存強度從零爬到一個低的程度，因為你是第一次登錄他的名字，但是重複這個人的名字並不會增加儲存強度太多，除非你一直去提取他的名字。畢約克說：「我發現提取強度越高，儲存強度的增加越低。」

「只有在記憶的提取強度因干擾而下降（不論是因為時間的過去或是混淆的滲入），儲存強度才有比較顯著的機會提升，如在時間過去後，你想到上次在宴會裡那個曾經忘記的名字（你還記得這是什麼嗎？）這個名字就有了新的聯結。所以假如你想記得什麼東西，儲存強度就是它和你記憶中相關事情的連接，假如這件事情發生在很久以前，如高中時代朋友的名字、老師的名字，它會和很多事情連接在一起，如學校的影像、你們一起做的事情等。」畢約克說（譯註：這一段會使讀者有些難以理解，請回頭去看畢約克對提取強度和儲存強度的定義）。

這些連接的重量就解釋了為什麼重新再學第二次、第三次時比較容易了，它也影響提取強度。「這是我們理論的另外一點，失去提取強度的速度取決於儲存強度。」畢約克說。「當儲存強度很高，提取強度會消失得非常緩慢，以至於它可能永遠不會消失，所以你永遠不會忘記，這就是為什麼一個健康的人永遠能夠說出他們母親的名字，或華盛頓是美國的國父。甚至當記憶的提取強度退去，儲存強度不變，你隨時可以立刻點燃提取強度。當日子過去，你所接觸的人有不同，新朋友取代舊朋友後，你以前最好的朋友、過去最喜歡的老師可能想不起來（recallable），但是會被辨識出來（recognizable）。假如你回到同學會，看到很多線索，你會開始回憶出他們的名字，當你再用到這些名字時，它會馬上大量增強提取強度，在同學會之後的很長時間，你都能馬上說出這些名字。」

換句話說，假如遺忘的經驗是因為其他記憶或思想的干擾而失去提取強度，那麼遺忘就把這些干擾的聯結轉低，低到零，提取就回到了它原來的路徑，在這同時，其他競爭的路徑就退去，因為正確的路徑現在在干擾它們了。

但是當儲存強度低時，提取強度很快就退去了。這就是為什麼你在宴會中，才見過某個人沒幾分鐘，就想不起他的名字了（不管你當下在心中默念 Jim 多少次）。

如果把畢約克理論的重點拿出來看，你會發現它其實和認知的突觸層次有很多重複的地方，甚至幾乎完全覆蓋。當一個記憶很容易提取時，提取它並不會增加儲存的強度，但是「費力」（effortful）去想才想起來的提取，會增加儲存的強度，它轉而可以更長久的保存提取強度，因為努力回想時，它必須打敗其他糾纏的競爭聯結（譯註：其實這就是孔子說的學而不思則罔，去思辨時，活化了很多的聯結，正確聯結的次數越多，它將來被提取的機會越大，因為強度增加了）。

就更新桑戴克的學習大腦地圖來說，這個費力提取的看法，很快就被發現它的重要性。到二十世紀中葉時，桑戴克的衰退模式（decay model）在電腦的儲存上得到很強的比喻（metaphore）上的支持，或許遺忘是因為我們的空間不夠了，像電腦的硬體已經裝滿了相片，不能再存放任何東西了。如著名的魚類專家約旦（David Starr Jordan），在他成為史丹佛大學校長時抱怨：「每一次我記住一個學生的名字，我就忘記一種魚的名字。」

畢約克的理論直接反駁了桑戴克廢棄不用理論——認為大腦的儲存空間是無限大的，所以任何訊息都可以被提取出來。「當一個項目在記憶中越來越容易被找到，根據我們的新廢棄不用理論，其他項目的儲存空間就越來越少，這個看法可以證明約旦這位魚類學家是對的。」畢約克寫道。約旦教授的說法常被對記憶有錯誤觀念的人嘲諷，鑑於我們的理論是假設提取的容量是有限度的，一個魚類學家突然花很多時間去學習和提取很多學生的名字，在記憶中，真的會忘掉某個魚類的名字。

生活上每一個記憶的表徵，會有各種不同強或弱的路徑到它儲存的地方，而每一個線索，不論是感官的，還是認知的印象，都會引發一連串的思想，而這些思想又會由各種不同強度的路徑被提取出去。畢約克的模式認為提取的費力（都是在快要忘記時）好像用一台旋耕機（rototiller）在翻花園的土，那些強的、有優先權的路徑會馬上被提取出來，而那些弱的、導致混淆的路徑，則會被清除掉，這些是多餘的和錯誤的聯結，會帶給你錯誤的提取。

「整個來說，它就是一個適應的歷程，遺忘使人們沮喪、感到挫折，我們都有想不起來的經驗，但是從統計的角度來看，大部分我們能回憶出來的東西，都是跟現在的環境線索有聯結的，跟現在在做的事或跟現在的生活有關。」所以遺忘確保現在最重要事情的提取，甚至那些不是馬上用得到的訊息也是儲存起來以防萬一，它們只是看不見（out of sight），但是並沒有從你心中消失（never out of mind）。

努力去上學

當新的廢棄不用理論開始傳播後，教育者就在尋找使用這個理論的方法：找出最新的科學家地圖，把它用到教室的教學中，他們很快就發現這個理論可以用在幾乎所有預期學習會發生的地方。

例如畢約克開始注意到動作技術（motor-skill）的費力提取，這給了他一個機會去再度接觸他年輕時的嗜好：高爾夫球。一九七八年的研究顯示[21]：讓兩組小朋友丟小沙袋到一個三英呎外的目標上，第一組是就站在三英呎的距離練習，第二組則是交互站在二英呎或四英呎的地方練習。在研究結束時，第二組的表現比第一組好很多，雖然他們從來沒有站在三英呎的距離丟過沙袋，這結果是對「變異」（variation）的強烈支持，但那時不知道這個現象內在的機制，現在知道是因為費力提取的機制。畢約克到開始注意到無處不在的次優（suboptimal）訓練模式，過去在練習場都是用同一號的高爾夫球桿練習，只有在經過大量練習後，才換另一號的球桿。

他說：「在練習場，他們做的每一件事都是錯的。」他們打了一個好球又一直練習，重複練習，「這只是短期記憶的改變，他們沒有交替練習，他們沒有間隔。」這種訓練法在某個特定訓練課可以得到好的成績，但是到了一九九〇年代初期時，很多研究發現這種聯鎖練習（blocked practice，即先訓練好一項技能，如發球，再繼續練習下一個技能）對技能的長期保持來說是次優的，它也阻礙了技能轉移到不同項目的機會[22]。例如有一個研究是訓練羽毛球員三種不同的發球方式，一組是大量（massed）、另一組是交替（interleave）的練習，結果發現前者在當下教課的時候進步很快，但是第二天再回來時，第二組不但比較正確，而且從對邊發球發得比較好（兩組都不曾練習過對邊發球）[23]。

在一九八〇年代中期，畢約克的理論對動作學習的「重新加載假設」（reloading hypothesis）提出了新的解釋[24]，重新加載假設是說一次大量練習高爾夫球是有害的，因為它對你的揮桿不利，你會只加載這個揮桿的程式一次，然後重複揮十次或二十次，「你大腦中揮桿的程式沒有改變。」畢約克說，但是換一支新的球桿或換一個新的目標，那麼每一次換桿，都得重新設定大腦的運動程式，這就比較有「費力提取」的效果，你的記憶就比較牢，下次這個技能的提取就比較容易[25]。

回到教室，費力提取解釋了為什麼**交替練習會比只是間隔有更好的效果**，最近有一個比較新的技術把費力提取推得更遠，假如提取能夠把不對的聯結丟掉，重新找回記憶強度。那麼為什麼要等到考試時，才來提取答案？最近伊麗莎白・畢約克在推廣前測（pretesting）：在真正考試之前，先來練習考試（譯註：這就是我們的模擬考），這個前測的實驗其實早在一九七〇年代就有了，研究發現有前測的受試者在期末考的表現增進了許多[26]。最近畢約克的研究發現，選擇題的前測也會增進不正確答案的提取知識，例如黃石國家公園最老的噴泉是哪一個？在你回答 Castle Geyser 時，你同時也活化了 Old Faithful，因為它也是一個可能的答案，但是因為 Old Faithful 比較年輕，所以你知道它不是正確的答案。這種測驗使你去活化跟題目有關的幾個答案，透過思考排除不對的，所以測驗比被動讀那個事實（即 Old Faithful 比較年輕）還更有效[27]。

雖然這個技術很有效，但是學生還是很抗拒。因為測試自己要花時間，更重要的是這種費力提取要花力氣。這引起一個問題，此問題在發表這個新廢棄不用理論之前，就困擾著畢約克：為什麼費力提取會讓人覺得這麼困難？世界上有很多既花腦力又花體力的事情，為什麼這個有效學習的策略會讓他們覺得這麼困難？

想要的困難

這個問題的答案畢約克早在一九八〇年代中期就在思考了。一九八五年他被邀請去擔任國家研究委員會（National Research Council）的委員，主要是承擔軍方的委託，去尋找可以快速訓練出好士兵的技術。強化人類表現技術委員會（Committee on Techniques for the Enhancement of Human Performance）負責檢視所有跟學習有關的心理學理論，不管多麼奇怪。不久，它的結論報告出來了：「沒有證據證明超心理學（parapsychology），包括ESP、心靈感應（telepathy）或思想投射（thought projection）和心靈勝過物質念力（mind-over-matter psychokinesis）的存在或作用[28]。」《紐約時報》在一九八七年詳細刊登內容，這使科幻小說的粉絲很失望。這個委員會本來只有一次性的任務，但是新的研究問題一直不停出現，使委員會來不及回答，所以它的任務一直延續到一九九〇年代中葉，畢約克接這個委員會主席。

在這個時候，有一些做得很嚴謹、很好的研究開始出現，例如在睡眠時利用錄音機學習其實是一點用也沒有的，反駁了市面上商人促銷的睡眠學習機。而後設認知（metacognition）的實驗非常有趣[29]，所謂的meta是指我們對自己的思維和學習的覺識（how we think about our own thinking and learning），而且非常吻合新的廢棄不用理論，它不但影響畢約克往後的學術生涯，更得到教育者的信任，應用在學習上。

在學習研究的歷史上，後設認知的研究開始得非常晚，這實在有點令人驚訝，因為「費力提取的好處其實已經被知道好一陣子了，但是教育界好像一直遺忘它，不過後設認知這個領域是很新的，我們也花了一些時間才看到它跟學習的關係。」畢約克說。

從理論上來說，這個主題其實非常符合像桑戴克這樣的研究者，桑戴克引導心理學離開「內省法」（introspection）走向量化的技術，以得到真正的數據（hard data）。雖然桑戴克[30]和杜威[31]都曾短暫的看到後設認知，但是它太不明確，以致於不能去量化分析一個人究竟有沒有學到什麼東西，這是個非常主觀的感覺，所以心理學家很少去問這種感覺跟真實世界有沒有差距的問題。

這情況到一九六〇年代以後改變了，第一個現代的後設認知研究是心理學家哈特（Joseph Hart）做的[32]，他比較人們「感覺知道」（feeling-of-knowing）和他是不是「真的知道」的差距。他假設我們有一個靜態的度量（static metric），如探測汽車機油還剩多少時，油箱上附有一根尺，上面有刻度，油若低於這個刻度就得加油，人們會用某個尺度來估計他對這個題目知道了多少。後續引起畢約克注意的是汽車的車速表（speedometer）[33]，它是從引擎的旋轉來推論車子開得有多快，我們則是從登錄和提取的速度和花的力氣，來推論我們記憶中的知識記得有多牢。

但是車速表可以騙人，許多研究都顯示學生讀某科目時[34]，會讀到他認為可以及格（即到某個可以接受程度的知識時）就停下來了。所以我們對自己知道多少知識其實不準。的確，幾乎每一個我們以為自己知道的，以及我們獲得更多知識的能力，都充滿了很多的不正確性。

一開始，心理學家對於我們增加自己記憶能力的綜合認知就指出三個主要的偏見。當訊息擺在我們面前時，馬後砲的偏見（hindsight bias）使我們以為自己一直都擁有這個知識[35]——這就是考試時會遇到的問題，因為你知道的東西其實都在你的教科書中，而不在你的記憶中。預知的偏見（Foresight bias）[36]，這是記憶結構的產物（artifact），某一個線索可以很準確叫出答案，我們便認為自己可以在沒有線索的情況下，也能叫出答案。很多學生認為他們可以正確回答是非題，例如紅血球在血液中帶氧，但是卻不能夠在填空題時填出那個分子的名字。最後，我們很多人都有穩定性的偏見（stability bias）[37]，我們都認為可以提取的或不能提取的記憶項目，會一直保留那個樣子，事實上，在上完課後你可以提取的訊息是不能保證以後也能提取到，這個穩定性偏見就是我們的過度自信（我已經知道所有我需要知道的東西了，所以我不需要溫習功課）和失敗主義（我不懂這個題目，我永遠都不會懂，幹嘛還去讀它？）。

除了這三個很普遍的偏見所造成的扭曲之外，還有其他的因素會給我們錯誤的印象，誤以為我們知道，包括如何提取和登錄某一個事實。假如你能很快叫出某個事實，你可能會認為它是正確的，但它可能是一個記得很牢的錯誤訊息[38]。同時，覺得很容易學的事實並不見得會很容易提取，尤其是因為呈現的方式使你很容易學會時，更容易犯這個錯。有一系列的實驗發現，學習者都以為寫得很大和被大聲念出來的字，會比寫得很小又很小聲念的字容易記住，但實驗結果正好相反[39]（譯註：不管呈現的是熟悉的字體或聲音的大小，只要看得見、聽得清楚，這些外表的東西對記憶都不會產生差異）。

畢約克在上面那些研究出現前二十年就感覺到了，他知道後設認知絕對不只是被認知心理學忽略的面向，事實上，它完全符合他們的新廢棄不用理論，或許後設認知可以跟新廢棄不用理論組合起來，做出它們兩者都做不到的事情：進入教室去影響課程教學。一方面，你有學習的技術還未開發、未利用，因為在桑戴克的學習律中找不到實展的空間。在另一方面，學生們誤以為這個技術沒有效，以為它會使學習變得更難，以致於英雄無用武之地，空有技術不得發揮，畢約克因此把它叫做「想要的困難」（desirable difficulties）。

間隔而不是一次大量學習（以為會了而不去溫書）可以消除最近學到的事實給人的虛假安全感。此外，它使提取強度時間能夠平緩，給學習者一個機會去提升儲存強度。

交替練習創造出更多想要的困難[40]，達到間隔效應的好處以及更多的遺忘，所以更能增加儲存強度，它同時也強化了不同領域間的轉換（即讀一下A，換讀B，再回頭讀A時，這個間隔效應對A領域和B領域都有移轉的效用，因為知識是相通的）。前測也很有用，它要求費力提取，同時讓學生知道自己懂了多少、還有多少知識要補充，它不是「覺得」自己知道多少，而是告訴你，你擁有知識的情況。在畢約克的書中，字體都可算是一個想要的困難（譯註：英文字體有許多種，對於不熟悉的字體，的確會用到更多的能量去解碼閱讀）。

在一九九〇年代中葉，畢約克把這個「想要的困難」透過一般正常學術管道傳送出去，有幾個團隊來詢問，但是絕大部分的老師和學生都沒有動靜。到二〇一四年，有兩個他們合作的夥伴請了職業寫手，出版了一本暢銷書，裡面用了很多認知科學家的卓見，包括畢約克的，這本書是《超牢記憶法》（*Make It Stick*）。

這本書的一個讀者是佛羅里達國際大學（Florida International University, FIU）法學院的院長蕭茲（Louis Schulze）。多年來，這個學校的律師資格考試通過率總是不理想，二〇一二年在該州十一個法學院中排名第七，二〇一四年上升到三，但二〇一五年又降到九，蕭茲的責任就是提升學校的錄取率。

傳統上，法學院若想要扭轉律師資格考試的通過率而又不想改變新生的結構，那麼會用蕭茲所謂的「銀彈」（silver bullets）：把資源投入到一個班級中。那時，正好有一位專門做數據分析的同事魯茲（Raul Ruiz）跟蕭茲同時應聘到FIU，他就用電腦去跑資料，看他們以前用的銀彈攻勢有沒有效，結果發現完全沒有效，所以蕭茲決定用新的方法，他看了《超牢記憶法》，書中正好有畢約克的實驗。

那一年，他開始了新的課程，除了FIU傳統的法學院課程之外，他還教學生如何去吸收超大量的法律知識。今天這個課程需要六個學期才能讀完，蕭茲先開一個零學分的選修課，教學生他自己研究出來的自我測驗技巧以及概述課程內容的有效方法（這是一般法學院學生念書的方法）。他說：「學生完全沒有慾望去上那個課。」但是假如你在第二、第三、第五學期的成績在全班倒數二十％之內的話，你就一定要來上這個課。最後第六學期有九十％到九九％的學生來上這個課，到這個時候，「他們看到成功的數字了。」他說。

蕭茲的課不是去增加法學院學生額外的法律知識，他是用「想要的困難」作為工具去輔助學生學習，作為互補。他說「我們不是重新教法律，我們其實是翻轉教學，他們必須在教室外教他們自己法律知識，當進到教室內時，他們測試自己，這是後設認知，這是間隔重複。」

對有些學生來說，這門課真是上天的恩賜，FIU其他的課程仍是傳統課程，學生還是在期末考臨時抱佛腳，但是在法學院，要讀的東西太多，即使開七天夜車也讀不完。「它不像大學部的課，你可以背個十頁的課文走進考場，把念的全部吐出來，拿個好成績回家。」蕭茲說。「假如你把憲法課的大綱好好寫，你得寫一百二十頁」，為了要說服學生間隔他們的念書方式，他拿出艾賓豪斯的遺忘曲線，把它用到法律上，「你讓學生把書念熟，兩天以後，他回憶出的能力降低到三十%，但是他們不去複習這門課的資料，直到考前十天開夜車，結果他們的記憶只從三十%上到四五%，我就告訴他們，假如你們用間隔的重複法不時拿出來看，你走進考場時，你有八十%的知識，而你的同學只有四五%。」

二〇一五年，在蕭茲實施這個計畫兩年之後，FIU一夜之間，從第九名竄到第一名，直到二〇一九年。在州政府舉辦的半年一次的考試中，他們從來沒有掉到第二名以下。現在FIU學生在畢業兩年後，考過律師資格考的比例是全美國的前十五名[41]。

蕭茲說：「我們教他們如何更好的教他們自己。」

反篩選

FIU成功的故事最激勵人心的，是那些本來可能不會進入法律行業的學生，因為這種學習法改變了一生。蕭茲說，關鍵在第二和第三學期強迫那些功課在後端二十%的學生一定要來上他開的課。在約一百四十名學生中，有差不多十名學生GPA成績在二．〇以下，如果沒有拿到二．〇以上的成績就會被退學。在那一點上，學生也慌了，他們不知該怎麼辦，他們說：「我會聽從你的指導。」

他們並沒有全部採取蕭茲的方法，他們也沒有全部成功，但是有足夠的學生成功了。足夠讓別人看到這個差別。

「假如你想知道為什麼我們是第一名，就是那群學生，他們真的移動了指針，因為他們的通過率從五、六十%到現在的七、八十%。」他說。「我知道軼事不是證據，但是去年有一個學生，他是全班倒數第三名，採用間隔重複的讀書技巧」，他在三年的時間內，從抱怨記憶力不好到讚揚間隔重複，最後當他走進律師資格考場時，前測已通過七十%，而他只需要六三%就可以過關。「所以他非常輕鬆自在的走進考場。」蕭茲說。

這樣子的結果當然令人振奮，尤其像蕭茲的學生那樣，「我們很幸運這些學生的背景都是很肯苦幹的，我們有很多第一代的美國人（譯註：新移民），我們沒有其他學校的問題，我們的學生不認為他們就是理應通過律師資格考試，我們沒有那種學生，我們的學生能吃苦，有些學生的背景比較差，但是他們有智慧、有能力、肯下苦工。」他說。「當我告訴他們，這是教自己最好的方法時，這就解開了他們天賦能力的鎖。」

「就FIU法學院這件事而言，」畢約克說。「學生改變他們原有的習慣，把『想要的困難』融入他們的讀書生活中，這是一件了不起的事。」

或許比FIU結果更了不起的是「**改變是可能的**」。教育心理學界，甚至神經科學界對於教育的進步有不同的聲音，但是不管怎麼樣，畢約克已經顯示不斷更新教育地圖可以馬上有好的結果，不論這地圖是科學的學習大腦，還是如何教和學的實際地圖，它都有立即的益處。

畢約克的研究甚至對長久以來由外到內和由內到外兩派爭執提出批評。對由外到內的支持者，他們假設「學習如何學習」（learning to learn）是課程教學自然的結果。畢約克對此有強烈的批評，他們的研究在實證上顯示，「如果你還是遵循本能直覺，認為你的想法很對，認為那樣做應該會有效，你會發現大部分的時候，你是錯的。」伊麗莎白・畢約克說。

在這同時，由內到外一派對詳解的強力支持，也是同樣進入危險的區域，因為只研究詳解是不行的。畢約克說，「雖然整體來說詳解是有效的，因為學習者可能在某個情況下沒有完全學會，因此需要一些幫助來解決問題。但我認為關鍵是讓學習者去動手試，不論在運動上，還是別的領域，只看詳解會妨礙學習者的費力提取。」他解釋道。費力提取是長期保持記憶的關鍵，「從來沒有一個東西比費力提取更為有效，從來沒有。」

雖然「想要的困難」很令人興奮，但是它也有黑暗的一面。以蕭茲的成功為例，這是一個很好的故事，只是它顯示出在中等程度的法學院中，大多數像他的學生會被退學，這是教育的失敗，人類潛能的浪費，而這應該是可以避免的。畢約克在二〇一三年的論文中寫道：「我們認為目前美國社會過度重視個體天生的差異，並用它來決定什麼是可以學的，以及可以學多少。這個過度重視先天，卻又不夠重視後天訓練和經驗成效，這兩者的組合導致我們會假設學習是有上限的，不敢去突破[42]。」（譯註：這段話是針對美國社會對少數民族非裔和拉丁裔的歧視，這個現象在二〇二〇年川普執政時浮上檯面）

如前面所說，人類潛能沒被發現和實現的原因有很多，許多，或者說絕大多數，跟系統的不公正有關，這是社會的失敗。但是這些不平等常常跟我們在學生面前設立的認知路障結合在一起，認知的盲點（blind spots）決定了學生會被怎麼分類。

我希望現在這點應該是很清楚的了，就是我們不需要生活在這些路障和盲點中。我們有很多方式可以去除它們，這些步驟不見得可以通用在每一個情境，不同的教師也可能採取不同的取向，但是整體來說，它是不容否認的：我們可以用不同的方式去學，也可以用不同的方法去教。我們不再侷限於十九世紀的學習心智想法，我們可以跟上科學最新研發的腳步。

事實上，我們不但可以把認知科學的發現應用出來，我認為我們還有道德上的責任和義務去把它做出來，而且要盡可能的快，就像臨床藥物學上，如果一個新藥的效用很好，研究者會停止實驗，把可以救命的藥給控制組服用（譯註：一個藥物要能上市必須通過臨床實驗，一組服用藥物，另一組服用安慰劑，但是對可以挽救生命的藥物來說，如果成效非常顯著，是可以給控制組服藥以挽救他們的生命）。認知友善（cognitively friendly）教學法的益處非常大，所以在這時明知有益而不啟用是構成教學瀆職（malpractice）的。我們有知識可以拯救學生不被教育的篩選機器剔除，幫助他們實現一生對學習的熱愛，現在是把所知應用出來的時候了。

Part 2

心智和手

6 航程

在我們往上爬認知科學的各個領域時，我們只在乎如何把他們的新發現用到學習和教學上，現在是該把所知的抽象科學知識集合起來用到外面真實世界的時候了。

這個轉變是直接的，因為真實世界對工程師的要求跟對科學家不同，在認知的「使用者友善」學習上，某個特定教學策略可以大量去實施，但是即使是最驚人的教學法也可能達不到它轉換的潛能，除非我們找到對的方法打開水閘的門，讓大量的人經驗它，而且不只是在他們年輕的時候，而是終其一生都能享用這個學習策略。

在這同時，基礎科學的邏輯陷阱在應用上變得更危險，當科學家過度簡化理論時，就沒有辦法解釋眼睛觀察到所有現象的原因，工程師常會把科學模式放大，把它簡化，因此所預測的真實世界常常超出他們邏輯架構的負荷。科學上的化約思維很不好，但是只有在工程學上，它變得真正危險，這樣造的橋會垮；在金融上，它會使經濟不穩定；在藥物上，會造成不可接受的副作用；在篩選上，它會浪費好的穀物。

所以在把我們認知科學的發現應用出來時，第一步要先了解認知科學的研究沒有告訴我們什麼，當認知科學家要了解大腦或心智如何運作時，他們會研究很多個體（甚至不同「物種」如猴子）以畫出人腦的圖、人們的心智。這是一般人的（generic）而非特定人的，但是在真實世界，沒有任何一個腦是相同的。所以**任何一個認知上友善的教育法在真實世界要行得通的話，它必須有彈性，必須能容忍學生興趣的個別差異，他們動機的不同，先前的背景知識不同，某個科目的學習速度不同等**。

可延展的、有彈性的學習是認知的最佳狀態，但如果要在學校中實現可能會是個挑戰。綜合而言，這涉及一個嚴酷的問題：我們現在推動的改革可以在我們傳統的教育機構中成功嗎？還是我們需要新的機構，從頭開始，才能實現這些好處？

事實上，即使被傳統的教育結構所限制，改革者還是有很多可以做的，FIU法學院的故事為何讓人激賞，有一部分原因就是它是在傳統的法學教育下，如高高在上的教授、半圓型的演講廳、期末考等，創造出來的成就。

MIT這個全國最高的學術地位機構，也是在測試它可以忍受多少教學上的改變，一位太空探索者負責踏出改革的第一步。貝爾契（John Belcher）是美國太空梭航行者一號和二號電漿偵檢器的製造者，在一九八〇年代，航行者飛過木星、土星、海王星和冥王星，他一直是這些儀器的主要研究者。今天，他大部分的時間花在整理分析航行者從外太空傳回來的資料上，但是他也把注意力放到物理教育的挑戰上。他一直是MIT最大的課，物理II的主要授課者，他發現他無法忽略現在的物理學授課法。

在一九九六年的物理學教育會議上，貝爾契看到好幾個改進標準講和背（lecture-and-recitation）模式的不同策略[1]，他像很多深受挫折的物理教授一樣，看到即使是頂尖大學的學生，也上過很多物理學的課，對物理的問題還是給出直覺但錯誤的答案。研究皮亞杰的學者告訴他，這個問題出在學生小的時候，他們如何解釋外在物理現象所建構的知識架構。當碰到自然現象，如動力加速、摩擦力和重量時，兒童會從個人的經驗去形成假設，這些可能在日常生活中達成他們了解外界現象的目的，卻不是最正確的，因此在物理教室中就錯了。改正這種迷思需要重新建構他們古老的物理基模（schema），而這已經和十幾年來學校教育所教的記憶糾結在一起了。這些根深蒂固的觀念無法在課堂中馬上就改正過來，他們需要連根拔起[2]。他很驚訝聽到，幾乎沒有老師嘗試過。

在查理斯河上游的哈佛大學，物理學家馬褚（Eric Mazur）已經開始兩個主要革新中的第一個實驗。在他的系統「同儕互教」（peer instruction）中，他鼓勵學生解釋不容易搞清楚的物理概念給另外一個同學聽，「你是一個學生，你只是剛剛才學到這個，所以你還記得先前你遇到的瓶頸在哪裡，而我在這個地方碰到瓶頸時是我十七歲時的事情，我已經不記得當時這有多困難了[3]。」馬褚教授回憶說。

同儕學習有點像時光機器，他讓教授從高高的講台上爬下來，站在學生基模的樹上跟學生在同一個層次上交流。不過這有一個問題：傳統的物理學教室是所有的學生都有同等的機會享受教授的智慧，但是他們卻不容易互相交談。

貝爾契發現有幾個先進的物理學系，最有名的便是壬色列理工學院（Rensselaer Polytechnic Institute，RPI）和北卡洛琳納州立大學。RPI有個「工作室物理學」（Studio Physics），把課堂的授課、問題解決背誦（problem-solving recitation）和實驗統統納入同一段時間，替代傳統的單向授課方式，教室有圓桌和開放的空間，完全符合馬緒同儕教導的需求。

更好的是，這種教室設計把物理學的展示從講台搬到學生的桌子上了，他們可以實際經驗整個過程。對老學校的老教授而言，這種隨便摸的情況似乎是不必要的，但是對一個想去解開學生在童年期所形成迷思的老師來說，這種設施是完全必要的。這種做法內在的理論即所謂的「體現認知」（embodied cognition），大腦的功能並不僅限於腦殼內的神經細胞，它以神經網路方式伸展到全身，在兒童發展的前期扮演著重要的角色，甚至到了成年後持續影響、登錄、提取和修正記憶。根據這個架構，與只是讀過它，或是只是從遠方觀察相比，透過一個人自己的手去經驗物理概念，可以創造出一個重疊但又清楚的聯結[4]。用這種實際觸摸的觸覺經驗，工作室物理可以強化學生對概念的了解，更好的是，它可以使教授追溯學生的學習歷史，找出他童年這個錯誤概念形成的原因。

在貝爾契和他同理念的教授建構出MIT自己的工作室物理之前，還有一些建築上的問題要先克服。例如在工作室物理型態的教室裡，貝爾契常觀察到一堆學生擠在一塊白板前面解決問題，所以一個比較大、比較好、科技支持的教室是勢在必行，但這必須要有很多的錢才行，貝爾契做到了，朵馬斯金（Peter Dourmashkin）是貝爾契的合作者，也是他在這方面的繼承人，他回憶說：「貝爾契因為他的名聲和在MIT教書的經驗而拿到研究專案補助費，使他能夠組成團隊，開始這個計畫。」

在那個時候，有幾個主要的研究機構有專案的經費，在找可以達成它們要的教育改革目標的申請案。「很多人拿到專案的錢，但是只有TEAL（Technology Enabled Active Learning）成功打進教室。」

TEAL和其他

在太空中，沒有上或下；在TEAL教室中，也沒有前和後。

因此，假如你溜進MIT的TEAL教室，你會看到教授（在當年通常是朵馬斯金）站在三千平方公尺的空間中央，旁邊圍著十三張桌子，每張桌子坐了九個學生，分成三組。教室中有一名技術講師，一名研究生和六名大學生助教在桌子間巡迴。在耐熱的富美加（Formica）

桌面上有著古典牛頓物理的展示品（在物理II的課堂裡則是電磁的展現，如法拉第籠（Faraday cage）），牆壁可以成為白板和投影機的螢幕，天花板上裝著投影機，使教授可以把任何一組的白板重複十三次使教室中的每一個人都可以看到。有的時候，也可以將學生數據資料複雜的電磁場影像投射在螢幕上，教室中每一桌子上都有桌上型電腦，這是在大部分學生都有筆記型電腦之前。

那個時候，MIT突然從傳統的授課方式轉換成TEAL，不只是建築物，還包括文化都煥然一新，當然懷疑者的聲音也從各角落湧出。朵馬斯金說：「我們一開始就馬上知道有三個社群得非常小心應付：行政、教授和學生的文化，假如你忽略了任何一個，麻煩就大了。」例如學生因被強迫參加TEAL的課而惱火（MIT的學生以翹課著名，只要老師講的是教科書有的，學生就翹課），他們也不喜歡團體一起工作，貝爾契和朵馬斯金都讚成同儕教學，他們也跟馬褚合作過，團體互動在TEAL中是必要的，沒有討價還價的餘地，如果要實現同儕教學，這樣做是必要的，同時它也幫助學生找出未來實驗室的夥伴。團隊合作的要求使很多學生覺得這是高中生做的事，很多人都有這個經驗，能者多勞，成績好的最後變成做大部分工作的人。

假如學生對TEAL有這種反應，教授們就更不要說了，許多教授發現他們的可體松（cortisol）壓力荷爾蒙上升，「有些教授很不高興，因為他們不能像以前一樣在課堂授課了，所以他們鼓勵學生寫請願書，不要TEAL。」朵馬斯金說。

二〇〇三年的請願書上說：「我們覺得我們教育的品質為了要嘗試新的不同教法而受損，它不應該強迫大部分的學生參加[5]。」學生報紙並用著名教授批評的話作封面，「整個TEAL的光譜都是問題，許多學生都很憤怒。」一位物理學家說。

所以有一陣子TEAL好像真的有危險了，它是否改變太多、太快了呢？它是否沒有足夠尊重MIT的制度規範呢？

最後是行政人員出來拍板定案，大部分的物理系人員了解這個專案會經過一陣亂流才能進入穩定的軌道，所以最好的方法便是耐心。

TEAL需要幾年的時間來訓練教授。許多教授已經習慣了傳統的授課，「他們要騰出教室的空間，裝上斜的地板（譯註：後排的人才看得見黑板）。」朵馬斯金說。「重新訓練他們是第一要務。」他說。「第二是我們要收集資料。」幾年以後才可以給學生看，TEAL的學習效果比聽講上課好。

從一開始，TEAL就不是僅是教室的改革，而是想像杜威的實驗學校一樣，是一個實驗。到二〇〇六年，實驗的效果報告出來了，這是以色列海法理工學院教育研究員朵利（Yehudit Judy Dori）主持的研究計畫，這份報告包括各種測量評估技術，但最重要的是一個測試制度（testing regime），在上課之前和之後請學生填，裡面有很多概念的問題可以知道他們的懶知識。

到學期末時，TEAL學生回答這些概念的問題比上傳統課的學生好了兩倍，TEAL的退選率比傳統課的學生少了一半[6]。十八個月以後，TEAL的學生仍然表現得比傳統課的學生好。

TEAL最大的受益者是女性，在全球物理入門課中，歷史上，男性的表現都比女性好[7]，這是結構的問題，不是能力的問題，使專業的物理研究和工程有性別的不平衡。「我認為物理是一個老式的學習守門人，這使很多女性離開物理，我認為同儕合作的環境對此造成改變。」朵馬斯金說。這個發現跟史華氏摩（Swarthmore）團隊的發現很相似（這個團隊裡有馬褚），兩者都顯示在許多不同的情境中，同儕互教都提升男生和女生的學業表現，但是女生受益更多[8]。在TEAL，有些學期實驗室六名大學部助教都是女生。這形成一個慣例，當一組新的學生第一次走進這個教室時，「他們第一個看見的便是女生，這個女生幫助他們度過整個學期，我想它帶來一個新的、有趣的訊息給每一個人。」朵馬斯金說。今天在MIT的TEAL物理課，性別表現的差距已經消失了，「假如你去看期末考的成績，男女生的平均幾乎完全相同。」他說。

空間時間

TEAL自從二〇〇一年開始後，已經傳播到全世界去了，而且在不同的年齡層實施。現在各地的實施結果已經陸續傳回來了，例如在台灣，TEAL不僅提升高中生的測驗成績，它還增加學生對物理的興趣（這是學生的自我報告），尤其是課外的科學活動[9]。在肯他基大學五十四個座位的TEAL教室翻轉了性別差異，女生從比男生表現差五%到比他們好十%[10]。一項針對台灣大學生的研究顯示，如果沒有適當的教師，TEAL教室本身並不能保證一定成功，這與MIT早期使用未經培訓的TEAL教師的經驗相呼應[11]。這個研究也重申了其他國家的發現：在新的TEAL教室裡，女生蓬勃發揮天賦（譯註：我們老早就知道大師勝於大樓，抗戰時期西南聯大的煤油燈和鋼板筆記，也培養出兩個諾貝爾獎得主來）。

現在回頭看，TEAL早期的成功使女性不會被物理學和工程學篩選出局，是這個團隊最值得驕傲的事。TEAL能推廣出去要感謝MIT當年的勇氣，我認為它使更多的女性進入物理界，是它最成功的事。

或許這個故事最吸引人的地方是，它在創造成功故事的同時，它的手是被綁在背後的。一開始時，TEAL中科技（technology）的部分其實指的是空間（space）科技：攝像機在教室周圍投射一組白板，跟桌上的電腦實驗同步讓學生看到。

更革命性的是「時間」（time），TEAL後來的科技是推展時間的邊界。

例如馬褚的教室改革第二個主要貢獻（他也因此而成名）是個人的反應系統（Personal Response System）或叫「Clicker」，這個技術對看過英國電視節目《超級大富翁》（*Who Wants to Be a Millionaire*）的人就很熟悉：手持無線電設備，讓很多觀眾同時回答選擇題。

這個Clicker後來變成大型大學演講廳很普通的設備，它使教授在進入下一個主題前可以測量某個講題學生的了解程度。現在回頭看，這好像本來就應該是理所當然的，教授都是問些問題，看看有多少學生點頭來決定是不是應該進入下一主題，Clicker只是增加這個方式的統計正確性。

但是Clicker其實做的比這個多，現狀的改變不是量而是質的改變，它其實是一個反抗運動，反抗在桑戴克之前的學校規定：學生應該跟上老師的進度（譯註：台灣到現在還是如此，老師上課拚命趕教育當局設定的進度，不管學生有沒有聽懂），現在有了Clicker，學生可以設定學習的步調。

TEAL的另一個技術改進是混合（blended）或翻轉（flipped）學習，學生在上課前先看完上課內容的影片，然後在上課時間寫作業，有不懂的地方老師就在旁邊可以馬上回答（譯註：法國神經心理學家狄漢的研究發現，最有效的學習法是立即回饋，有不懂或犯錯，立即得到正確的回饋）。在二〇一六年的調查，五五%的大學教授說他們至少有一門課正在進行混合或翻轉教室[12]。在MIT的TEAL課程中，朵馬斯金和其他老師自己製作影片，但不是在教室或視聽教室中，而是在黑盒子工作室（black-box studio），他們和攝影機之間有隔著一層很亮的玻璃，他們可以寫字或畫圖，就像在教室上課一樣，因為影片事後可以翻轉，所以他們寫字時可以面向學生。

所以Clicker和翻轉教室代表了自從粉筆和黑板以來最大的教室教學改變，它挑戰了最根本的現代集中教育的假設：學習必須分割開來，不是用知識單位來切割，而是以時間單位來切割。

從小學到高中、大學，甚至研究所，學生的進步是以他們花了多少小時坐在教室的椅子上來衡量的，這門課花多少小時上完，和多少年得一個學位。不管學生的程度是A或C，課程依照進度表前進，這個結果是前者覺得無聊，後者覺得恐怖。

Clickers和翻轉教室打破了以時間為中心的教育魔咒，而沒有違反學校許多傳統的結構。你用桌上的Clicker去加速或減慢教授的教學，你在家看教學影片時可以快速往前轉或退回去慢慢看，但是你的課仍然符合一個大的、以時間為中心的弧線：學期結束時，你會拿到一個成績，它代表在這個時間函數下，你所累積的知識，這個成績符合你成績單的需求，就像這門課符合你這學期的選課需求，就像新的高科技TEAL教室符合你學校對建築物的需求一樣。

所以，某個課程可以快速閱覽或慢慢來，這個時間和空間是控制在自己手上，就像電視新聞之間會插播英國的電視喜劇《蒙提派森》（*Monty Python*）一樣，它就像是用一個有點大的鞋拔去幫助你穿一個有點緊的鞋子而已。

工程師對飛機或太空艙的預期性能限制稱為「飛行包線」（flight envelope），超越這個限制就是「挑戰極限」（push the envelope），這個用語已經進入一般人日常生活語彙中了。MIT TEAL 對傳統教室模式的挑戰極限已經超越了它原來的設計，在它升空後差一點墜毀（幸好它打破的是紀錄），但是現在不確定它還可以處理多少修正。

現在散居各地的 TEAL 是 MIT 對全世界的貢獻，但是在這同時，我們不得不去想，假如沒有這個專案傳統的限制，即時間為中心、行政的超級結構，還有 TEAL 的花費（有時即使有錢的學校也負擔不起），我們能完成什麼？

我們不需去想多久，因為早在一八〇〇年代，世界幾乎就有一個非常不一樣的大眾教育——一個非常經濟的，是以知識為中心，而不是時間，並且有自己的學校規則來反映這個事實。

我在下面的章節裡會討論這個事實，學習者只要開始透過各種不同的獨立路徑去找他們的路，回到類似的學習法，並利用 TEAL 教室所提供的科技就好了。大部分的人都不知道世界上許多社會曾經見過這種想法，還試過，最後放棄它。現在我們找到了相似的策略，我們應該了解曾經發生過什麼，和為什麼發生，我們現在回到年輕的蘇格蘭人貝爾（Andrew Bell）當時所看到的世界——在他改變教育史之前，和在教育史忘記他之前。

男生孤兒院

一七八七年六月，當貝爾踏出停靠在印度馬德拉斯（Madras）的船時，他只是想伸展一下他的腿，休息一、兩天再繼續前往他的目的地加爾喀達，沒想到他一停留便是十年。

一七八〇年代，印度是英國的殖民地，英國對她的壓制和束縛剛在加強，在這一百年前，法國曾是最大的殖民地贏家，但是法國勢力漸褪，到一七八三年時，英國統治全部的印度。

回頭去看那個時候的印度，有一個沒有得到足夠注意的部分是，很多印度女性懷上了殖民地軍人的孩子，不論是因為強暴或是威脅逼迫，還是期待在壓迫的統治下有個比較好的生活，許多混血兒便出生了。當這些父親離開印度駐防別處或死亡時，婦女和孩子便被遺棄[13]，雖然這些孩子都有母親可以照顧，殖民地政府卻認為他們是軍人孤兒，不顧母親的哀求，把他們集中到孤兒院來管理和接受教育。

這就是貝爾在馬德拉斯（現在這個城市改名叫欽奈（Chennai））所看到的情況。貝爾下船時是二十八歲，他那時並不知道自己的人生要做什麼，他曾經去美國想要尋找發財的機會，卻碰上美國獨立戰爭，他差一點就無法活著說他的經歷了。在獨立戰爭爆發之前，他在維吉尼亞州當家庭教師，開戰後，他逃到一艘要回英國的船上，在上船時，他碰到法國的拉法葉侯爵（Marquis de Lafayette）正來幫助美國打戰，他們兩人錯身而過，因為走的是不同的方向。貝爾的船在諾法斯科西亞（Nova Scotia）附近觸礁，有好幾個禮拜，船上的水手和旅客只能在寒冷的加拿大春天下雪的島上露營。他們後來被一艘捕鯨船所救，到哈利法克斯（Halifax）去休養了一陣子。貝爾回到他的故鄉聖安得魯斯（St. Andrews）後，在那裡又有兩次差點死掉。一次是因為喉嚨腫到不能吞嚥，三天未進食，另一次是與人決鬥，幸好沒有受傷。

命運顯然發現不值花力氣去要貝爾的命，而決定站在他那一邊。貝爾的父親在當地選國會議員時，他投的是決定性的一票，所以當選的那個議員就答應照顧年輕的貝爾。貝爾在一七八五年被授予牧師的聖職，兩年後，他的保護人替他在聖安德魯大學弄到一個榮譽醫生的學位、一張去加爾喀達的船票和一封介紹信。

這封信在馬德拉斯沒有用，等到船停泊在那裡時，他已經用演講及協助觀察自然現象討好船長及其他船上有地位的人。挾著新的人脈，這位年輕的聖職醫生在馬德拉斯的社會掀起了漣漪，他開始以演講為生。他的演講變成當地的主要社交活動，他對崇拜他的觀眾表演電的原理，創造出印度第一個人造冰，建造了第一個熱汽球[14]。他在早期自傳中寫道：「因為助理未盡責，這個汽球沒有飛起來，貝爾醫生很生氣的把它從紗門中丟了出去，但是太陽的熱使汽球裡面的空氣變稀薄，這個汽球便很莊嚴的站立在草地上了[15]。」

貝爾在馬德拉斯的名氣大到引起男生孤兒院（Male Orphan Asylum）支持者的注意，他們正在找合適的管理者，貝爾接受了這個工作，不過這個孤兒院還要好幾年才會完工，在那期間，貝爾持續以演講為生。其實，他錢賺得最多的是主持教會，他到馬德拉斯不久就成為當地教會的牧師，然後又兼另一個教會，又一個，最後他一共是八個教會的牧師，這使他不必做什麼事就有很豐厚的薪水[16]。

到一七八九年時，東印度公司在一幢很大的建築物 Egmore Redoub 成立了男生孤兒院。這幢建築本來是囤積軍火的，而且在很短的歷史中，爆炸過兩次（現在欽奈的火車站就是在那個地方）。

從一開始，這個孤兒院就是一個很窮的組織，主要的經費來自東印度公司的慈善捐款和英國士兵酒醉的罰款[17]。這些加起來其實是不足以支付二百三十名孤兒的生活和教育費[18]（當貝爾初加入時，這個學校只有二十名孤兒，但是很快增加到一百名，但經費反而開始凍結）。他的朋友勸他不要做了，不過他沒有聽，他那時還沒有致富，但是他免費自願去服務，靠著他演講費和牧師薪水而活。

一開始時，貝爾的注意力全被孩子的衣食所占據，尤其要替孩子接種天花疫苗，他沒有時間去想他們的教育。這個學校很薄的被褥和單層的制服在印度雨季時，不夠暖和，而且伙食也不夠營養[19]，大部分的學生又冷又餓，肚子裡還有寄生蟲，許多人也有麻疹。有一陣子，大約有三分之一的學生住院，病例報告說很多孩子這麼弱小，只有很仔細的照顧才能救活他們。在學校的頭三年，四個孩子因病而亡，包括天花。其實還可能更糟，「幸好麻疹的致命率沒有想像的那麼高[20]。」一名替他寫傳記的人這樣寫道。

教育孩子是另外一個大問題，當他接管孤兒院後，他聘請了兩名助理老師和一名校長[21]。從一開始他就很驚訝這些人不會教，尤其要教年幼的學生認識字母不是這麼容易。但是每一次他聘到好老師，立即有別的地方更好的工作吸引這些老師離職而去，而他每次提出改變教學方式，那些留下來的老師就會生氣而怠工。

因為這些令人挫折的事，有一天早上，貝爾騎馬到海邊散心，他經過一所當地的露天小學，看到一件令他好奇的事，一些大的小孩在教小的小孩在沙灘上用手指寫字。他盯著看，然後策馬飛奔回去，我可以想像他在馬背上喊「我找到了！」[22]

他不是第一個，也不會是最後一個殖民地者發現當地人已經做了幾千年的事，他所發現的其實是當地印度小學的教學方式[23]，當地小學教的是方言，如 Tamil、Telagu 或 Marathi，而其他少數高級學校教的是梵文（Sanskrit）。在十八和十九世紀南印度當地小學的教學方式都是一個小孩寫下度量衡，把它們大聲念出來，一群比較小的孩子跟著他念，然後有節奏的背誦。或許是這個方法和孩子們在沙上用手指寫字類似，使貝爾大呼找到了並一路奔回家。

學者找到他的層次

回到孤兒院以後，貝爾著手改革，他給最小的學生每人一個沙盤，請助理老師教孩子在沙上用手指寫字，這裡的沙很多，不像用練習本很貴而且沙盤永遠不會不夠寫，「這使心智專注而且孩子覺得很好玩。」貝爾說。「它要求全部的注意力，所以大大加速了孩子的學習[24]。」

教最小孩子的助理老師告訴他，雖然它很有效，但這偏離了以前的方法，所以學生不可能學會。貝爾覺得很挫折，他就借用他在海邊學校看到的方法，請一個高年級學生福利斯肯（John Frisken），付他一點錢去教小小孩用手指在沙上寫字[25]。這就是很早的同儕教學，福利斯肯很快就超越了助理老師，所以貝爾就多請幾個大一點的學生，付他們一點錢去教小小孩。結果在一班很成功的方法，在另外一班也可以，貝爾很快就有一群的孩子彼此互相指導。

貝爾後來寫道：「我把學校安排成六或八班」，並把這個系統寫成小冊子傳播到其他說英語的地方去。貝爾的學生不是分班成我們現在以為的那個樣子，每個學生都以同樣的速度接受訊息，「沒有班級會因為懶散或笨的孩子而落後。」他寫道。「班級是靜止不動的，學生可以用他們自己的學習步調去移動，像是練武術者拿到新的腰帶，或滑雪者從藍正方形進階到黑菱形。在貝爾的系統裡，一個孩子若是班上的前幾名，他可以跳級，在那裡，他從底層開始，他有幾天的時間從底層爬到中間，假如他沒有成功，就回到原來的班級，留在那裡直到他準備好再跳級。同時，一個孩子如果重複通不過，就會滑到下面一級，在那裡，他將坐在最前面，假如他的表現持續往下滑，「他就永遠的降級了。但是假如他維持高的表現，他可以再回到原來的班級開始新的嘗試，通常是加倍努力後，他就可以跟上其他人的進度了。」

在每一個班級裡，貝爾將學生安排成一對學生和老師，被指定為老師的人在課餘時間接受額外的指導[26]，「你可以看到這個簡單的安排帶來多大的益處。」他寫道。「第一，你一提名某個男孩做老師時，你把他抬高了，他馬上自重自愛，你給了他品格上的支持，這個效果是每個人都知道的。然後，老師會督促學生要跟上進度，如果沒有這樣做，班上一定有人會落後」。對貝爾來說，最後一點最重要，到現在為止，落後跟不上班級的進度一直是個滾雪球的問題，一個沒有學會的東西導致下一個聽不懂，又下一個，「這是為什麼大多數的學校會宣稱這些男孩沒有辦法學。」這個錯不在學生，他說，而在他們的老師。「是你不知道該怎麼教，不知道如何抓住學生的注意力，不是他們不能學，而是他們沒有去注意需要注意的東西，這跟能力無關。」

貝爾的系統還有很多其他的好處，教一個概念可以幫助小老師把那個概念學得更清楚，比他坐在那裡被動接受訊息有效多了[27]，貝爾想起他過去當家庭教師時的經驗。很多年以後，畢約克認出來，這其實是提取練習的例子。這個系統也仰賴十五分鐘的動手做教學（包括每一個從沙盤畢業的小朋友必須先製作自己的筆，因為以後要寫在紙上）。

為了使孩子喜歡學習，貝爾設計了一個很複雜的報酬系統，他認為這比恐懼處罰更可以使學生有動機、更有效率。他對教室中行為的管教原則是只有粗魯不守禮的行為才處罰，老師不可以因學生成績不好而處罰他，而且處罰方式只限於留在教室不可以出去玩和寫作業，這個處罰的分量是由被罰者的同學決定的。貝爾小時候曾受過體罰之害，那個記憶一直困擾著他，所以他堅決反對體罰[28]。

當他的校長和助理老師了解到貝爾改變的藍圖後，他們全面反抗，等到校長最後提出辭呈時，福利斯肯已經十一歲了，而且還管著三分之一的學生，所以校長是否留下不是那麼重要。貝爾留下了幾位助理老師，但這些老師的責任主要不是在教，而是在確定孩子們沒有對其他同學濫用他們新的責任。「這個措施避免了住宿學校的霸凌和其他不好的事情[29]。」貝爾的傳記作者如此寫道。

這可能不完全正確，因為霸凌在學校似乎是免不了的，但是貝爾自己說，這個系統在學術和開支上都很有效[30]。本來一個學生一個月需要十個盧布（rupee）的開銷，這還是在貝爾堅持要改善他們的伙食和衣物保暖之前，但是他的新系統還有其他可以節省的地方，例如過去是花錢買牛奶，現在是自己養牛，透過開源節流，現在每一個學生一個月只要六個盧布便可生活了，而且這個節約並沒有犧牲學生的營養和日常生活的必需品。「不管在任何情況，從來沒有扣去學生每個月的生活費[31]。」貝爾說。

學校的兩百名學生沒有一個超過十四歲，全部都是相互教學。一七九二年，貝爾寫信給他英國的朋友說：「每一個孩子不是老師就是學生，通常是同時兼兩者的身分，他教一個孩子，同時另一個孩子教他，這個成功是非常的快速。」他同時寫道這些孩子的母親本來不願送孩子去寄宿學校，而且為此悲傷不已，因為他們是被迫的，但是在他的新系統下，那些父親還活著的英國軍官也搶著把孩子送來這孤兒院受教育。

「我們有三十多個孩子是白加藍（white and blue），這是當地對混血兒的稱呼。他們跟這裡的窮孤兒孩子有同樣的待遇，穿同樣的制服，吃同樣的伙食，接受同樣的管教[32]。」貝爾寫道。「我認為這是對學校最好的表彰。」

貝爾在一七九六年因為健康關係回到英國，那時他有二萬五千英磅的財產，外加東印度公司給他的退休金，所以他在蘇格蘭買了個大房子，接受Dorset教會牧師的職務（他在那裡成功推動接種牛痘，防止了天花傳染病）。在四十七歲時，和當地牧師的女兒結婚，在安定下來後，他開始傳播他的教育理念。一七九七年他印了一千冊描述他在馬德拉斯改革成功的書，分送給每一個他認為有影響力的人。

「你可以說我是一個熱心推動的人。」貝爾寫信給印刷者。「但是假如你跟我都能夠活一千年，我們會看到這個教育系統傳遍全世界。」

第二年，英國的第一個馬德拉斯型態的學校出現了，後來每一年有好幾個新設或是改成馬德拉斯型的學校出現，這樣持續了好幾年。因為這獲得了坎特伯雷（Canterbury）總主教、一些有影響力的爵士，甚至詩人華茲華斯（William Wordsworth）、格立茲（Samuel Taylor Coleridge）和騷塞（Robert Southey）的支持。騷塞在一八一一年替貝爾寫了第一本傳記，在這一年，英國一個很有力的組織「窮人教育基督教會國家社會」（National Society for the Education of the Poor in the Principles of the Christian Church）用貝爾系統設立它所有的學校。到一八三二年貝爾逝世時，這個組織在英國及其殖民地有一千二百個學校是用馬德拉斯的教育系統，而這只是一個組織而已，其他的慈善學校也有用馬德拉斯系統，而且傳至其他國家，從加勒比海到大洋洲和南非，甚至到了俄國，而他數十年前，曾經遭過船難的諾法斯科西亞也有這種學校了。

雖然貝爾的系統覆蓋了大部分的英語世界，但是也有例外，例如美國。這問題不是美國反對這個系統，而是美國是貝爾的死對頭的領域，而貝爾一開始是他最大的支持者。

貝爾和他的太太第一次見到蘭卡斯特（Joseph Lancaster）是在一八〇四年，在他們家中，那時他們熱情歡迎這個年輕人，蘭卡斯特比貝爾年輕二十五歲，正在發展他的教育理念，裡面用到很多貝爾的理念，如在一間大教室中學生互教、用沙盤和手指來學習等。在認識的初期，他們互相容忍，但是貝爾是英國國教的信徒，而蘭卡斯特是清教徒，貝爾堅持學校的基督教義宣導上，保持非宗教派令（nondenominational），因此貝爾的「導生制」（monitorial）教育，在英國領地上占了便宜，蘭卡斯特只好去別的地方打天下，他去了大哥倫比亞（現在的委內瑞拉）、墨西哥和美國，蘭卡斯特在美國清教徒為主的城市如費城和紐約，特別受到歡迎。在那裡，他遇見了紐約州最有力的政客克林頓（DeWitt Clinton）。

美國那時剛成立不久，急切需要大量的平民教育，當時美國的政治系統還沒有經過考驗。今天，由人民代表所組成的政府似乎是相當穩定的治理國家的方式，但是在那個時候，社會還彌漫著一股不安的氣氛，不知道無政府制或君主制哪一派會占上風。而擺平兩方最顯著的方式便是教育，就如傑佛遜（Thomas Jefferson）在一七七八年革命最高點時說：「被賦予權力的人，如果掌權過久，慢慢的會走上邪路變成暴政[33]。」（譯註：即中文的「權力使人腐化」）又說：「最有效防止這個的方法便是照亮老百姓的心。」

在這種精神之下，費城和紐約開始設立公立學校去教窮人的孩子。這是遠在用納稅人的錢去辦教育之前，表示這些學校後面是慈善團體在支持[34]，所以他們永遠在缺錢的狀態下。因此，當蘭卡斯特學校開幕時，克林頓熱情洋溢的說：「當我看到一千個孩子，在一個老師的注視下，快速、有紀律的排列整齊走向知識的目標時，我坦白說，我認為蘭卡斯特是上帝送給人類的造福者[35]。」

一八二〇年初期是蘭卡斯特的全盛時期，雖然還是有很多問題發生，不過當克林頓去蘭卡斯特學校參觀時，他看到的都是完美的一切。但是就如一八一八年，一名阿伯尼（Albany）校長寫給他的信說：「在蘭卡斯特學校創辦的初期，有許多任性、不守規矩、沒有規章的學生，就跟其他任何一個學校一樣，這些性情高傲的孩子也會叛逆，不聽他們認為並沒有比他們好的人的話。我相信您從來沒有看到這個系統實際上如何操作，當您的名字在學校裡傳開，知道您要來時，一切都很安靜，一切都服從合作[36]！」

的確，紀律是蘭卡斯特學校最大的問題，因為他們的創辦者是採用怪誕的體罰形式使學生聽話，雖然在當時來講，技術上還不算體罰，但是在今天，父母親就會去找警察、律師和心理治療師了（以這個次序）。一個不聽話的孩子脖子上會架一條木棍，蘭卡斯特在一八〇三年解釋道：「當木棍停在肩膀上時，它是平衡的，但是只要孩子稍微動一下，就會失去平衡，木棍就像一個重物擊在他的頸子上，如此一來，孩子就只能乖乖坐在椅子上，不能動。」這還不算什麼，「一個孩子犯了規，他的腳會被綁在木製的腳鐐上，命令他在教室中拖著腳鐐走，直到他累到走不動為止。」假如這個還沒有用，蘭卡斯特會把學生左手綁在背後，或把他的兩個手肘綁在一起，或用木板把兩個人從脖子綁在一起，讓他們在學校遊街示眾，而且要倒著走。對重複犯錯的人，蘭卡斯特有一套很可怕的方式，他說：「把學生裝在布袋裡或放在籃子裡，高高掛在學校的屋頂上，讓所有的學生看到，這叫『籠中之鳥』（birds in the cage）。」

看到蘭卡斯特這種人格，你就不驚訝為什麼他很快就把朋友得罪光了，事實上，他離開英國去到美國，主要是因為他鞭打學生取樂的醜事被揭發出來，英國的支助者把他踢除[37]。「英國及海外學校社團」（British and Foreign School Society）表示沒有他，學校也可以經營得很好，他們用宣教士去經營蘭卡斯特海外學校，很快的，加勒比海、埃及、馬爾他、澳洲、獅子山、馬達加斯加、好望角，甚至印度和錫蘭（現在叫斯里蘭卡）都有這種學校了[38]。他們想進軍德國、瑞士和荷蘭，但是失敗了，不過在拉丁美洲倒是很成功。在一八二〇年代，拉丁美洲在革命，人民要求有公立學校來教育老百姓，學生冒著被軍隊盯上的危險走路去上學，這些學校在許多主要的南美洲城市，如巴拿馬和墨西哥出現[39]。

在美國，因為蘭卡斯特得罪光所有他的朋友，他只能從一州跳到另外一州去尋找發揮他天才的地方。當他在巴爾的摩待不下去時，正好接到南美洲革命英雄玻利瓦爾（Simón Bolívar）的邀請信[40]，他在那裡受到了巨大的歡迎而且還結了婚，新娘是他以前朋友的遺孀。結婚時，玻利瓦爾親自祝福，然而不久，蘭卡斯特又拖著他的新家庭去了紐澤西州的特倫頓、加拿大的蒙特婁、費城。他每到一處都沒有完成他答應的事，而且都惹惱他的贊助人，「蘭卡斯特永遠在計畫偉大的事情，但從來沒有做出任何一件，他比他那個時代任何一個人都更向名人募款，這個名單很長，包括Roberts Vaux、Gulian Verplank、Andrew Jackson、Martin Van Buren（譯註：這兩位是美國總統），DeWitt Clinton和喬治四世[41]。」教育史學家凱索寫道。

一八三八年蘭卡斯特在紐約市被一隻暴走的馬踩死[42]。貝爾在這六年前過世了，享壽七十八歲，被葬在西敏寺。不過在他們過世前，他們的學校都已經走下坡被揚棄了。到了十九世紀中葉時，全世界的學校已用我們現在所熟悉的教育機構取代了導生學校，學校的班級是以年齡來組織，不再以學識的精純度。老師都是大人，不再是同儕，每個人都被要求以同樣的速度跟上老師的進度。

這種導師制度的教育方式後來會式微，其實還有一些其他的原因，尤其在美國，蘭卡斯特的窮孩子學校後來有了很不好的名聲，如一八三三年，新英格蘭一位匿名者批評說：「他宣傳的重點在省錢，我可以想像這種學校會製造出很好的士兵和水手，因為他們本來就被要求服從，但是對一個共和國的人、一個自由的人、一個自我控制的人、一個追求自己是自己主人的人來說，這不是他們應該來念的學校。蘭卡斯特所喜歡的處罰方式更強化了這個想法，別人家的孩子或許可以送去那裡讀書，但是我家的孩子不可以，我們可以負擔更好一點的學校[43]。」那位批評者這樣寫道。

到一八四〇年代時，所謂「更好一點」的包括有專業老師教導的教室，這個做法受到麻省第一位教育官員曼恩（Horace Mann）的贊同，他是公立學校的有力推動者。

從一八九〇到一九二〇之間所謂的進步時代，經濟和文化都大幅改變，以前的社會結構因為新的鐵路、運河的關係，州際經濟興起，許多當地小農小店的生意被剝奪，為了要重振因這樣而衰微的社會服務和社會主權，州政府開始建立醫院、學校、精神病院、貧民院和監獄。曼恩剛開始任麻省教育局祕書時，他在巫斯特成立精神病院，在波士頓成立新英格蘭盲人院（New England Asylum for the Blind），今天叫做柏金斯學校（Perkins School）。對曼恩來說，廣泛成立公立學校是解決社會問題的方法：學校可以培育出將來可以治理這個年輕國家的人才。

曼恩和他的同事必須要面對的問題是，如何不僅僅是建構一個比較好的教育系統，而是建立一個對的系統，使它可以製造出公民而不是黨徒，一個有公共意識的世代而不是自私自利的一代。蘭卡斯特學校的學生為了往上爬，互相踩擠，他需要的是一個可以提供孩子一般經驗的學校，他對普魯士（現在的德國）的教育方式很中意。一八三六年，有一本宣揚普魯士模式的書中說：「我們小學的校長必須足夠聰明、有智慧，才能喚醒學生的智慧，不然國家無疑會去選擇比較不貴的貝爾和蘭卡斯特的學校[44]。」

到一八四〇年代末時，即使在擁護蘭卡斯特主義的紐約和費城，也開始用實習老師（apprentice teacher）來輔助小老師，最後這些實習老師取代了小老師，很快，這些曾經實行導師制度的學校，全部都由專業的老師來教了[45]。所以教育史學家凱索說：「美國的學生互教運動慢慢逐漸式微，而不是碰一聲的結束[46]。」

但它不是只有在美國無聲了，到一八五〇年代時，幾乎全世界的學生互教學校都消失了。

事實上，因為當時擴張得很廣很遠，它的敗落不可能只有一個外在的壓力，這個崩壞幾乎可以說是技術的失敗。這個系統內在的機制（主要是學生老師沒有拿薪水）跟外面的世界起衝突。雖然它允許學生依他自己的步調去完成學業是一個很好的主意，但是在十八和十九世紀的真實世界來說，這不切實際，不符合成本效益（事實上，它比廣告宣稱的效率差的多[47]），在教學上不夠有效，長期來說也不穩定，這種學校很少有能幹又肯奉獻的校長願意長期留下來。每一個工程師都知道當你設計一個長期穩定的系統時，你不能只靠運氣，一個不可避免的事實是，要使學生能夠在課程中自由遊走，幾乎需要一對一，一個老師配一個學生才行，而在合理的花費下，唯一可以做到的方法便是使學生免費教另外一個學生。但是這跟學生願不願意教有極大關係，你無法保證，尤其是學生之間有競爭時。付學生錢請他教變成比較可能，父母也認為孩子的時間不應該花在教他的同學身上。綜合上述，或許最驚訝的事不是這個系統失敗，而是它居然堅持了這麼久。

安得魯・貝爾的夢：死後的記述

在今天的美國，幾乎每一州都有以曼恩為名的公立學校（有五十四所學校叫曼恩學校）[48]，在歷史的人物中，只有極少數不是總統，也不是開國元勳的人，能有這麼多學校以他為名。

金恩博士（Martin Luther King Jr.）有七十八所，拉法葉侯爵有七十九所，但是貝爾和蘭卡斯特一所都沒有。

到二十世紀，第一代的實驗心理學家開始慎重考慮如何用這個新的心智科學去改善教育時，他們所繼承的是以教室為基礎、以年齡和成績來分班的系統。在可以看見的未來，學生只能依事先決定的課程在不斷往前走的生產線上盡可能的接受教育，杜威短命的實驗學校曾經暫時軟化了這個系統，勝利的行政進步論者看不到有任何理由，去改變他們用標準教育去篩選學生能力的任務。

在不同的世界，或許在那個世界，貝爾這個名字會使學校有光，學生可以自我分類，當他們覺得自己已經掌握了那個知識或技術後，可以從某一堂課畢業。但是在現在這個世界的我們是不能的。在我們的世界裡，大部分的學生被期待用同一個步調前進，不管你個人有什麼光榮的過去。今天我們持續用他們在教室的表現去替他們打分數、分級，看他們是走得太快還是太慢，我們仍然無法知道他們怎麼樣才可以有比較理想的步調。

即使在TEAL的教室，雖然它已經是特別設計去符合學習心智的認知需求，也難逃這個不幸事實，例如朵馬斯金說，在舊的教室上課方式，考前開夜車、考完就忘記是很正常的。「TEAL幫助改正了那種學習方式一點點，但是我們還是有這個開夜車問題，只是少一點。」他說。「那個問題不會消失。」因為TEAL仍然是以時間為中心整體中的一部分。

假如像 TEAL 這麼激烈改革的手段都無法打破時間中心的魔咒，或許它是無法改變的，至少在我們繼承的教育結構之內。在這個結構外面，新的事情或許有可能。事實上，各種新學校已經出現了，不只把我們的教育推到極限，還把它完全拋在後面，這就是我們下一章要談的。

7 大尺度的從外到內

在科幻小說《銀河便車指南》（*The Hitchhiker's Guide to the Galaxy*）裡，對「生命、宇宙和所有事情的最終問題」是什麼，作者亞當斯（Douglas Adams）在仔細考慮了七百五十萬年後，有一個強大的超級電腦給出了一個簡單卻令人不解的答案：42。這個答案對建構這個電腦的科學家完全沒有意義，但是它卻暴露了一個他們推理的致命傷，但是當他們發現時已經來不及了，因為他們從來沒有界定最終的問題是什麼，所以一個沒有問題的答案就不是什麼答案了。

對兩個在地球上的年輕人，42卻代表了一個問題的答案，因為這個問題跟隨他們如影隨形，他們了解在工作的世界，你需要高學歷的證書，且還得是對的學位才行，更不要說是對的訓練了，那是永遠拿不到的。

對舊金山州立大學的瑞米雷茲（René Ramirez）來說，生物學的學士學位還真的差一點拿不到。在他大四時，祖父過世了，他必須負起養家的責任。他的功課本來就不好，已經在退學的邊緣，加上花時間打工，各科就都不及格了。當學校通知他，如果他多付三千元美金，他可以補修這門課，有可能不被退學時，他付錢了。但是後來證明沒用，他還是沒有拿到學位，他開始想他可能一輩子拿不到學位了。

杜吉洛（Josh Trujillo）也是在找同樣的答案。他最近在佛羅里達州立大學完成了他創業能力專案（entrepreneurship）的學士學位，但是他的第一個事業失敗了，這是他在大二時開始的一個健康照顧事業。他後來說，他最大的問題是沒有電腦編碼和網頁設計的能力，而他主修的這個創業課程竟然沒有要求他去上這些課。看起來如果他要創業成功，他必須要再去大學修一些課才行，但是這樣做很花錢，也很傷自尊心。

在二〇一五年底時，瑞米雷茲和杜吉洛聽到一個消息，好到令人不敢相信，一個法國的億萬富翁尼爾（Xavier Niel）拿出錢來在矽谷外圍辦了一個免費的編碼學校，即使完全不會電腦的人也可以去上課，他們只要付很少的生活費便可學得技術。他們仔細讀了廣告下面的小字，發現這不是騙局，不過這學校的確有一些不符合傳統的地方，但是他們不在乎。他們在傳統教育的路上走了這麼久，也沒得到什麼，或許這條不平常的路會是他們要的。

這個學校最不平常的地方就是學校的名字叫作42。他們後來發現42是生命、宇宙和所有事情最後問題的答案。它同時也有另外一個意義，就是當你念出42來時，它的音正好是「fortitude」（堅忍不拔），這是任何能夠成功進入這個學校的申請者所必需要有的特質。

42的入學程序跟其他學校很不一樣，它不要考試成績，不要介紹信，不要你寫作文或一大堆成績單，相反的，所有的申請者要先經過一個二十八天的考驗，法文叫「piscine」（游泳池的意思），你得從表現中讓人看到你跟別人不一樣、有特色，學校才會收你。它的旗艦學校在巴黎，叫做 Ecole 42，已經有好幾年的歷史。他們兩人便加入了42在美國加州矽谷佛利蒙市的第一間學校。

許多年後，矽谷42一走進去還是很令人震撼，它不大，只是一幢樓而已，黑玻璃窗戶都圍上窗簾，早期一個以營利為主的野雞大學曾在這裡營業，如果以環境來說，營利的大學還比較符合這個環境給人的感覺。以這幢樓為中心，周圍有草地、停車場、馬路、辦公大樓和各種商店。這是一個經濟、地理、科技和文化綜合在一起的環境，適合花錢也適合賺錢。當42搬進來時，它的內在規章與外在環境是格格不入的，走進這個學校好像進入了外國的領事館。

它特殊的地方在於它是免學費的，它認為高等教育並不是像一雙球鞋或一加侖牛奶，可以用錢去買。它也不贊成附近的汽車文化，它的學生得住校，在停車場對面，42有一幢宿舍，吃住都在學校，學生過的可以說是半與世隔絕像和尚那樣的生活。

他們的教室若仔細看也不全然是黑玻璃的，從入口處看來，有個馬蹄形的水泥柱，裡面就是工作的空間，一排排空的門框延伸到不同的方向。對42的學生來說，這好像是學術的門。學校的課程是連續性的階段，像電玩遊戲一樣，只有完成可被接受的編碼作業才可以升級，學生一級一級往上爬，總共有二十一級，到目前還沒有任何一個學生走完全部的二十一級，雖然有幾個學生很接近畢業了，但不只是在矽谷的學校或是全球二十幾個42都還沒有人畢業，因為快接近畢業時，就有大公司來找他們去工作，給予優渥的薪水。講起來，這是了不起的成就，因為很多人在入學時是連一個程式都不會寫的。

今天，矽谷42的學生在當地大型科技公司或新創公司，幾乎都可以找到工作。它成功的原因有一部分是開始時，他們就挑選對的學生來栽培，但是成功的因素不只是這樣，最大的原因還是在他們教學採取的是階段性的結構，其他的學校若願採取這樣的教學理念，也可以得到這種卓越的成就。但或許是難丟棄舊的教學包袱，或許是這樣做花費太高，在教育這一百多年的歷史上，竟然很少有學校可以這樣教育學生。

就「掌握學習」（mastery learning）來說，它的前提很簡單：假如沒有完全掌握概念A，就不能晉級到概念B。考試成績不只是把你跟同班同學相比較，它還決定你能不能晉級。這個標準通常設定得很高，有一些是要全班的九十%以上。歷史上，不同的時期有不同的標準，如貝爾和蘭卡斯特的學生互教制度裡，學生可以依他們自己的步伐晉級。後來，在一九一九年時，伊利諾州庫克郡的學區總監創造了文納特卡計畫（Winnetka Plan），來因應當時的評分和升級要求[1]。更後來到一九五〇年代，史金納教學機器的一個主要賣點，就是它可以逐漸增進學生學習的效果，學生不必坐在教室裡面學（因為不想學時，效果並不佳），而是在他們想學的時間，利用這個機器學習上課的內容。

今天，這種掌握學習的概念又復活了[2]，二〇一七年在紐約市，大約有四十餘所學校採取掌握教學系統，在佛蒙特州、緬因州、新罕布夏州、伊利諾州和愛達荷州都在採用或試用這個教學方式。成功的案例也很多，例如在二〇一四年採取掌握學習的制度後，紐約市一個學校小學生的閱讀程度在兩年之內從七%提升到二九%。不過在高興之前要先考慮一下，就是對已經負荷過重的教室教學來說，任何一個改變都會改善原有的表現。同時，也有父母反映這種現代的掌握學習需要學生坐在桌子前面，對著桌上型電腦學習，它豈不是跟史金納的教學機器沒有什麼兩樣？而所謂的課程教學上的好處其實只是為它高額的費用做藉口罷了。

然而，掌握學習只是個人化學習的一種方式而已，例如聘請一個很有經驗的家教也是一種很好的個人化教學方式，當然這也會很貴。由外到內的教學方式提供了很多種個人化的選擇，如果一個老師只教幾個學生，學生也可以學他們想學的東西，而且依他們自己的步調去學。這種就是不能人多，如果經費不是問題，那麼家庭教師和以學生為中心的教學法兩者的關鍵點都在師資。我一直認為人類文明得以如此的進步，完全得力於歷史上一直不缺非常好的老師，但是非常好（exception）從定義來講，就是不普遍，你不能期望每一個教你的老師都是出類拔萃。

現在有一些規模小但頗有影響力、被科技加持的教學方法出現，42只是其中之一由外到內的學習專案而已。這種科技是認知上使用者友善的、個人化的、有品質控制的，而且可以大班教學，做更多、更深的知識傳播。

在42的例子中，即使是大班仍然做到個人化，主要是兩種教學法的混合：它把發現學習派者所主張的專案式教學融入電玩遊戲階段式的課程中，學生的晉級不是靠考試分數，而是要寫出越來越複雜的電腦程式。

42裡高層級學生要完成的學業，其實很符合外面世界的挑戰，所以他們很容易找到工作，學校教的是進公司馬上就能使用的知識與技術。就是這個真正寫程式的實力而不是學校修的學分，使瑞米雷茲和杜吉洛願意從他們原來的家庭環境中連根拔起，搬到矽谷42的宿舍中，過了二十八天睡不夠、靠喝咖啡提神、吃學校自助餐及不間斷工作的生活。雖然這個學習過程比任何一個標準化考試的時間都長，但是學校所提供的教學，加上花費的時間和精力成本，使賭注變得很高，高得像大樓入口的那個水泥門一樣。所以當二十八天的考驗結束，瑞米雷茲和杜吉洛得知他們沒有被錄取時，這個打擊比他們以為的還要大。

克萊兒星球

距離矽谷三百五十英哩的洛杉磯，克萊兒（Claire Wang）正坐在她八年級教室後面的角落，安靜讀自己的書，她的老師正在替班上其他同學上課，但她已經知道老師今天要講的內容了。她在開學的前兩週便把每一本教科書從頭到尾念過兩遍，假如她願意，她現在就可以考期末考，因為她已經學完了，所以老師讓她在上課時間去讀她自己想要讀的書，如切爾諾（Ron Chernow）寫的《亞歷山大．漢密爾頓》（*Alexander Hamilton*），或謝朋（Michael Chabon）的新小說。她在那一年考了兩次SAT，每一次都只有答錯一題，但是假如你把她最好的語文和計量兩方面的成績加起來，她是滿分。雖然她的老師想辦法去符合她的需求，她還是對傳統的教室教學感到厭煩，就在這個時候，她開始仔細思索大腦的上限有多大。

兩年前，她開始參加一個電視搶答節目《天才兒童》（*Child Genius*），十二個小朋友回答困難的問題以爭取獎學金。在節目中他們也要做記憶比賽，克萊兒名列第三，她發現她可以很容易就記住五十二張撲克牌的順序，許多沒有經過訓練的大人即使給他們無限的時間都做不到，克萊兒對自己的能力感到好奇，便常常去瀏覽記憶高手討論戰術的網路論壇。

她發現這些記憶高手在工作記憶的容量上，並沒有什麼天賦異稟的地方，跟別人不同的地方在他們如何使用工作記憶[3]：不把工作記憶作為暫時儲存處，而把它當作卸貨的碼頭，把新進來的訊息跟一個有效的深層表徵如地點，結合在一起，使能有效的提取，這個方法叫做「地點法」（method of loci）。他們把每一張牌，如紅心十一跟電影《鐵達尼號》（*Titanic*）的主角傑克（Jack）結合在一起，想像他捧著一顆心在一個熟悉的地點（例如童年老家臥室的門口）。要成功回憶這些撲克牌的次序，便是把這些影像跟固定不會變動的地點（如自家的格局和街坊鄰居的位置）結合在一起。回憶時，在心裡把這些地方走一遍，便能將撲克牌的次序想出來了。利用這種方法，一個記憶高手可以記上六萬五千個數字[4]。

克萊兒精熟了這些記憶術之後，就打進記憶比賽的前幾名。八年級的那個暑假，她去了MIT參加美國記憶冠軍賽（Memory Championship）。

每一天的比賽都會淘汰一些人，他們要在很短的時間內，記住三百個字的順序（三個人被淘汰），接著記住有四十bits那麼多的四個陌生人的個人資料（又有三個人被淘汰），然後要考從化學元素表和搖滾樂名人堂裡找出來的一大堆訊息，這些資料是他們在上個月閱讀的（四個人被淘汰）。

到最後決賽時，只有三個人留下來，其餘都被淘汰出局了。他們要在五分鐘內背會兩副撲克牌的順序，克萊兒在這三個人之中。

她得到第三名。當比賽結束後，當地的記者湧上來採訪，一些人圍著冠軍，但很多人圍著克萊兒，因為她的年紀使記者們好奇。

第二天早上，當她和父母在旅館裡吃早飯時，看到了報紙上記者對她的報導，覺得很有趣。她開始擴展她的課外活動到更多地方去，包括線上課程和記憶比賽，因為學校變得越來越沉悶，不可忍受了，她說：「每一個人都得學同樣的東西，不管你是否已經學了代數，你還是得學它兩年！」但是一想到下一學年，她的心情仍然很好，因為她要去Ad Astra（譯註：此為拉丁語，意思是to the star，也是一部美國科幻電影），這是科技億萬富翁馬斯克（Elon Musk）

所創辦的一所祕密學校，在加州他的 SpaceX 總部。

要去到 Ad Astra，你要在一個看起來像是穀倉的建築物那裡右轉，開大約一英哩左右，你的左邊是一排白色的油桶。這個穀倉其實就是 SpaceX Falcon 9 火箭的第一階段，這個一百五十六呎長的推進器，最有名的是當它降落時，輕柔得好像一片樹葉（這是它在二〇一五年首次垂直降落時獲得的評語），而那些油桶事實上是 Hyperloop 這個高速火車的測試器，Hyperloop 可以穿過真空因此避去空氣阻力。這些加上電動車公司特斯拉（Tesla）、大腦與電腦介面公司 Neuralink 和其他公司都是馬斯克的。

藏在 SpaceX 大樓中，在兩個警衛和很高聳的灌木樹籬後面，就是 Ad Astra 的所在地了。不過你得先簽署一張表格，保證不會把這裡的情況或照片洩露給任何社交媒體才能進去。但是還有一道路障是每一個參訪者必須要面對的，第二個警衛會給你一張紙上面寫著「Polis」，這是一張有著一百二十個各種正方形所組成的不規則形，每一個正方形代表著一個或一個以上政黨的選區。紙上寫著這樣的指示：「你的任務是要畫出五個選舉人區（electoral districts）。」

你可能會因為馬斯克和 SpaceX 而認為這一定是個高科技學校，它不是，這裡的四十五名學生不停在玩的是一個 Ad Astra 共同創辦人達安（Josh Dahn）自己發明所謂的「模擬」

（simulation），即瘋狂的製造內容，時間可以從不到一個小時（Polis 就是短的時間）到一個月以上，學生通常是同時做好幾個，他們可以單獨一個人做，或和別人成組一起做。

克萊兒在記憶比賽之後的一個溫暖的十月天，和其他的 Ad Astra 學生做一個八週長的模擬作業，叫做摩西（Moses），命名自紐約建築大師摩西（Robert Moses）（譯註：他是二十世紀紐約市的規劃者，主張建高速公路而不是大眾運輸，爭取自由女神像到紐約而不在費城。因為他掌握錢和土地，尤其高速公路的過路費，但他也是種族歧視者、權力慾望大，死後評價兩極）。在會議室的前面有一張很大的遊戲圖，上面是整排的空白六角形，年紀最大的十六名學生（都沒有超十四歲）坐在那裡聽達安解釋一套複雜的遊戲規則，包括冗長費解的土地競標程序，克萊兒傾身去跟隊友耳語，眼睛卻不敢離開這張地圖。最後，當達安終於講完後，學生去到玻璃牆的衛星會議室決定策略，幾乎馬上，有個學生就問達安是否可以偷看別隊的計畫。

達安想了一下說：「這不是玩這個遊戲的精神。」

「但是我們應該還是可以做。」這個學生冒險的回應，達安揚起了眉毛，這個學生識趣的回到他的隊伍中。這其實是個好問題，因為這個遊戲和在 Ad Astra 這裡的真實生活界線不很明顯，例如除了他們上課、做專案和模擬之外，每一個學生還有在這裡才可以用的虛擬貨幣 Astra，他們可以自己一個人或跟別人合夥去發展商業觀念，以賺更多的虛擬貨幣。一年有三次，學生可以透過市集交易虛擬貨幣，學生自己主辦這個盛會，包括給這個市集的數位交換寫程式，以及達安要他們做的買賣稅務系統的電腦程式。

當學生在做他們的專案時，達安利用這個機會來解釋，他指著即將舉行的活動海報說：「這是Ad Astra的樂透獎（lottery），這是一個很有爭議性的部分，我們應該允許學生玩樂透嗎？」這是由學生自己去決定，不過達安和其他老師要他們去想道德上的問題，除了賭博的爭議性之外，學生還可以付錢請別人替他們重新設計他們公司的商標，重新設計他們的網站和替他們製造商品。這個活動有一個問題，就是這些學生畢業後，他們賺的錢要怎麼辦？因為不能拿到外面去用，達安說：「所以每個公司都會留不同數額的錢給下一屆學生。」

有一次，達安去MIT演講有關他這個遊戲的設計，他說這個模擬的貨幣利潤占了學生成功的四十%。有一個研究者聽眾站起來問他：為什麼他鼓勵學生去賺錢？達安吃了一驚。他說：「你真的認為，在現實世界中，獲得利潤的動機不及四十%嗎？資本主義的模擬，使學生覺得這個作業有真實性。」

Ad Astra最終的目標是激發學生的求知動機，所學的東西可以直接影響真實世界，也就是說，所學有所用。一百多年前，杜威的實驗學校就是替學生建立了一個小型的社會，鼓勵他們像大人一樣工作：不是為了未來自己的好處讀書，而是為了現在的成功而努力。這種取向有幾個好處，它鼓勵學生為滿足好奇心去追究，而不是為了外在的動機，如成績和老師賞的星星而努力，尤其是那些不能或不願去延宕滿足（delay gratification）的學生。最重要的是，**在這樣**

的環境中所習得的知識，可應用到真實世界中。

Ad Astra 透過複雜的模擬達到這樣的目的，不過他們有兩個改善：它的世界是進階的資本主義世界（有人覺得這個很諷刺，有人覺得這一點很實際），而且那個世界的領導者是它的學生。假如在42裡你一步步晉級，好像電玩遊戲中的主角就是你，那麼，在 Ad Astra，你也會假設自己就是政治家、都市設計者或企業 CEO，「在真實世界，做大事的人是真正厲害的人。」達安說。「學校的任務就是培養出未來的領袖，他們要有道德、能體貼和尊重別人。」

從這裡看來，它似乎是兩種不同的教育法——一個是遊戲板上的生活，另一個是超越這個板上的生活，如上述的政治家、企業 CEO。這看起來好像是對立的，其實不是，它是同一樹根的兩個樹枝，一個是被標準化教育所浪費的人的潛能，另一個是重新找回被教育篩選器所拋棄的那些學生，在這同時，去除加諸天才孩子如克萊兒身上的枷鎖。

這並不是說每一個 Ad Astra 的學生都能逃過傳統教育的篩選，達安說：「我們曾有一個很厲害的學生拿到全額獎學金進入本市最好的女校。」但是多年來，她卻被忽視，只有當她差一點贏得國家天才獎學金時，她的老師和父母才發現原來她有這麼大的潛能，在她的超群表現後，她的母親對達安說：「我根本不知道天才是什麼意思，我的女兒是天才嗎？」達安很悲哀的笑著說：「你的女兒在傳統的任何一種測／評量上，都有卓越的表現，她是一個令人驚訝、了不起的人。」

不對有潛力的人投資是這個社會可能犯的最大錯誤，達安說像她和克萊兒這樣的學生是「自然資源」，我們需要他們來解決人類所面臨的難題，而且現在比任何時候都迫切需要他們。現在的問題是如何避免在他們建構自己的知識樹時被絆倒，他們已經展現了吸收大量挑戰性資訊的能力，不管是以什麼樣的形式呈現這些資訊（克萊兒展現的能力是把沒有結構的、像百科全書那種零散資料組織起來並記憶它們）。在這些稀少的個案中，學習的敵人比較不像以前是遺忘、聽不懂和不專心等標準的基本挑戰，而比較像高層次的認知問題，如無聊、倦怠，甚至厭惡學校的學習經驗。

今天，克萊兒似乎都避開了這些陷阱，她坐在 Ad Astra 靠近戶外籃球場的桌子上，精力充沛的說：「我現在在學微積分。」BC 微積分每一年只有少於五百名像克萊兒年紀的美國孩子通過[5]。Ad Astra 大部分的課程都跟專案探究（project-based inquiry）有關，老師個別指導學生，給他們恰當的挑戰性目標。這個結果是在任何一天，你都會看到十四歲與七歲的學生一起合作，浸淫在同一個主題中，當然他們的深度有不同。微積分課特別的是，只有三個最資深的學生選了這門課，而這門課跟其他課不同，這門課有教科書。克萊兒說，跟以前一樣，她仍然可以在兩週之內把教科書讀完，但是她現在沒有這麼做，因為現在的新課有很多複雜的數學概念和計算，比課本裡的內容還多，所以她不會像以前一樣因為已經看完課本了，就在上課時看別的書，這回她會好好聽講。她笑著說：「我在這裡最喜歡的課是微積分，我以前認為數學很無聊，現在這個老師教得很棒，而且班上只有我們三個。」

對她來說，這是長久以來，學校第一次趕得上她的步伐，能滿足她的好奇心又不會太超越她的能力。**這種個人化的教學進度，說明了為什麼以學生為中心，是從外到內的教育會有效的最主要原因。**

星際救援是很獨特的，它的資源很獨特、學生很獨特，最獨特的是它給學生自由度去嘗試新的東西，「這是很不尋常的，在任何一個外面的世界，我都不可能有這樣的機會去創造我自己的學校。」達安說。「我不可能擁有 SpaceX 的資源，我也不可能聘得起現在的這些師資，我可能會像很多學校的校長一樣去向家長募款，這些家長可能對新模式的學校抱著開放的心態，但持懷疑的態度。」

當把這種開放式、放任學生自己去尋找潛能的方式放大規模時，它會使獨特的學校失敗。如果想把星際救援這種完全依賴少數高熱情、高技能老師的教學法放大很多倍時，一定會失敗，因為除非有億萬富翁在背後支持，沒有任何一家公司負擔得起龐大的開支，教室裡的教學經驗也不可能跟原始的 Ad Astra 一樣。由外到內者否定傳統教室教學結構，其失敗是可預見的，而且是在你不注意中靜靜的發生，不管你多討厭標準的測驗，它還是可以告訴你一個學校是否經營得很爛。

無論如何，達安所享受到的自由經營學校，以及全球其他類似想法但成功的案例，若是放大規模大量實施的話，一定會失敗。42和Ad Astra都有它們獨特的習俗、規則，甚至財務經營方式，在學校裡面自成獨特的文化，因為它們的設計本來就是反曼恩和桑戴克的常模概念。因此，拿一塊Erector把它硬插入樂高中，它會突出，這就告訴你，這個方法不對，另有對的方法。

這種以學生為中心理念難以散播的最大阻礙，就是它與現行教育系統持續性的不合，然而，一些進步論者的說法卻是改革時機從來沒有比現在更好。當然這是要看你跟誰談：有些人希望去滲透和翻轉舊的機構，有些人則計畫繞過它們，更有人希望不理舊機構，直接去做，就當它們從來不存在。無論如何，總算有一個統合這些不同想法的東西出現了。教育科技在此之前是由內到外攻擊史金納的教學機器，現在變成整體的、由外到內的學習方法了。

從外面往內看

AltSchool是美國矽谷高度學習（Altitude Learning）公司在二〇一三到二〇一九年成立的學校，它幾乎是從字面上去解釋由外到內研究的涵意。它的教室天花板上裝有攝影機和麥克風，悄悄記錄學生的學習狀態，透過機器學習演算法（machine learning algorithms）將這些影音資料收集起來，找出其中的模式，來看哪一種教室教學學習的效果最好。

雖然我對他們錄學生上課的方式有疑慮，這個學校的做法算是革命性的。在二十世紀開始時，標準式的學校為什麼那麼成功，主要是它的成效是可以測量的。比較桑戴克和杜威對學校的理念，與其說是拿蘋果比橘子，不如說是拿橘子的數量比橘子的顏色（譯註：至少都是橘子），對一個一直在追求效率的文化來說，只有能夠數的方法才有意義。

今天的世界是更量化了，AltSchool 並不想改變，它問一個很簡單的問題：如果我們找到一個方法去測量那個不可測量的東西呢？（What if we found a way to count the uncountable?）

在二〇一八年一月，AltSchool 的創辦人文提拉（Max Ventilla）走進總部在舊金山辦公室，穿著普通的T恤，身上散播著像臉書的祖克柏（Mark Zuckerberg）那樣的科技人氣息（譯註：自從蘋果的賈伯斯穿黑色套頭T恤後，科技界開始流行T恤和牛仔褲，CEO們不再穿西裝打領帶了），事實上，祖克柏是最早投資 AltSchool 的人之一。AltSchool 一開始是中央控制的學校，後來慢慢變成不同的結構，到二〇一八年時，整個學校只剩下幾個「實驗」學校，他們想要擴張學校成為以學生為中心，想打造個人化教育的人可以來買 AltSchool 的平台去用。

文提拉最初是在矽谷的谷歌起家的，他離開谷歌創辦了食蟻獸（Aardvark），當谷歌收買食蟻獸時，他又回到谷歌，做到谷歌產品個人化部門的總管。今天，他是一小群前谷歌員工中的一員，他們表示他們正在解決矽谷尚未解決的各種難題。網際網路很像前面說到的42，不是指學校而是指《銀河便車指南》中沒有問題的答案。當矽谷公司用網際網路技術開始去尋找問題來解決時，他們優先去選最容易的問題。我們有需要用郵差去送狗食嗎？或是有必要去更新久未連絡朋友的近況嗎？當然不必，但是這種沒人在乎的問題最容易解決，所以它們最先被解決。就如文提拉在谷歌的同事史登伯（Seth Sternberg）所說的，大部分矽谷的產品一開始的想法是「去建構一個容易建構的東西，但是你不知道人們是否會想要它」[6]。

文提拉認為在教育的次領域中，這種情況已經存在了好幾十年，「歷史上，我們在教育領域內用的科技是非常危險的。」他說。「我們把問題簡化到科技可以解決的地步。」

根據由外到內教育者，科技在成功的學習中遠不只自動化而已。文提拉走向白板，畫一個像蝸牛殼那樣螺旋形的圖，「假如回到杜威的理論，他其實講的就是經驗學習的循環。」

杜威在他一九一〇的書《我們如何思考》（*How We Think*）中[7]，把思想分解成五個步驟：找出一個開放式的問題（open question），他稱為「覺得困難」（felt difficulty），找出這個問題可能的原因，找出可能的解答，測試這個解答（做實驗或用想的實驗）（thought experiment）（譯註：十九世紀很流行坐在沙發上想實驗，福爾摩斯其實就是一例），然後得出結論或進一步探討。根據這個理論或其他類似的理論，很多教育者都各自走了同樣的路，每一次你去思考外面世界的新問題時，你都用同樣的這個方式。今天，打開許多由外到內學習學校的蓋子，你會看到同樣的螺旋形結構在主導這個學校，即使傳統學校也教這個五步思考的「科學方法」：界定問題、形成假設、測試假設、分析資料、得到結論[8]。

對那些像文提拉那種接受把實驗學習螺旋式進入他們生活之中的人來說，大部分教學技術上的問題是他們沒有按部就班，而是省略了其中的步驟（除了Scratch和Logo之外）。如果一直回溯到史金納教學機器，教育的軟體工業把他們絕大多數的能量投入學習週期容易被自動化的次部件（subsection）：即找出問題和提出解決方案。

文提拉說：「這個結果就是你卡在這個學習週期的一小部件，在那裡你非常線性和膚淺的參與學習。」這種方法得來的知識變成尋找另一個真正問題的解答，就像《銀河便車指南》中的42。這個跟學生在乎的開放式問題離得太遠了，像氦氣一樣有惰性。

AltSchool透過它的科技平台，希望能支持完整的學習週期。每一天早上，老師列出當天每一個學生的活動清單（playlist），上面的項目是根據學生的興趣和程度而訂。主要是確定學生在整個過程中沒有遺漏任何重要的項目。大多數的時候，學生是根據紙上的活動去進行而不是螢幕，「但是老師所設計的項目是用APP來做的。」文提拉說。當每一個學生依清單上的項目在進行時，老師都會把學生的進步登錄在學校的軟體上。

文提拉說：「我七歲的女兒現在在我們實驗學校中讀三年級，她主持我們上一次的親師座談會，它像典型的教師會一樣，三十分鐘，在教室中舉行，我女兒坐在我和我太太之間，面對她的兩位老師，老師有給她一個單子，上面有九個項目，她按照項目進行。」

「這些項目有些是學業的，有些非學業的，它們被設置在我們建構的APP中。透過她的反思、老師的評語，以及標準化的成績分數，能看到她的進步。」

最後這項標準的成績分數可能會令你驚訝，但是對文提拉來說，這是重點。「我們採用全國性的標準，以價值為主的評量，它顯示出孩子在核心課程如閱讀、英文和數學上取得多大的進步。」他說。「很多進步論的學校犯了一個錯，就是他們說：『你要孩子發展自我，你要孩子喜歡上學，你要孩子關心別人和社區。』但是假如你的孩子以為二加二等於香蕉的話，他們將來可能不會過得很好。」他睜大了眼睛說。

在那個時候，除了AltSchool的三間實驗學校之外，它的平台還支持了一個公立學校和六所私立學校，實驗學校只到八年級為止，雖然有些用AltSchool App的人一直用到十二年級。畢業生的前景都很好，「這些年來，我們每一個畢業生都進入他們的第一或第二志願學校。」文提拉說。撇開選擇效應不談，另一個理由是AltSchool App所編輯的成績單是有深度的，它不只以數字和字母的成績顯示他們的學習，還包括學生的學習歷程，它是專案的檔案。「它所顯示的不只是這個學生是誰，還包括他在這些年間做了什麼事，它讓學校很有信心去預測我們的孩子在他們的學校會表現得很好。」

在二〇一九年六月，AltSchool改名為「高度學習」（Altitude Learning），宣稱他們研究和發展的階段已經完成，把它的實驗學校交出去，開始聚焦在軟體上。這個改變引起了很多矽谷人的驚訝，眉毛都揚起來了，「祖克柏支持的那個要改造教育的新企業不幹了。」《舊金山紀事報》（*San Francisco Chronicle*）這樣說[9]。AltSchool 突然改變方向急轉彎，讓批評的人很有話說了[10]，這些人本來就懷疑它所謂的整體教學只是個幌子，骨子裡還是原來的化約主義思想，跟早一輩個人化的科技教學方法沒兩樣。或許就如一位幻想破滅的前 AltSchool 老師在他的部落格上說的，AltSchool 每天的活動清單其實犧牲掉了重要的師生關係，他寫道：「師生關係被解體，被切斷了，電腦不停介入我和學生的中間[11]。」但是 AltSchool 面對這種批評，不但沒有去解決這個問題，反而把它歸類為容易解決的問題。

如果說高度學習跨台，好像有點說得太早，但是至少它的艱辛讓人看到，要把一個由外到內的精神植入一個傳統模式的學校多有挑戰性。除此之外，高度學習是一個以營利為目的的公司，到現在仍然不清楚它是否能說服很多有錢的學校去買它的平台，所以即使它能減緩對它最嚴厲的批評，它是否能贏得足夠的改變者，發揮他們的影響力去翻轉傳統的教育，還有待觀察。

有的時候，最快越過障礙的方式不是穿越它，而是繞過它。進入野花蒙特梭利學校（Wildflower Montessori），你會看到一個跟 AltSchool 一樣有理想有抱負的學校，但它卻不把這些強加在現存的學校上。

當你走進這個學校會發現這裡好安靜，這使你不由自主的降低音量，以符合二十幾個四歲、五歲和六歲孩子的聲音，他們並不是完全沒聲音，而是悄聲、微聲、低聲，沒有放聲的哭叫，也沒有奔跑撞擊或打架。反而是安靜坐在桌子旁、地板上，專注在眼前的事物，他們專注的神情讓你以為他們在禱告，你要小心不讓自己成為闖入者。

大約有一半的學生是自己單獨坐，另一半是三三兩兩坐在一起，有一個孩子用拳頭握著紫色的蠟筆在作畫，穩健的至少畫了十五分鐘，一個男孩把各種顏色不同長度的小棍子插入一個木頭三角形的框架中，另一個不到四歲的男孩把塑膠的字母放進地板上的字母墊子上，兩個老師加上一個愛心媽媽安靜的在房間內移動。有一個老師蹲下來小聲告訴那個玩字母的男孩如何排，後來當他把字母和墊子放回櫃子去後，他拿起一枝鉛筆開始不同的活動，這裡有一個很奇怪的感覺你說不出來，然後你突然明白了：你從來沒有看過一個這麼小的孩子鉛筆拿得這麼正確。

在野花及其他高忠誠度的蒙特梭利學校（所謂高忠誠度是指他們的教學方式跟創始人蒙特梭利（Maria Montessori）的理念最貼近），學生一天大約有二到三小時像這個樣子遊戲，或是說他們在辛苦學習，或是遊戲和學習兩者都有。對一個在建構外在抽象模式到他大腦中的孩子來說，遊戲和學習的界線是很不分明的。

根據現在已經有兩百多年歷史的蒙特梭利教育來說，也不應該去畫分這個界線。蒙特梭利一生的工作跟皮亞杰很相似，甚至在皮亞杰之前。皮亞杰在蒙特梭利學校的觀察導致他在一九二三年出版《孩子的語言和思想》（*The Language and Thought of the Child*）這本書，他後來成為瑞士蒙特梭利協會的理事長，他們兩人都認為孩子是主動的學習者，不停收集訊息到大腦中，他們絕不是空白的石板，等待著大人填上事實。他們兩人都列出孩子發展的階段，這些階段隨著孩子知識的成長同步形成。現在回頭看，皮亞杰和蒙特梭利最大的不同，不是在理念說法上而是在媒介上，皮亞杰把他的研究發現放入學術界的期刊中，而蒙特梭利把她數十年的觀察放入學校的圍牆中，她創辦了蒙特梭利學校。

蒙特梭利在義大利的羅馬長大，在一八九六年拿到醫學的學位證書，在當時這是很稀有的事，她開始照顧被診斷為心智障礙的孩子。在這同時，大西洋對岸的美國，杜威的實驗學校歷經誕生與衰落以及桑戴克掘起。羅馬對於心智障礙的孩子就是把他們送進公立的療養院，甚至把他們關起來，這些孩子受到非人道的待遇，房間內沒有任何傢俱，當然也不會有人餵他們吃飯，食物是丟進去，隨他們怎麼吃，就如教育研究者莉拉德（Angeline Lillard）在她《蒙特梭利：天才背後的科學》（*Montes- sori: The Science Behind the Genius*）這本書中說的：「蒙特梭利看到這些飢餓的孩子在地板上抓食物的碎末放進嘴裡，不只是因為這些是食物，還因為這些是刺激[12]。」（譯註：大腦需要刺激，不然會退化）。為了幫助他們，她引進一套木頭做的身體上的刺激物，並教學生如何去使用它們。到一九〇一年時，這些孩子通過了一個專為心智障礙孩子設計的國家教育考試，這個成果使蒙特梭利受到廣大的注意。

她對這個榮譽的反應不是驕傲而是驚愕，因為這個結果表示這些學生是可以學的，或許，她在教養院用的方法也可以幫助其他地方的孩子。所以在往後的五十年裡，她繼續發展並做田野測試，不斷改進她的教材和方法，現在蒙特梭利學校已經遍布全世界了。皮亞杰後來稱讚她說：「她把她的觀察和發現適用到全世界。」。他了解科學就像學習一樣，是從雜亂的數據中抽出一般性的規則來，「蒙特梭利把她從心智障礙孩子身上學到的東西，應用到正常的孩子身上，這個結果便是對全世界造成數不清的影響[13]。」

在孩子的童年，這方法包括大量玩各種不同的玩具，在野花學校面對馬路的那個房間，四面牆的架子上都放滿了玩具，這些玩具是為了發現學習（discovery-learning）的目的而設：例如為了讓學生了解數量、向量和量的守恆之真正含意，他們可以隨意去玩這些玩具，雖然大部分的學校時光是沒有老師在上課的，但這不代表他們沒有學到東西。這些架子上的玩具是依他們的理解能力安排的，從左到右，從下到上，學生讓他們的興趣引導自己去拿什麼玩具下來玩。這裡只有一個規則：在老師或高年級學生教你怎麼用之前，你不能在教室中用某個物體。

因為公立學校和私立學校學生社經地位的不同，很難用隨機和控制組的方式去評估蒙特梭利學生的成果，雖然如此，近年來，這方面的證據已經堆積如山了。一九九七年，威斯康辛州米爾瓦基隨機分派五歲的小朋友到高忠誠度的蒙特梭利學校，或是傳統的公立學校，結果蒙特梭利學校的小朋友在各種標準化學業測驗上的表現，遠遠超過公立學校的小朋友，在行為上也是[14]。這個結果在二〇一七年的康乃狄克州又被重複了一遍。更重要的是，二〇一七年的研究發現，高和低收入家庭的學前兒童，如果參加的是蒙特梭利學校，他們中間的差距縮小了，而公立學校則沒有[15]。

蒙特梭利學前兒童最突出的地方在讀和寫。對只熟悉蒙特梭利的名字，但不知道實際狀況的人來說，可能會以為蒙特梭利的發現學習會帶來如前面說的「全字學習」那樣的惡果。但是事實上，雖然蒙特梭利的認字訓練的確是仰賴發現學習，但是他們整個教學的方式其實是從音素著手，讓孩子明瞭字母的形狀和它所代表的發音。這個歷程早在學生認識字母之前，他們用某些蒙特梭利的教學器具，如木頭做的圓筒上面有根繩子綁著，訓練孩子的小肌肉使他們可以穩穩握住鉛筆（這是為什麼前面看到四歲的孩子可以跟大孩子一樣握得這麼有信心）。很多玩具會幫助孩子發展他們的能力，使其能畫出一條直線，當他們準備好了，他們就可以畫（或是說寫？）出大人眼中的字母。當老師蹲下來跟他們說話時，他們學會老師發的音就是他們畫的這個字母的音，如H，而且不只是知道這個字母怎麼念，他們還學到了音素（ha）。最後，孩子把他們學會的字母排列起來，他們發現 kah-ah-tah 就是 cat（貓）。蒙特梭利的學生一點一點發現怎麼閱讀，這個歷程跟大腦如何閱讀是完全符合的。幾十年前，蒙特梭利的觀察就預測了我們現在用 fMRI 所發現的結果。

不過，不是所有的蒙特梭利學校都是一樣好，只有高忠誠度或是說純正的蒙特梭利學校才有良好的成果[16]。因為蒙特梭利沒有去註冊，所以它不是註冊商標，很多學校打著蒙特梭利的招牌或是採用一些她的方式，但並不是完整或原始的蒙特梭利理念。

正是因為這個原因，我的朋友卡瓦（Sep Kamvar）在MIT和劍橋公共圖書館之間成立了野花蒙特梭利學校。卡瓦也是另一個曾在谷歌工作過的人，在尋找個人化的教育方式（是的，現在這個已成為趨勢）。他在MIT工作，他需要找個幼兒園或托兒所讓他兩歲的孩子去就讀。他深入鑽研早期教育的文獻，發現高忠誠度的蒙特梭利教育法最好。但是本地公立的蒙特梭利學校名額爆滿，排隊也進不去，所以他決定自己來辦一個。

影響他的不只是蒙特梭利的書，還包括建築師亞歷山大（Christopher Alexander）在一九七七年寫的一本書《語言型態》（*A Pattern Language*）[17]。亞歷山大認為假如給城市一個機會去作有機的發展，用居民的需求來塑造，這個城市會比較適合人居住，會比前面說的摩西替紐約市做的都市計畫好。在這本書中，亞歷山大和共同作者提出一個店面（shopfront）學校的概念——面向大街，這樣可以節省辦公費用，打破過去大學校的建築魔咒。

當劍橋市黃金地段的店面招租時，卡瓦立刻採取行動，成立第一個野花學校，他不但拒絕標準化的教學方式，也拒絕了曼恩和更早那些學習屬於大的、中央化（centralized）機構的想法。野花學校的拒絕中央化也是它和AltSchool最大的不同，這兩個學校的董事們都有很相似的背景，募款的來源都相同（例如祖克柏和他太太的基金會就是AltSchool和野花學校資金的來源），教學理念也很相近。他們都用教室頂上的攝影機收集大數據，都用機器學習演算法，卡瓦甚至是AltSchool的顧問，但是AltSchool努力去適應現行的體制，野花卻是想要在這兩者中間的空隙彈跳出來，像蒲公英從人行道的裂縫中長出來一樣。

的確，野花學校的擴散就像植物的根不理都市計畫者的計畫一樣，它們是有絲分裂（mitosis），每一個野花學校都包含著它自己繁殖所需要的種子——兩名蒙特梭利訓練的老師，當學生人數超越學校的容量時，學校就像細胞分裂一樣，分成兩個，一名老師留下來，一名老師出去在附近找另一間學校，你可以在野花學校全國性分布地圖上看到這個生物生長的型態。每當一個蒙特梭利學校建立起來後，旁邊就會有一圈小蒙特梭利學校圍著它，它們都在有錢的沿海區，如波士頓、紐約、華盛頓特區及舊金山灣區，不過在明尼蘇達、印地安那和波多梨各的聖胡安也有。

這整個學校系統像等比級數般的成長起來，它們同時維持收支平衡、質量控制和公平合理。

野花學校的宗旨是「主動的反種族歧視」（actively anti-racist）。協調野花學校在麻省擴張的舒勒（Alison Scholes）說：「我們班上有很多孩子是來自低收入家庭，或是有創傷的家庭，他們能夠縮小所謂的成就差距，而這在傳統的幼兒園中或其他早教學校中是做不到的。」這有一部分來自蒙特梭利個人化的教育傳統，例如一個學生可以選 car 這個字，去練習如何從聲音到拼字（sound-spelling），但是她也可以選擇 pez，這是西班牙文的魚，在教室後面的水族箱裡游泳。野花學校也主動推動文化的包容性。她說：「我們希望今年秋季能在 Roxbury

開一間非洲中心（Afrocentric）學校，這個學校牆壁上的畫，會跟蒲公英牆上的畫或紫蘿蘭牆上的畫很不一樣，紫蘿蘭是我們西班牙和英語的雙語學校。」舒勒坐在野花學校的蒲公英學前學校旁邊咖啡館內跟我說。

學校想達成這種大尺度的文化包容，經費是最主要的考量，二〇一九年麻省劍橋市公立學校是每個學生每年二萬九千美元[18]（但是麻州的平均額是一萬六千美元，因為劍橋有兩所名校，MIT和哈佛，有錢人區的學費也就比較貴），劍橋學前幼兒園是每年一萬兩千到一萬八千美元，但是麻省的野花學校一年每個學生才一萬兩千到一萬五千美元，雖然學校必須付老師更高的薪水才能留住好老師。有些家長是付全額的學費，有些家長申請學費補助，但是即使是付全額的學費也比傳統的學前幼兒園和小學便宜。這原因是蒙特梭利學校的老師人數較少，因為學生自由去選擇他們想做的事，不需要很多老師監督。他們師生的比例高，而且因為學校小，比較容易維護，他們也不考試，沒有考試的花費。很重要的一點是，他們沒有一堆行政人員去管幾百個到幾千個學生的事務。

當然，沒有行政人員的組織架構會有一個問題，就是如何維持教學品質，因為每個老師的教學方法不同，如果沒有主任校長監控，如何維持教學品質呢？野花學校的做法是在各個子學校之間形成聯盟，而且堅持每一個學校的董事會中要有一個當地小學的老師。孩子有否進步可以用質的測量得之，蒙特梭利的老師一直都詳細記錄每個孩子的進步情形，他們是用紙筆不像

AltSchool 用電子記錄的軟體。透過這些記錄可以知道孩子有沒有達到重要的學習指標。

還有就是監控的科技，野花學校像二〇一九年以前的 AltSchool，有幾間教室的天花板上有錄影機，再加上學生鞋子裡的微型藍牙可以追蹤學生和教室裡的器具，這些不斷累積的數據會送到電腦透過學習軟體去分析，找出最佳的學習方式。野花學校的研究團隊希望創造出一個客觀的、量化的數據，這數據可以跟老師的詳細記錄緊密配合，增加他們對學生學習程度的了解。

然而，簡而言之，這種方法帶來了困難的工程問題。因為很難說機器分離出來的資料是否會比人類手寫記錄更好，或是這些所謂匿名的學生資料以後會不會被濫用。但不論這些研究會不會嘉惠課堂的教學，至少野花學校和高度學校是在擴大個人化教育，使老師在學生學術生活的中心，如野花學校研究創新小組的負責人昆因（Ted Quinn）說的：「有個人化心態的科技工程師在由內到外的傳統中，通常是想使教學的歷程自動化，但這不是我們所要的，我們不想用機器來取代老師，我們是把人放在中心的。」

假如退一步仔細看一下個人化的教育，你會發現高度學校和野花學校所做的其實是權衡（tradeoff），假如你想要大型的個別化教育，但是不想放太多資源到經驗學習的循環，那麼，你可能要建造一個可自訂進度的自動化系統去傳遞訊息。而假如你像杜威、蒙特梭利和皮亞杰，相信學習歷程是由學生好奇心所驅動的，那麼你需要去找一個同樣複雜的心智去配對學生的複雜心智，以目前來說，只有另一個人類的心智符合這個條件，只有人類同心協力的努力可以改進教科書可以做的事。現在，我們第一次看到為實現這一目標而設計的由教師驅動的（teacher-powered）、可擴展的教育系統的興起。有朝一日，至少在理論上，這系統可能可以重新創造克萊兒在微積分上的突破。

很奇怪的是，我們同時也目睹了一種無視所有規則的體驗學習取向的興起。根據高度學校和野花學校所定義的權衡，低調的42應該是不會成功的，它是以專案為中心，用發現學習的模式，而且幾乎沒有老師可讓學生諮詢。

當杜吉洛和瑞米雷茲被42拒絕時，他們深受打擊，非常失望，在他們花在「水池」中的一個月，想像如果能掌控零與一的程式語言，自己將會是什麼樣子，但是他們沒有人可以怪罪。矽谷42課程設計主任賈維（Gaetan Juvin）後來解釋說，42一開始就是要把所有東西自動化，它沒有註冊組，在每一個學校都有幾百台電腦二十四小時在跑，他們沒有專門支持這些運作的技術人員，你要自己來，他們也沒有教科書，也幾乎沒有老師。

或許每個人都是老師，42的學生每一個人自己做自己的編碼專案，彼此互相合作也互相評估，這聽起來很熟悉，沒有錯，它非常相似前面說過的學生互相教學的模式，雖然42的課程並不是想模仿貝爾的學校，但是的確非常相似，包括慷慨大方的支持者，但不是無限量提供經費。

所以42的結果跟貝爾也很相似，不過有一個重要的差異，42的學生彼此互相教的不是教科書上的知識，而是如何去解決問題。當一個學生在半途中碰到困難時，他會在專案的資料中找答案或上谷歌去搜尋；假如那還沒能找答案，他就去問旁邊的人，題目越難，學生越聚集在一起討論，就像珠母貝，大家都想把牡蠣殼內的珍珠挖出來，到某一個時候，有人找來高年級的學長來幫忙；只有最難的問題，大家都解不開時，才會去找老師，但是這幾乎從來沒發生過。在矽谷42服務千名學生的二十名學校工作人員中，只有四名是老師。

雖然如此，這系統還是經營得相當穩定，這原因跟42幾乎完全跟外界隔離有關。我們平常習慣用經濟的眼光來看學生和老師的關係：學生是教育的消費者，學校是賣教育的地方，但是販賣知識跟販賣別的東西不一樣，賈維解釋道：「假如我賣給你一瓶水，那麼我就沒有那瓶水了。」但是如果我賣給你的是事實或解決一個問題的線索，我手上還是有那個東西，所以在42這種封閉型的系統中，學生互相幫忙解決問題時，知識反而成長了。

同樣的，假如你要學長姐來評定你最新的專案，你必付他一點錢，而你必須去幫學弟妹評估他的專案來賺這個錢。這個機制就不只成本效益，它還強迫學生固定回頭去看以前讀過的東西，越這樣做，這個知識的長期記憶越好。42的認知益處還不只是這些，恰到好處的難題程度可以持續維持學生的好奇心，當他們彼此互教時，他們不但活化了大腦登錄訊息的神經迴路，同時也活化了提取的神經迴路。

綜合上述，42幾乎所有特別的規則和習俗，都符合高層認知的操作，這個學校的規定幾乎像宗教團體的規章，尤其是升級的制度，像樓梯一樣，只能循階而上，控制得很嚴。它也像任何宗教團體一樣，一旦加入，很難脫身。

杜吉洛和瑞米雷茲失敗的那個「池」是學校的第一個池，在開始第三個池之前，學校還會再給他們一次機會，一樣在學校內二十八天，只是這次宿舍裡沒有空房了，他們都搶著要這個機會，為了負擔得起附近的民宿（Airbnb），杜吉洛賣掉他的汽車，瑞米雷茲則睡在他的汽車裡，這使他的背開始痛，後來杜吉洛同情他，讓他搬進來一起住。他們比第一次更努力，一定要通過才行。最後，當二十八天結束時，他們贏到了走進第一道門的權利。

今天，由內到外認知科學實驗室型態的學校持續進入學校市場，證明某些由外到內的學習策略是有效的。同時，這是第一次，由外到內的教學方式開始看起來很有擴展的可能性，但或許最大的驚訝來自42，它證明了以專案為主的學習是達到擴展目的的鑰匙。

在一些主題上，它的確是。編碼就是以專案為主的學習結構之一，因為寫的碼是可以檢查的：這個碼只有兩個命運，行或不行，其他主題就需要不同的方式。有的時候，純粹的由內到外策略可能更好，「有的時候反覆練習（drill-and-kill）到自動化也沒有什麼不好。」文提拉說。

由內到外和由外到內兩者的界線越來越不清楚，最近資料分析和機器學習的進步，加上科學家持續深入探討認知科學不為人知的部分，使得新的圖像浮現出來：一個由內到外的大眾學習方式跟新的由外到內的路平行並進，如Ad Astra、42、AltSchool和野花學校所用的教學方法。現在已經有一些口袋很深的有錢組織在尋求新的方法來滿足每一個學生的認知複雜度，這個新方法不再是用另一個人類的心智，而是非常先進的演算法，對支持這個看法的人來說（也有反對的人擔心這會導致不想要的後果），它已經迎頭趕上學校的需求了。

8 由內而外翻轉

對希望大眾的學習比較有效的人來說，由外到內和由內到外的方式都有益於大眾學習，我們在前面已經看到主張由外到內的人的想法，他們有著新科技，又有組織的架構，想要為大量的學生複製頂尖的學習方式。

由內到外的成功學習策略是把它打開，看看裡面的機件是怎麼運作的。一百多年前，桑戴克和他的盟友認為他們可以把學習化約到它的組成部件，把整個過程都徹底了解。結果他們過度簡化學習了，根據他們藍圖建構的教育制度失敗了，他們考慮得不夠深，教育不是這麼簡單的。

雖然我們已經累積了很多科學知識，但是今天的由內到外的支持者仍然面對同樣的問題：我們真的對學習歷程知道的夠多，敢從頭建立一個更好的系統了嗎？畢竟學習的認知科學還是充滿了沒有答案的問題，甚至不知道的問題，更不要說每個人的大腦都有不同的情境——社會的、經濟的、營養的、睡眠不足的、泡在壓力荷爾蒙裡面的，有太多不確定性，只有最大膽、不顧一切的由內到外的教育者敢去試。

不過，由內到外的方式的確有幾個非常好的優點，第一，因為我們想要改進的過時教育結構是建立在由內到外的精神上，所以他們比較願意接受由內到外的修補增強方式，就像換腎的人若接受他最親的人捐給他腎臟，身體比較容易接受。第二，一旦剝去了某些東西並能由內到外來解釋，比較容易大幅度重新創造它。有人認為底片的相片比數位的相片好看（看你問的是誰），但是只有數位相片可以把一個複雜的情境剝除到只剩紅、藍和綠，創造一個可以立即在網際網路上複製的影像檔案，還不損壞它的品質，最重要的是不花錢。

最後，在科技發展的某一點，由內到外的策略會遇見由外到內的策略並超越它，你可以用手機照相，它的功能比相機還多。同樣的，你把由內到外的教育制度剝到底時，可能會看到我們還不能預測的課堂教學機會（譯註：大腦尚有許多未知）。

因為這些原因，尤其是最後一項，一些理想的教育改革方式還沒能實現，所以當MIT去改革時，許多學校都賭只有一條路使學習更好，我們把賭注推到「由內到外」上。我們不只變成線上教育材料的供應商，還包括新的已經發展好的課程，我們還可以從認知科學的研究社群中，建一個輸出的管道直通教育現場。我們閉上眼睛，咬緊牙關，擲出骰子。

蒙古科技大學

在這決定之後，幾百萬的學生受惠，我希望以後還會有更多。在第一批的學習者中，有一名年輕的高中生，他住在蒙古的首都烏蘭巴托。

「我那時是九年級生，我對數學和科學非常投入。」Battushig Myanganbayar 坐在 MIT 的學生活動中心邊吃沙威瑪（shawarma）（譯註：shawarma 是中東的烤肉，肉是直掛著烤，要吃多少用刀削多少下來吃）邊說：「但是蒙古和俄國的高中課程就是拚命做習題，你不知道為什麼這個公式是這個樣子，你甚至不知道在真實生活中，哪裡會用到它。」

Battushig 的學校有第一位從 MIT 畢業的蒙古學生 Enkhmunkh Zurgaanjin，他二〇一一年在烏蘭巴托 Battushig 的學校擔任校長，Zurgaanjin 從他母校得知大規模開放線上課程（Massive Open Online Courses，MOOCs）是二〇〇八年出現的[1]，現在已經變成家喻戶曉的名詞了。二〇一一年，史丹佛大學開始了三門開放線上課程。

那一年的十二月，MIT 負責 MOOCs 的單位 MITx 開設了一個新課程 6.002x，即電路和電子學（Circuits and Electronics），Zurgaanjin 鼓勵學生課餘時可以去上這個免費的課程。當 Battushig 聽到這個課會解釋 iPhone 是怎麼運作時，他的興趣就來了，那時 3G 網路剛剛設立，即使住在大草原的游牧民族也有網路可用。Battushig 的母親是醫生，父親製造地氈，所以他們家有智慧型手機，他就和十九位同學一起去登記了。

回到美國麻省，在這門課開課之前，有一天，我正趕著穿過校園時，遇見了 6.002x 的教授安加沃（Anant Agarwal），他是 MITx 課程的先鋒，也是 MIT 最有名的電腦科學和人工智慧實驗室（Computer Science and Artificial Intelligence Laboratory, CSAIL）的負責人。我們兩人都是睡眠不足，我是每兩週得往返新加坡，而安加沃已經好幾個月都是晚上加班。我很高興知道 MITx 的進展，問他預期有多少學生會修他這門課。

「我希望不要少於五千名學生，不然太沒面子了。」他笑著說。「但是不要超過一萬或兩萬名學生，因為我現在就已經睡眠不足了，更多學生我可能會累死。」

當 6.002x 在五月開課時，有十五萬名學生註冊，在這其中，有兩萬三千名學生在做完第一個問題後還留下來繼續上，Battushig 是留下的其中一個。他只會說一點英文，很辛苦才跟得上安加沃，但是只要安加沃用宇宙通用的數學語言來說話時，他就跟得上。他說：「只要是公式，我就可以懂。」在學會每一個主題後，他用蒙古語把它製作成影片寄給他蒙古的同學。

大約有九千名學生通過期中考，Battushig 正是其中一名，通過期末考的則有七千名，Battushig 也在其中[2]。

最後，從十五萬名註冊的學生中，只有三百四十名得到滿分，Battushig 也是其中一個。

在成績公布不久，一名《紐約時報雜誌》（*New York Times Magazine*）的記者訪問他，寫了一篇〈從烏蘭巴托來的天才男孩〉（The Boy Genius of Ulan Bator）。在他成為當地名人不久後，他開始申請大學。

在Battushig的前途開始展開時，MOOCs也開始普遍起來，這個去中心化、自訂進度的新型線上學習課程，似乎可以挽救許多被教育系統篩掉的學生，給他們一個學習的機會。安加沃後來說，MITx的學生裡包括了本來無法上大學的人，那些因為地理因素、家庭、年齡、健康情況、以前的考試成績、學費太貴，或是任何不可克服原因不能上大學的人，現在可以學習了。

MOOCs可以讓很多人的潛能發揮出來，從人口總數的層次看來，它所激發的潛能是無法量化的。相對每一個在早期被標上天才的孩子如克萊兒，一定還有幾百個，甚至幾千個可以學習的孩子被遺漏，對全世界急著去解決當前問題的社會來說，找到這些人才、支持他們學習，就跟教育像克萊兒這樣的學生一樣重要。就如演化生物學家古德（Jay Gould）在一九七九年寫的：「我對愛因斯坦腦的重量和腦溝的深淺沒有興趣，我相信有同樣天才的人存在於棉花田和血汗工廠中[3]。」

我深受這句話的感動，這些「流失的愛因斯坦」（lost Einsteins）可能不是這個世代唯一的天才（once-in-a-generation geniuses），但是他們一樣可以學，而且一樣可以把他們的所學貢獻出來，假如他們沒有過早被剔除受教育的機會。其實，我差一點也成為流失的愛因斯坦，假如油田公司沒有給我機會的話。

油田的工作改變了我的一生，我這麼關注MOOCs也是因為目前我們有很多世界性的大問題急待解決，如氣候變遷，MOOCs可以打開新的學習之路給那些想去做太陽能的人。

那些MOOCs早期的支持者很快發現，要接觸到全世界的學習者不是丟給他們一個浮標就可以，即使是最有名又免費的課程都做不到[4]。教育科技（edtech）是個很複雜的東西，MOOCs只是其中的一部分而已。最近幾年，教育科技很紅，很多公司都在投資，從剛開始的小公司到德高望重的大公司都有。這當然很好，有競爭才會有進步，但是有一些公司發展出的教育系統比起MOOCs來，遠遠超過由內到外的極限。他們對大腦學習模式的信心令人擔憂，歷史對教育的驕傲自大從來不曾仁慈過，雖然現在大眾對教育科技是報以微笑，但是民意不可測，風向隨時會變。

我仍然相信一個新的、高度個人化的、由內到外的教育系統在技術上是可能的。然而，我們還沒有到達目標，外在的壓力已經開始呈現了。

Sanjay 2.0

MIT對推動免費的個人化學習源自一九九〇年代後期，一九九七年時，葛理遜（Eric

Grimson）教授和羅桑諾派瑞茲（Tomás Lozano-Pérez）教授創造了一個線上的電腦科學入門課程，據我所知，這是第一個帶有實作的影片教學——現在是MITx課程的主要結構。後來則有開放式課程，這是網際網路歷史上一個非常好的革新概念。當網際網路泡沫化後，好幾個有名的大學販售網路教育課程，用他們學校的名譽來賺錢（名校的課才有人買），這是阿貝爾森（Hal Abelson）這位電腦科學的先驅，也是OCW的創始者說的。MIT在這股淘金潮中是後到者，為了想知道其他學校這種半私人的模式是否值得模仿，MIT顧用了兩個顧問公司去做評估，假如我沒有告訴你他們找了誰，我就怠忽職守了。他們找了史瓦米博士（Dr. Gitanjali Swamy），那個時候她正在兩個公司中的一個當顧問，她正是我的太太。這兩個公司的報告都是悲觀負面的，但是有一個公司提出一個有趣的建議：與其在網路上賣教育的內容，何不免費提供給想學的人？

大部分的教授都贊成免費提供，包括我自己在內，在我匆忙離開北海探油平台後的幾年裡，沒有什麼戲劇化的事件發生，但卻是我過得非常愉快的時光。有一次，我必須用我的手指撐開眼皮，才能夠讀完機械和電機工程學的教科書，學習就好像用各種形狀的汽車零件去堆滿一個垃圾車一樣，我完全不知道這些知識該如何串起來，這些汽車零件的角度和尖銳的邊緣不能密合時，只會占據更多的空間。現在，這些零件彼此契合後，我知道了它們合在一起的意義。這個經驗也使我更容易添加新的零件，使它們成為一個整體。所以，在油井平台之後，我的時間花在書本上，也花更多時間在網際網路上。我跟以前判若兩人，完全不同了，我讀書比以前快樂了許多。

這還不止，以前我若想增加工程知識，我只會去找一些淺顯的原則去把它加在我原有的知識結構上。沒有徹底的了解，這種做法只會增加我的認知負荷，使我在最需要工作記憶的時候卻不夠用。感謝我在油田的訓練，他們教我間隔和交替的記憶提取練習，現在基本的工程學和物理學原則已經熟練到隨手可得，我可以輕鬆如意的隨時提取出這方面的知識，它們好似是我身體的一部分。學會這些方法後，我可以快速增加我的知識，它們真是強有力的獲知工具。

就是這個新的大腦 Sanjay 2.0，我開始在學海中啟航，它給我的暢快感覺是我從中學以後就不曾再感受到的。在我搭乘直升機離開油田平台時，我開始計畫回到學校去讀書，我找出碩士學位需要的課程，我繼續念機械工程的博士，最後我在 MIT 的機械系找到了教書的工作。

在這過程中，我開始教書，也開始體會到講台另一端生活的挑戰。當你只需為自己負責時，就很難去克服學習的問題：不清楚的解釋、誤解、混淆、遺忘和認知負荷的極限等，而要去改正別人腦裡亂七八糟的東西又是另外一回事。我現在從自己的經驗中知道，學習不一定非是戰場不可，即使在我上油井平台之前，我也曾經有過輕鬆學習的小小經驗，例如當我在大學有機會去建構一個像蛇一樣的機器人的時候。到現在，只要想起這件事，我還是會感到非常愉快。可惜這種短暫的快樂是整個學習歷程中的例外，大部分的時間，我明白學習是一個不顧一切的競爭，每個人都是張牙舞爪的想要贏過別人，雖然我極力要證明學習不是這樣，但是很多學生似乎很同意上面的看法。

然後，在一九九七年，他們邀我去幫史洛康（Alexander Slocum）教授教 2.007 的課，這位傳奇性的教授是從佛勞爾斯手中接下這門課的。那一年的機器人主題是運動，機器人要去推球越過中間的障礙攻到對方的場地去（我到現在仍然記得那一年的得勝者是 Timothy Zue，像坦克車一樣的機器人叫 Fuzz Bumper，它的得分遠遠超過其他複雜的機器人）。

從 2.007 的課，我開始看到學生可以由動手做專案中，學到比傳統課堂教學和考試更多的情境機械學。因為他們在實驗室中碰到難題不會做時，會從上課的內容中去找答案，而在這同時，他們在建構機器人，所以得不停回頭去找以前上過的課程內容。這就使他們得到間隔重複和提取的好處，他們就了解得更徹底，也記得更牢。

或許更重要的是 2.007 課程使學生不再為分數競爭，而是關心比分數更重要的東西了。事實上，因為學期末的競賽對學生的成績沒有直接的影響，這使學生放開手大膽去冒險和犯錯。他們從錯誤中學習到的東西是從成績單上不可能學到的。

2.007 課程以近乎毛細管作用的方式將知識灌輸給學生，我必須承認這同樣情形也發生在我身上。有一天我在跟我的同事兼好友布洛克（David Brock）說話，他是一位機器人專家，辦公室跟我同一層，多年來，電子應答器（electronic transponders，RFID）是又貴又笨重的東西，但全世界都在用它以追蹤汽車或其他大件物體運送的情形。布洛克在想是否可以把它簡化，加強它的電訊力量，使它不再需要電池呢？他把應答器所送出的訊息簡化到只有一個數字，把其他都放在網際網路上。

我的眼睛睜大到跟茶杯一樣大，因為假如可以製造出超級簡化的RFID，或許價錢就可以降很低，它就可以應用到小的東西上，而不是只有汽車、貨櫃、牛等大件物體了。我迅速做了一個估算，一個簡單的、被動的RFID可以用不到一毛錢的成本就做出（事實上，後來製作的成本不到三分錢），它便宜到我也可以用。假如我能抓住這個機會，我下個十年的學術生涯就無憂了，我可以為所有人創造出有永久價值的東西，因為它可以把食物或其他物品的價格降低，使運輸者和消費者都受益。

布洛克和我以及其他人很快就成立一個團隊，叫做MIT AUTO-ID實驗室，來簡化RFID。實驗室的一個成員艾胥頓（Kevin Ashton）打開我們的視野，讓我們看到超級便宜的RFID，不但可以用在全球貨物運送鏈，還可以用在本地的貨物清查上，它可以追蹤圖書館中每一本書的去向、倉庫中每一個物品、GAP店中每一件衣服的情況。這個技術甚至可以用在防止物品被偷上，現在零售店都有這個裝置了，假如你沒有付錢就想拿物品走出店門的話，警鈴會響（「物聯網」（Internet of Things）一詞就是艾胥頓所創的，意謂全世界的物品都更加互相連接在一起[5]）。

現在唯一的問題就是，我要如何學會所有必須要學的東西，使這個計畫成效。我忙著學習如何將RFID用到不同的使用者身上，我不但要了解RFID背後的電機工程學和電腦原則上的知識，也要了解半導體製造、全球物流業務和科技新創公司所關注的事項。我們跟新創公司一起發展辨識標，並與其他公司開發更好用且便宜的讀標機。我個人成立一家公司去創造開放原始碼（open-source）、雲端儲存的軟體給新的RFID標籤機用[6]，這都需要動用到我前所未有的學習，我不會假裝說它不困難，但是這一次，我知道該怎麼做了。我以前一開始時，總是不知道每一個新知應該放在我知識架構樹的什麼地方，但是這次我知道我可以使每一個知識歸到它應該去的地方。所以我喝咖啡，很晚回家，跟同事討論。不久，現代的RFID出現了，今天，如果說全世界都用我們的系統在運作並不過分。幾億個RFID標籤在全球使用，在零售業、供應商、高速公路收費站，去尋找走失的寵物，甚至追蹤警方證物的走向。

MITx

二○○三年，我們趕著做完RFID，這時，安加沃桌子底下的電腦伺服器亮起來了，它在跑的是WebSim這個程式，世界上第一個虛擬的電路實驗室。他後來回憶說：「我非常興奮這個線上學習的成功，但是我對自己說，直到我可以說服自己，我可以做線上的實驗室，這個東西哪裡都不可以去。」於是他找了一群學生去試各種不同的虛擬電阻器、導體、電容器、轉彎器等，直到他完全滿意為止。但是他並沒有把全部的電路課程放在網路上，「我真是不應該！」因為二〇〇八年，MIT的一位校友可汗（安加沃在一九九〇年代後期教過他），開始在YouTube上貼出幫助學生解答難題的影片，他成立了公益、不收費的可汗學院，非常受歡迎[7]。到二〇一一年時，新進者出現了，也就是在前面說過史丹佛大學宣布他們要開三門在網路上的開放課程，這個很快就變成兩個以賺錢為目的的MOOCs課程：Coursera和Udacity[8]。

就像上次MIT沒趕上一九九〇年代晚期的網路熱潮，這次MIT仍然也是來遲了，再次把好東西免費送人。

安加沃說：「MITx是在二〇一一年十二月十八日上線的。」那一年早一點的時候，MIT的教務長、後來成為校長的李夫（Rafael Reif），召集了一個會議來討論如何徹底改變大學教育，李夫其實一直都在推廣MIT的教育，這次史丹佛大學的宣布給了MIT一個急迫感，要開始動起來了，不然會被追過。

那個時候，大家看好的計畫是在不同的國家設立校園，不論是從零開始還是找當地的大學合作。典型的例子就是新加坡科技設計大學（Singapore University of Technology and Design, SUTD），我們已經跟新加坡政府簽約了，我非常清楚這些細節，因為我就是這件事的負責人。

新加坡專案給了MIT一個機會去重新思考它的教學原則，因為這套原則其實是在建校一開始時設定的宗旨，這是一個偏重實用和技術的學校，跟它附近波士頓一些大學的目標不同，所以MIT的校訓是「手腦並用」（Mens et Manus，即Mind and Hand）。從一開始，它就是**從做中學，把實驗室的課程融入生活中**[9]，有一位一八六八年的畢業生說：「那時的教學法對我們來說是前所未見，完全新的。因為那個時代還是以死背和呆板的教學（rote learning）為主，我們跟老式的方式說再見，從實驗和經驗中學習[10]。」在新加坡從頭開始建一個新的大學，給我們一個機會去連接創校的原則。例如MIT堅持學生一定要在修完兩學期（一學年）不同領域的核心課程後，才可以選主修，新加坡SUTD則要在三個學期後才可以選主修，這個大一、二（freshmore）（譯註：這是freshman和sophomore的合併字）就是設計要讓學生打好生物、物理、電腦和人文的基礎。MIT的2.007課程是選修，在新加坡的SUTD則是必修課，SUTD同時也大量減少課堂的授課時數，用TEAL式的工作坊、實驗室實際動手操作以及工作室的方式來教學，這個策略只有在有大空間的教室和有很多實驗室空間的情況下才有可能，這是一般美國大學還辦不到的事[11]。

在近三年後，隨著SUTD能自行運作，我該回歸到MIT去了，因為MIT正在規劃下一步的全球性作業。現在MOOCs已經推展到全球了。在二〇一一年各科系領導者會議上，大家還是偏好磚頭和水泥式的學校，雖然SUTD是一個成功的例子，我到現在還記得安加沃的話（他那時已經是MIT主要電腦科學實驗室的主任了），他問：當我們可以替全世界創造一個虛擬的MIT時，我們為什麼還要在各個城市建立小的新校園？

很難預測這些人會怎麼反應這個挑戰性的想法，我只能說，在會議結束時，MIT顯然不會採取他的主張。然而，在一星期之內，突然每個人都改變了主意，就好像一個人一覺醒來，突然之間決定現在是做線上學習的時候了。

安加沃立刻開始行動，那時候的線上教學就像站在快要黎明的黑暗中，瞇著眼睛看著遠方一個龐然大物對你逼近而來，沒有人知道明天的太陽升起時，你會看到什麼。例如沒有人知道營利或非營利哪一個模式比較好、成立私人的機構還是大學的系所比較好、公開資源的平台還是封閉的平台比較好。不過大家都確定，大的比較好，而且在一年或兩年之內，其他相似的機構會出現。安加沃說在這個不確定的世界，我們唯一可以做的便是大步向前走，留下我們的腳印。

於是MIT就以這樣的精神開始了自己MOOCs，鑒於MIT過去一直都是免費把它的課程上線，這提高了MOOCs向全球開放可能性：任何人都可以使用免費資源，甚至放在公開資源（open-source）的平台上。但因為安加沃想要在MOOCs領域完成它的型態之前發表聲明，所以他是先宣布他的意圖，然後再開始去做。這個計畫在二〇一一年十二月上線，第一門課在二〇一二年二月開始。

這使得大隊人馬徹夜趕工，使安加沃的話不會跳票，一組人設計MIT線上課程的平台，另一組人去建構課程內容。前者先想了MITx這個名稱，並試著想想是否還能有個更吸引人的名字（結果沒有）。而後者本來應該是一門電腦科學（computer science）課程，但是每位電腦科學教授聽到時間如此急迫都嚇得臉色發白，覺得不可能在規定時間內完成。

安加沃靠在椅背上，用手揉眼睛，暗自笑起來，沒問題，MITx的第一門課程由計畫中的電腦科學改為電路入門（introductory circuits），他自己來教。除了他本來CSAIL的工作，他還有發展平台的工作，而CSAIL是MIT最大的研究實驗室。

他知道這門電路課程會包含一些他自二〇〇三年想做，卻沒有時間去管的虛擬電路實驗室，現在終於把兩者結合在一起了。不過他需要有人來幫忙，因為MITx的規模很大，幸好，他很快召募了一群幫手。

「他們每個人都是自己研究領域中的專家。」他說。「莎士曼（Gerry Sussman）是MIT有名的電腦科家，也是人工智慧的先驅，他能解決所有的問題」。特曼（Chris Terman）是CSAIL的資深講師，他建構了一個新的安加沃虛擬實驗室。懷特（Jacob White）教授則建構了一個方程式解算器來驅動電路模擬器，「他可以使微分方程式唱歌。」安加沃說。另一位MIT教授莊（Ike Chuang）建立了MIT的數位學習辦公室，為方程式的解算器提供了急迫需要的工具，他是研究核磁共振量子電腦的先驅。安加沃說：「莊這個傢伙很厲害，你跟他說要什麼，第二天一個平台所需的線性方程式解算器就放在你的桌子上了，所以直到今天，我們線路課程還是最先進的線上課程！」

但是有一件事是課程需要而安加沃沒有想到的，便是新的課程影片，他本來想把他上課的舊影片剪接一下拿來用，以節省時間。但是他說：「我的團隊說服我重新來過，而我一時意志力不堅強就答應了。」這新的影片借用了可汗的方式：一邊錄音一邊在白板上寫和畫圖（這個團隊發現可汗的這個方式非常好用。事實上，在某些部分，他們決定不要去改原始內容，而是直接連結到他的影片）。同時，他們也預留了大的演講廳來作教室裡的實做展示，因為這門課常常需要在學生面前實際操作。或許最瘋狂的是安加沃（現在回頭看，他真是有先見之明），同時教線上和線下的同一門課，廣受學生歡迎，當然這使他加倍忙碌。但是這樣做有一些好處。第一，這讓安加沃翻轉（flip）了學校在教室教學的方式，學生可以在上課之前，先上網預習內容，然後再來教室看安加沃和其他講師的實際演練。在實際演練時，也會錄影上網，使學生學得更徹底。這樣做背後的理由是學生可以依照自己的時間和步調來學習，在課堂上時，就可以提取記憶中的資訊來應用（譯註：我們很早就知道預習的好處，因為預習提供的就是schema，一個知識的架構，老師上課時說的話就不會因音波消失而流失）。

或許最重要的就是，眼睛看到老師的操作提供了虛擬網路所缺的真實感。就像鈔票需要有黃金做後盾一樣，課堂中的實際演練替線上的同一課程提供了後盾，學生學得更深入。

當學期開始進行後，在網路另一端成千上萬學生的故事開始陸續出現。Batushig的名字引起了安加沃的注意，另一個是在印度的年輕人巴夫（Amol Bhave），他非常欣賞安加沃的課，也轉而創建了自己的線上學習平台[12]。他們兩人都持續上MIT的線上課程，最後都以非常優秀的成績畢業。

MITx在這同時也快速的擴展，在安加沃開始他的電路課程時，李夫校長也在跟哈佛的高層會談。在二〇一二年五月，這兩個大學宣布聯手創造一個非營利的線上課程edX，這個新課程會架在MITx的平台上，後來許多大學和學院也都加入這個平台了。

爆炸

公開線上學習的課程一開始就爆紅，「沒有什麼比解鎖（unlock）十億個大腦來解決世界上最大的問題更有潛力了[13]。」《紐約時報》專欄作家佛里曼（Thomas Friedman）在二〇一三的專欄中這麼說。另一篇《紐約時報》文章宣稱「二〇一二年是MOOCs年」（Year of the MOOC）。自此以後，每一年似乎都有更多的線上課程供學生學習。的確，到二〇一八年底時，有十億名學生註冊上網學習由全世界九百所以上的大學和學院所提供的一萬一千四百個不同的課程（這是根據「課程中心」（Class Central）組織所提供的資料，該組織是一個搜索引擎，專門登錄各個 MOOCs 提供者所提供的課程）[14]。

然而在幾年之內，這個成長開始停滯了，本來 MOOCs 的註冊率是成等比級數上升的，但後來開始停頓了，一部分原因是熱度開始退去，另一部分原因是開的課太多樣化，雖然吸引更多學生進來，卻也使某些選課的人數分散掉了，而且完成課程的人數也沒有增加，這使得某些人惱怒。不過我卻覺得沒什麼，沒有修完 MOOCs 的課比較不像高中生的中輟，而比較像沒有看完一本非小說的書，不管你看了多少，你總是有學到了一些東西。比較值得關心的是，學生的社經地位統計數字開始被看見[15]，雖然有許多暖心的故事，像蒙古的 Battushig，但是 MOOCs 似乎幫助的還是那些有錢的人[16]。雖然 MOOCs 的提供者沒有公開他們的修課總人數，edX 倒是公開了他們的統計數字，結果發現大部分學生來自有錢的區域，修完課程拿到畢業證書的也是比較有錢的人（從二〇一五年開始，這個證書要花費五十到三百美元）。

儘管如此，edX 還是幫助了很多不符合傳統大學或研究所的學生（譯註：不符合表示進不了那些大學或研究所）。就年齡來說，edX 的學生年紀偏高，表示他們是已經出社會的學習者。在安加沃第一堂電路課程中，一半的學生超過二十六歲，包括一位七十四歲的學生，大約有五%是高中生的年紀[17]。這表示不符傳統大學的學生是 edX 的主力，但是世界上貧窮的人——本來應該是為他們開設的，卻無法進入這個平台。結果，不到五年，我們就必須為 Udacity 在二〇一七年宣稱說 MOOCs 已經「死亡」（dead）的話努力辯護[18]。

事實上，他們這句話講得太早了，安加沃在二〇一九年指出：「我們每週都有十萬個學生註冊，目前註冊的學生是自創辦以來最多的。」

不過這些過度熱情的觀察家提早替MOOCs簽死亡證明書的原因還有一個，就是在MOOCs提供者繼續投入未來不明的線上學習時，有一個奇怪的事情開始從霧中出現了。

二〇一〇年代中期，有一個由創投者出資的賺錢事業開始在教育科技領域出現，這些新公司從各種你可以想到的角度進軍這個市場：他們提供就學貸款、測驗和評量、教育研究、內容研發、教室經營等。在二〇一八年，有一個創投公司形容這整個領域有一萬五千家公司，它形成的地圖複雜到你以為你看到的是大腦白質的圖[19]。

地圖上被貼上「數位課程」（digital courseware）標籤的地區越來越多：一些科技公司紛紛成立，宣稱可以提供以認知科學為基礎的個人化學習。像萬花筒般的各種教學方式已經在學校、家庭和大學中出現了。一個學校可能採用翻轉教學，如密西根州克林頓市的克林頓戴爾高中，採用可汗學院的影片來補充他們自製的教學影片，同時也採用Blackboard Learn（譯註：這是由美國Blackboard公司開發的數位教學平台，老師和學生可以在這平台內進行交流）和Edmodo（譯註：這是一個教育技術公司，為K-12的老師和學校提供一個合作和輔導的平台。它是一個以老師為中心的平台，老師們可分享內容、測驗和作業的免費課堂交流中心，可讓學生參與課程並與全球老師聯繫），前者是學習管理系統（learning management system），後者是一個教育社群網站[20]。現在全世界有很多國際文憑（Baccalaureate）學校提供遠距教學，老師在一端，透過 Pamoja Education 公司的線上服務，學生在家自主學習[21]。跟美國目前的虛擬學校很像[22]，它也是允許學生在家裡上大部分甚至全部的課程，跟老師在線上或電話中討論。有些學校重視時間靈活性但又比較喜歡聚集學生在固定地點上課，他們就可以採取「彈性」模式，讓學生有幾天在家依軟體指示學習[23]。

在目前市場上提供的各種教學軟體中，主要有兩種不同的取向，一種是所有學生以相同的速度讀相同的課程內容，另一種是把教室共享的經驗拆解成如波洛克（Jackson Pollock）（譯註：他是美國一個頗有影響力的抽象主義畫家，以滴畫著名）的滴畫，進度和內容都很個人化。直到最近，後者這種自由放任的教法因軟體的限制而無法再進步，因為它的核心是 if-then 的句子，你可以在《多重結局冒險》（*Choose Your Own Adventure*）中找到：如果要去鬼影幢幢的地下室探險的話，看第十頁；如果要打電話給警察，看第十二頁。

今天，我們生活所依賴的演算法已經變得非常複雜了，所以教育科技也必須變得複雜，上面那種 if-then 已不夠用了。在前面的章節中有提到，由外到內的教育研究者，如卡瓦和文提拉已經用機器學習演算法做過實驗，從學生的行為中去找出有用的型態。他們還沒有找到什麼可用的資料，但是把這同樣的技術應用到由內到外的架構中，理論上可以提供勇敢的教育者，或是說傲慢的教育者，立即去用。

在這教育科技機器學習池中最大的魚當然就是ＩＢＭ了，它最有名的便是建造了可以回答問題的機器人華生（Watson）。在二〇一一年華生變成家喻戶曉的名字，因為它在美國電視益智節目《危險邊緣》（*Jeopardy*）中，打敗了兩個人類的冠軍。這個比賽主要是測你在腦海中裝有多少知識，能不能快速提取出來。華生上場時，它是沒有和網路連線的，完全靠它記憶體中的知識，但是它的記憶體中有全套的維基百科，所以對ＩＢＭ團隊而言，最大的挑戰是使華生了解節目主持人嘴裡說出來的話。

人類誕生在這個世界時，大腦已經被設定好要去處理語言，這個語言跟我們的閱讀、說話和聆聽有密不可分的關係。甚至可以說，我們是個分析語言的機器，比任何電腦都行。在過去的數十年間，因為電腦的能量一直增大，機器學習從理論上的可能性到實際操作出來，現在電腦開始要趕上我們。這個機器學習背後的理論，其實可以追溯到神經科學的理論，即所謂的海伯定律：「同步發射的神經元會連接在一起」，這是加拿大麥吉爾大學的海伯最早提出來的。不同強度突觸同步發射時，就形成記憶的基礎，電腦科學家開始去想如何用電腦編碼，去代表大腦中的神經元和突觸發射的機率。他們可以做一個虛擬的神經元，對許多複合的輸入如數位相機中，對光波長短敏感的細胞訓練它發射或不發射（即給一個是或不是的回答），就好像一個虛擬的神經元，可以被訓練去辨識某個形狀是否為某個字母（這跟大腦字母盒的功能非常相似）。人工神經元尋找型態的能力開始展開，所以當把它們一層層堆積起來，每一層「是」或「否」的輸出，都會去訓練下一層的細胞。今天，這個「深度學習」（deep learning）系統有二十層以上的神經元[24]，在這系統最複雜的部分裡，從第一層的輸入到二十幾層的輸出中間發生的大部分事情，是被隱藏的。這個不透明和深度學習系統已經充斥在我們的生活中，有一群現代電腦科學家提出一個新的領域叫「機器行為」（machine behavior）來研究這個效應[25]，這個領域是想應用行為主義的刺激—反應典範，這個在史金納、華生甚至桑戴克手上發揚到極至的典範，來研究電腦的演算法。

正是這種演算法，透過訓練可以抽出口語英文句子中的語意型態，將它們和知識庫去做比對，使得IBM的機器人華生可以在節目中打敗人類。當觀眾逐漸習慣這個益智節目霸主時，IBM已經把這個問答系統擴張到健康知識、財經、法律，甚至是足球領域[26]。二〇一六年IBM宣布，華生教育（Watson Education）誕生了[27]。

在我寫這本書時，華生教育有兩個主要的產品：華生教室（Watson Classroom）和華生家教（Watson Tutor），它們就像兩面神（Janus）（譯註：羅馬神話中的神，有兩張面孔，一個看前面，一個看後面），分別面向老師和學生。IBM的工程師可以把資料，例如地質學的內容，餵給華生的核心系統，它會把這些資料分類送到不同的主題去。

IBM華生教育的策略應用部門全球主任卡布蘭（Alex Kaplan）說：「你必須訓練它對某

一個領域專精，這個，」他指著手上的盒子說：「這是目前地質學所有已知的資料，所以當華生了解這些全部的資料後，它就可以畫出一個主要概念關係的地圖來，於是你就有了地質學的概念地圖。」

透過幾種不同的方法——華生教室主要是標準測驗的數據，華生家教主要是由聊天機器人從教科書中提出問題——核心系統可藉此試圖找出學生個人的學習型態。

IBM發展華生家教主要是希望它成為一個聰明的貓頭鷹，坐在你的肩膀上，在你讀教科書時回答你的問題。一旦你啟動了這個電腦程式，它的目的只有一個，使你了解這一章節中每一個重要的概念，不停問你問題，暗示答案在哪裡（目前只有高等教育和專業領域的學生如醫生、律師、會計師才可以有管道用到）。

這種熟練學習法（mastery learning）跟大部分教室的熟練學習不一樣，它把每一個主題切得非常薄。它不是把「熟練」定義為九五％以上答對，而是把主題分化成兩極，你要不然就是知道氧是地殼表面最充分的氣體，要不然就是不知道，沒有中間的灰色地帶。

講起來，這種科技要來取代人類老師還有很長一段路要走。在目前，即使是最好的機器人如亞馬遜的Alexa，來教歷史課都不行。老師們其實不必擔心會被機器人搶走飯碗。然而，機器學習的軟體跟以前的軟體很不一樣，它不是會不會（whether）的問題，而是什麼時候（when）的問題。

在往後的日子裡，我們會看到很多來自華生母公司的新科技，如杭州的松鼠（Squirrel AI）是幫助學生準備中國年末的標準化考試，而它已經用在紐約市全部的公立學校系統中，幫助了很多學生[28]。它把學校的科目切到非常細，例如把中學的數學分割成一萬個教學重點，像小精靈（Pac-Man-like）電玩遊戲那樣，讓學生依自己的學習步調，一口一口吞下去。將來，「人類老師會變得像自動駕駛飛機的機師。」這個公司的創始人李（Derek Li）告訴MIT《科技回顧》（*Technology Review*）說，他的存在主要是提供乘客情緒上的安全感。

大部分這種由內到外機器學習的教育科技是用在STEM領域上，因為它們的內容很清楚（不像文科有模稜兩可的情形），問題也有明確的答案，所以適合自動化。不過，現在已可用電腦來改考卷和作文了，用人類打過分數的作文去訓練機器學習的演算法，使它學會什麼是人類認為的好文章，在很短的時間改出大量的作文，美國最主要的研究所入門考試GRE也是用機器來改作文，這個系統叫「e-rater」。GRE的母公司在二〇一八年公布了一個內部研究[29]，去探究e-rater認為好文章的因素是什麼（這種系統如何運作一直都是不為人知的黑盒子，只能從外部去推測），結果有點令人失望。因為它偏好長的文章，不管學生的用詞是否為冗詞或贅語（事實上，有的學生把他們背的範例寫上去，根本不管是否文不對題，反正只要夠長，分數就高）。更糟的是，這個系統給非裔的分數較低，比人類老師的給分更低。這有可能是訓練的人不小心創造出種族歧視的演算法，因為用的訓練資料有偏見，因此當演算法在運用時，放大了這個偏見（不過這份研究報告的作者並不敢十分肯定這一點）。

由機器學習驅動的教育軟體，在一些情況下很好，但在許多情況下還不行，這使得MOOCs前進的步伐看起來像嬰兒。在MIT發展早期的MOOCs時，我們知道我們並不了解學習的所有面向，因此我們堅持讓人類參與其中：影片背後是人在教學、是人在控管留言板上的訊息。沒錯，我們考慮到面對面的討論方式很難用機器取代，但是假如有什麼重要的學習營養因素是我們不知道的，至少我們有人在線上可以補救。我們給的食物可能是事先包裝好的，但至少它是在地球上的泥土中長出來的。相反的，那些個人化、機器學習驅動的教育軟體，比較像實驗室做出來的合成食物，它保證含有所有已知的營養素，這個很好，除非它缺少某個不可預見的營養素（或含有不可預見的毒素）。

不難想像，機器學習引導的學校進步會導致教育缺陷，把學校要教的東西切割成很小的點，機器學習演算法可以很容易包含課程的每一個知識面向，但是無法在教課時，把它們組合成有意義的整體。學生可能學會微積分，但是無法用微積分去思考。更糟的是，假如機器學習演算法是被訓練去使標準化考試的成績最佳化，那麼這個系統會變成對認知有害的讀書陷阱，像這樣大量學習（massed learning），只會有短暫的考試好成績，但是不會有長期的好記憶。在這些機械化的認知問題上，仍然存在我們熟悉的由外到內的那些問題：即使學生學習的步調和學習的順序個人化了，你還是無法知道什麼東西會使他好奇，什麼東西會使他有動機想去學。

我在思考這些問題時，MIT教授團的主委西爾比（Susan Silbey）告訴我說，我需要去跟她的一個博士生談一下。

密西西比河三角洲的問題

到這個時候，我已經在MIT的課程中擔任很重要的角色了，我們探索學習是如何發生的，如何去倡導學習。學習其實是人類最重要，也是最有趣的問題，許多MIT的科系都發現他們調查的指南針總是指向學習。對學習這個問題的追求把許多科學領域的學門聚集在一起了，如數學家和分子生物學家、語言學家和電腦科學家、心理學家和物理學家。擴大討論後更包括了經濟學家和社會科學家、歷史學家和藝術家。

這麼大的一個團體根本不可能坐在一起開會，但是我們必須要做一些事才行，所以不管上面任何一個領域的人要討論學習，研究者一定要出席，不論是由外到內，或是由內到外，或是在兩者的中間，都沒關係。我們需要把這些研究者聚集在一個房間內，至少做出一個框架，使他們的學科可以共同存在並發展。

所以在二〇一六年，MIT宣布創立一個跨領域的組織：開放學習（Open Learning），把這些科系統統納在麾下。開放學習分成兩個部分：研究和發展。研究部分包括MIT的整合學習專案（Integrated Learning Initiative），或叫做MITili（念成mightily），由蓋伯埃利主導，他是著名的神經學家，前面有談到他。MITili是我們學習和教育科學的總匯處（譯註：就像台北火車站是高鐵、台鐵、捷運地鐵的總匯一樣），匯集各個領域傳來的資訊。發展的部門是在數位學習辦公室（Office of Digital Learning），它開發校園內和外線上學習的內容（包括MITx的課程）。另外，J-WEL是一個由慈善機構Community Jameel支持的新課程，召集了全球最好的老師一起工作。

穿梭在其中，傳遞訊息的就是我，這個職務是很特殊的，其他的研究機構並沒有類似的職務（據我所知），我非常榮幸能擔任這個職務。當然要把這麼多不同研究的線去穿過外面真實世界應用的針孔，是個非常不容易的事，只要可能，我就去找專家來幫忙。所以當西爾比這個複雜組織動力學的專家來找我去和她的學生阿迪諾夫（Marc Aidinoff）談一談時，我即刻掏出記事本排時間。

阿迪諾夫是MIT的博士班學生，他曾經參加過「自由夏天學院」（Freedom Summer Collegiate），該組織將博士生帶到密西西比州的貧困地區，為即將上大學的高中畢業生舉辦研討會，他的博士論文題目正好是網際網路的興起如何影響美國的社會政策，所以非常符合這次的任務。但是他在密西西比州所看到的是令人震驚的電腦和政府的交叉線（intersection），他開始以民族誌者（ethnographer）的身分反覆訪問，想要了解教育科技在那裡的學校做了些什麼。

「你很難找到老師去到密西西比河三角洲地區教書，學校非常的窮。」他解釋，而且有種族隔離。更糟的是他們非常缺乏老師，學校無法提供可以跟全國其他地方相比的薪水。在一九九七年，情況糟到州議會通過《關鍵教師短缺法案》（Critical Teacher Shortage Act）[30]，今天這個區域的短缺情況比以前糟了六倍，它特別影響那些非裔美國學生比例高的學區。

為了彌補這個短缺，學區的主管朝科技找補救方法。阿迪諾夫舉例說有一個高中的西班牙文教室，因為沒有老師來教，便放影片給學生看。在密西西比河三角洲區越來越多學生坐在教室中，自己跟著筆電在學習數位課程而沒有老師在指導，教室中雖然有一些工作人員，但是他們沒有這方面的知識可教學生。根據《今日密西西比》（*Mississippi Today*）和獨立新聞非營利組織 Hechinger Report 的報導，在一個典型的課堂時間，學生使用教育科技公司 Edgenuity 所提供的網上資料，或是該州七個其他線上公司所販賣的內容在學習[31]，這些軟體把科目分成一小段一小段，叫做「暖身」（Warm-Up）、「上課」（Instruction，這是授課的影片）、「總結」（Summary）、「作業」（Assignment）和「小考」（Quiz），在這章節教完後會有正式的考試。

這些產品其實是要老師和學生一起使用的，但是這些學校並沒有依產品的指示去做，這是 Edgenuity 公司的代表在電子郵件中告訴我的。其實線上學習的工具幾乎都需要和人類的指導一起使用，但是在貧窮的學校他們也只能這樣「錯誤」的用。教室裡沒有老師，學生的問題就沒有辦法得到答案。一個學生告訴《今日密西西比》的記者說：「我們今天正在複習一些我們應該要知道的知識，我覺得很難，假如我有問題要問，我去問誰呢？我不能問電腦，網路上的老師並不知道我的問題[32]。」

學校願意把他們有限的經費給數位課程公司，是因為有的時候，這些課程會帶來好的標準化測驗結果。「校長面對的選擇：找一個老師，或找一個公司，但是公司賣的產品可以保證考試成績。」阿迪諾夫說。所以在整個高中的英文課，沒有人拿一本書起來看，都在看電腦，也就很平常了。這些數位課程給你看的英文句子，跟在標準化考試時所看到的句子很相似，「你等於在做SAT的模擬考，一直練習這些句子，成績就會好。」他說。「這些學生每天都在重複這些課程。」

或許阿迪諾夫最關心的副作用，是這些軟體將教室中的那些大人——非教學的輔導員（facilitator）或學校資源老師（school resource officer）變成權威的替身，而不是在傳遞知識。「這些『老師』的專長是管教，維持課堂秩序，其他什麼都不是。」他說。「對我來說，這些軟體最大的缺陷，就是忘記他們需要一個人來配合軟體的教學，我真的很希望教室中的人不是只在執行警察的功能。」

但是我仍然相信教育科技，我相信它可以增進人類的繁榮：把更多人帶進學習的世界，讓我們在教育的旅程上走得更遠，放大老師的能力，靈活應用由內到外和由外到內研究成果，使學習成為一個使用者友善的歷程，使更多不同背景的人才來共同為人類的福祉而努力。

不過現在已經很清楚任何這種想法都會是很複雜，關於MOOCs有效性的研究一直顯示，儘管全球性互聯網越來越普遍，但只是能夠上網並不能保證這個人會找到線上教育的路。在地球上，大約有一半的人在用網際網路[33]，光是印度，使用網際網路的人，自二〇〇七年以來就翻了十三倍[34]。然而為什麼有智慧型手機或筆電的人不去上線上的課？理由包括休閒的時間和體力的不足，也可能是因為當地沒有需要用到知識的職缺，即使有滿腦子的知識也無用武之地。

一個特別重要的因素是，是否存在具有專業素養的人在其中？MIT的J-PAL是J-WEL的姐妹組織，由諾貝爾獎獲得者杜芙洛（Esther Duflo）和巴納吉（Abhijit Banerjee）（譯註：兩人是夫妻，二〇一九年獲得諾貝爾經濟獎）共同創立，其在二〇一九年進行的一項大型研究發現，在傳統教室學習的學生，學習成績比只在線上學習的學生好，雖然有線上學習的機會，還是比什麼都沒有來的好[35]。然而，線上學習的學生如果有老師指導，學習的效果會跟教室中學習的學生一樣好。當線上學習系統有個人化的學習管道（尤其是數學，因為很多數學都是只由機器在教學），這些學生跟有私人家教的學生表現得一樣好，有一對一的個人家教是個人化教育的最高標準。

即使蒙古的Battushig，這個MOOCs最喜歡用來作為看板人物的學生，也有得到個人化的幫助，不只是第一個指導他去上6.002x課程的是他MIT校友校長，同時也有史丹佛大學來訪的助教幫忙，因為他是校長的朋友。賴克（Justin Reich）是最近做最多我所提過的MOOCs獨立研究的教育研究者，他說Battushig的故事不是他個人的故事，而是MIT校友和一群人共同努力去提升蒙古教育水準的故事[36]。《紐約時報》報導的標題把Battushig稱為「烏蘭巴托的天才男孩」，但其實應該是「烏蘭巴托的天才男孩和他受過良好教育的指導老師」的故事。雖然MOOCs是比沒有教育好太多，但如果有真人可以回答學生問題的話，它的力量會放大非常多倍，尤其對年輕的學生來說。

J-PAL研究並沒有區分數位學習的課程中不同「認知代理人」（cognitive agents，即機器人），但隨著更有效的、擁有機器學習能力的範例持續出現，我們可以看到學生，尤其那些高年級的學生，在某些課題上完全不輸那些有個人家教的學生。但是不管科技如何進步，它仍無法超越更廣泛的社會和學校情境所帶來的學習。

例如2.007給學生最嚴酷的教訓就是，就算這些製造機器人的技術在實驗室中完美無缺，假如它在外面真實世界不能作用的話，就不能算是一個成功的科技。就教育科技來說，外面的真實世界必須包括所有的學校，連經費不足必須仰賴軟體來教學的學校也在內。

或許密西西比河三角洲的學校最使我難過的，不只是教育科技對那些學生沒有達到教育的目的，主要是同樣的這些教育科技，在都會區、有經驗的老師手上，就會變成一個有利的工具，可以達到教育的目標。聽起來這好像不是什麼問題，但問題是：這種科技就像一個篩子，使富有的人受益，貧窮的人受傷。假設你作為一個科技人，你的目標跟我一樣想提升每一個人，尤其是那些沒有資源的貧窮學生，那麼，這些科技比沒有用的廢物還糟。因為它不但沒有使教育篩選器更有包容性，反而助長了偏見，對弱勢者更不利。

毒井

今天傷害學生的教育科技，可能會阻礙更好的科技被研發出來。兩百年前，西方社會第一次碰到個人化的大眾教育，如貝爾的學校和模仿他的蘭卡斯特為窮人所建立的學校，這種學校現在已成為他人孩子的學校了（other people's kids）。

尤其蘭卡斯特花很多時間和精力在設計處罰孩子的酷刑上，這種學校管教和處罰的系統現在在密西西比河三角洲學區的學校中借屍還魂了，學生在紀律管理者的監視下學習，而非跟著老師學習，這是學生討厭學校所有的一切的由來。

我很難準確的說出全美國有多少學校用線上數位課程去取代老師，更不要說全世界有多少這種情況，因為現在有太多的獨立學區以及太多電腦公司提供數位學習軟體給學校。我曾經問過很多教育科技公司的人及智庫有關這方面的問題，他們認為應該不多。然而類似的公司一直不停出現，例如「補救學分」（Credit recovery），就是讓高中生補修或補考他們沒有過的課程的統稱。這些補救課程通常都是線上的課程，我還是很難說這種情況有多普遍，而且這種補救學分的教學差異非常大，品質差異也非常大，但是看起來的確很普遍[37]：在二〇一一年，美國學區有九十%使用這種形式的補救學分課程[38]。

當線上學習持續進入美國的學區、教室和家庭時，我擔心在它的全部潛能發展出來之前，會引發民眾的強烈抗議。民眾關心的一個重點是，這些學生的資料會被怎麼用，我指的不僅是一般人都關心的隱私權，而是它把我們的資訊出賣給不肖的商人。想到現在市場上，有很多孩子的行為數據在流動，就不寒而慄。我更擔心的是把學生線上的資料餵給教育的篩選器時，它如何反過來影響了想要學習的學生的福利。

傳統上，一個學生學習的情況只有相對少的數據組可以顯示，主要是來自考試和作業的評分。而高度個人化的教育則相反，它在學生的學習過程中，每分每秒都在對學生進行分類和排名。從理論上來說，線上課程可以從學生讀書的習慣、他們滑鼠的移動，甚至從他們臉上的表情來排名（順便說一下，MITx 沒有做這些事）。

從一方面來講，比較好的地方是，持續的評量學生可以讓學校知道學生目前的學習情況，知道如何將他分類（譯註：從好的地方講就是一看到學生跟不上進度，就可以馬上把他放入資源班去補救）。前述42的二十八天鍛鍊池，有一點這樣的意味，它描繪出的學生狀況遠比考試和介紹信有用。但是監控學生每一天或每一週的表現來作為分類或取捨的標準，是十分令人不快的。我前面有說到，某些類型的學生可以在我們傳統的教育制度下長得很好，從少量監督變成持續監督，也不能解決人才流失的問題，它只是選出了另一種不同人格型態的人而已。更令人擔憂的是，假如學生的每一次滑鼠點擊、每一次敲擊鍵盤、每一次答錯問題都被登錄到永久記錄上的話，他永遠不會有冒險、嘗試失敗的自由，永遠不可能像2.007班上的學生那樣勇於嘗試。假如未來的高度個人化教育系統想要避免因分類而犧牲學習的話，他們一定要允許學生可以犯錯，而且這錯誤不會像刻在石頭上般被永久記錄著。

假如機器學習只是替代一種化約篩選成為另一種篩選的話，你可能會想這樣值得去發展科技教育嗎？還是到此為止，不要再做了？如果是這樣想，其實是不應該，因為機器學習理論上的能力，遠比目前教室中應用的還要大。

例如MIT比較媒體系和CSAIL的教授哈瑞爾（Fox Harrell），創造出多媒體互動式的電腦藝術作品，驅動這個軟體的動力其實就是自製的機器學習系統，他也很了解認知語言學（cognitive linguistics），這是認知革命中比較難被理解的部分之一。他研究一個重要的假設來自語言學家拉考夫（George Lakoff），即我們依賴認知比喻（cognitive metaphors）的結構去了解外面的世界。有些架構簡單而且有普遍性，有著很深的感覺運動（sensorimotor）的根（如「更多」（more）的概念用「向上」（up）來表示）。有些認知比喻有文化上的根，更有的是因人而異。根據拉考夫的理論，這些比喻是我們的外界經驗很獨特的原因，所以哈瑞爾的藝術作品軟體就是以建立個人和文化比喻的橋梁為目的，來幫助你從別人的眼光來了解這個世界[39]。這是一個很了不起的專案，從許多方面來說，還沒有完工，然而未完成的作品已是這個原則的證明了。科技系統並不需要過度簡化人的經驗，它可以盡可能把一個人的教育複雜化，所以當有這麼強有力的科技在眼前使我們可期待時，去否定教育上的機器學習是太不幸了。

借用科幻小說作家吉布生（William Gibson）的話，當機器學習的未來降臨時，它仍然會不平均的分布著，它越是要改變傳統教育的做法，越是跟現存的學校機構不相容，這是必然的。事實上，就是因為這個原因，IBM的華生把它的資源從K-12轉到高等教育（因為高等教育的規則比較不那麼僵硬）以及職業教育（因為在職業教育根本沒有規則，IBM的卡布蘭說這是未開發的西部蠻荒）。假設最先進的教育科技持續研發的話，它們就必須在現行的教育制度和卡瓦的野花蒙特梭利學校的夾縫中生存，不然就是去到發展中國家，在它們廣大的空間發展。這時你會看到所謂的科技跳蛙效應（leapfrog effect），這些國家省略了中間的電話階段，直接跳到網際網路，我就在我的家鄉印度看到這個現象（譯註：中國也是，他們直接省略電話而採用中國移動，大家都用手機互動。早期（一九九二年）我回台灣時，用投影片教學，那時製作投影片一張一元錢新台幣，後來才改用 Powerpoint；而中國是直接使用 Powerpoint，省略了投影片那個階段）。那麼，有沒有可能世界上發展落後的國家和沒受傳統教育的學生，當他們有了最新的科技來幫助教育時，會不會進步得比那些已發展的國家更快？

「這個已經在發生了。」安加沃說。現在他是 edX 的執行長。在加州聖荷西州立大學的電路分析課程中，二〇一二年這門課的通過率是五五％，但是當他們用 edX 的軟體來幫忙時，通過率跳到九一％[40]，這就是跳蛙。「但是我們很低調，因為外面的敵人很多。」

科學技術人員現在正埋頭苦幹，設計能將高品質教育推廣到比以前更遠的系統，同時也改進現有的狀況。

但是在過去幾年，雖然科技挑戰了傳統的教育篩選器，這個篩選器仍然屹立不搖，它們很有韌性，彎下去了，但又彈回來了。

現在我們在一個不舒服的點，不論你偏好由外到內，還是由內到外，或是兩者的綜合體，改進學習本身是不足以去修正教育的，現在的系統仍然是以跟學生學習潛能無關的因素去篩選學生。

假如我們真的要幫助人們實現他們天賦的潛能，現在應該是跟這個篩選器直球對決的時候了。

9 決戰時刻

這是2.007課程機器人競賽的倒數第二天，佛勞爾斯是這次競賽的貴賓，他走上講台為比賽拉開了序幕。當他環視人群時，一個大型的死星（Death Star）掛在他身後。

佛勞爾斯本來是個相當陽光開朗的人，但是今天他並不是來傳達好消息的，他很快就讓聽眾明白，美國現在的情勢相當不好。

「在這個國家，竟然只有不到一半的人口接受演化論。」他說。「我們在做瘋狂的事情，我們不聽有關科學的真相訊息，美國國家環境保護局（Environmental Protection Agency，EPA）在清除科學家，把他們從工作崗位上拉下來。」

「有一件事非常值得我們注意的是財富的不平均分配。」他繼續說。「假如你的父母是在最高收入的前一％，」他指向投影片上哈佛經濟學家切蒂的研究，「你有很高的機會變成最高收入的前三十％；假如你的父母是在最低收入的後一％，那麼這強烈指出你會在最低的三十％之內[1]。」他再次環視觀眾，「它不應該是這樣的。」

在MIT詹森滑冰場（Johnson Ice Rink）中的觀眾中，有一百個左右是2.007課的學生，以及好幾倍多的支持者和校友的啦啦隊。其中有三十二位參賽者過五關斬六將進到決賽，「你們必須承擔起救我們的責任。」佛勞爾斯說。

這是五月底，學校行事曆的尾聲，這個時候的演講者都會開始把每一代的責任交給年輕人，假如任何人有權力去要求他修課的學生採取行動的話，佛勞爾斯有這個權力，因為是他賦予了這些學生做這些大事的能力。在2.007這門課中，他創造了一個教育的綠洲。在這裡，學生可以很快的把他所學的工程知識應用出來。從這裡，透過機器人的媒介，他們脫穎而出，去展現他們的意志來改變環境，就像進入了決賽的方艾咪後來說：「我所學的東西和我真正可以應用到外面世界的是結合在一起的。」

在這同時，觀眾都很亢奮，事實上，他們都很期待，在進入決賽的三十二名學生中，有十六名是透過昨天一番砍殺才進來的。他們是九十五名競爭者中的佼佼者，昨夜花了一個晚上去想要用什麼策略以及去做最後的修補。同時，另外十六名參賽者，還沒有機會去公開測試他們的機器人，他們是透過「樓梯」（Ladder）（譯註：凡是循序而上稱為ladder，例如美國大學的教授分為助理教授、副教授、正教授，所以當這個職務是可以循序而上的就叫ladder faculty，有正式教職的意思），在實驗室中得到積分而一步一步爬上來的。這個樓梯組有哈塔利，以前Battlebots的參賽者；Z，他的機器人不但可以旋轉筒狀的推進器，還可以把小的機器人送到X-wing的上層去妨礙敵人；令人驚訝的是麥肯茲這位游泳校隊也在裡面，雖然一開始時他很挫折。

這裡面最被看好的是佛瑞裘斯基（Tom Frejowski），他來自芝加哥，從小就在他的房間裡做機器人。就像今天的許多頂尖競爭者，他設計了一個叉型的機器人，能夠深入X-wing下面的推進器孔洞去轉動它，這個叉子非常可靠，它是連在一個橡膠的可彎曲的連接器上，即使這個機器人沒有完美配合推進器的步調，推進器也可以被轉動。這是個很聰明的設計，加上高戰略性的編碼，使他有很大的優勢。每一場淘汰賽有兩分鐘，但是一開始的三十秒最重要，因為此時要展現機器人自己可以做的動作，不准人類在旁操縱，在這時候的得分都會加倍。三十秒後有一鈴聲，後面的九十秒是無線電控制的表現。大部分的學生都會在這個時候爭取分數，但是佛瑞裘斯基不會。在機器人控制的時候，他就已經拿到四一六分了，因為他的機器人可以自動去旋轉低的推進器，然後，他的機器人繼續旋轉推進器一直進入無線電控制的時間，這立刻讓他拿到二〇八分，因此到第三十一秒時，他已經有六二四分了。他的機器人用文特教授的話來說是「該死的可靠」。有幾個其他的機器人也可以拿到那麼高的總分，但是沒有一個像他的那麼可靠、有一致性。

但是有一點佛瑞裘斯基沒有預料到，就是突然冒出了一匹黑馬莫耶（Richard Moyer）。他是在最後一分鐘被樓梯組淘汰，因此，今天他能參加決賽是他昨天奮戰的結果。所以他是大家沒有想到的突然爆出的黑馬。他在比賽時，讓大家的下巴掉到胸前，眼睛都睜著看記分板，他的機器人就像佛瑞裘斯基的一樣，在頭三十秒就已經轉動推進器了，然後他的馬達響起來，像剪草機那麼大聲，比現場任何一個機器人都大聲。傳言馬上流出，莫耶把學校提供的馬達改造成沒人認得的東西，絕對只有一個，沒有任何類似的可比擬。

所以當兩分鐘要結束後，他的分數已經到九一二分。佛瑞裘斯基咬緊了嘴巴在微笑，坐在他旁邊的麥肯茲大聲說：「莫耶的機器人仰賴著量身打造的馬達，萬一馬達燒壞了，他沒有替代的可用。」他的聲音中透露出少許樂觀。

即使這最後的三十二名競賽者都聽進去了佛勞爾斯的話，他們也沒有害怕，反而是很熱切，因為不管今天最後的結果是誰贏，他們都無所謂，因為這個失敗不會登錄在他們的紀錄中，這只是期末的競賽，對成績不會有影響。這些參賽者都很自由的去冒險，去犯錯，去從錯誤中學習，在這個安全的地方，興奮超越了恐懼。這其實就是為什麼 2.007 的課程如此成功，因為它透過實際的應用徹底啟動了學生的好奇心和馬上學、馬上用的工程基礎能力。2.007 這門課不添加篩選器已存在的威脅，而是用溫室的氣氛使這個原本是你死我活的競爭變得沒那麼嚴重了。

以麥肯茲來說，他打掉了原來的機器人設計，重新來過。他的新機器人，雖然看起來像快要散掉似的，他採取Z的直接進攻方式去設計旋轉推進器的叉子，結果推進器轉動了。

因為在 2.007 這門課中，學生覺得很安全，所以他們真的享受到了 MIT 創辦者在一八六一年時，所希望的每一個學生都能手腦並用的教育宗旨，除了動腦還會動手，這比桑戴克的想法早了三十五年，也比學分和 GPA，甚至聯邦政府的大學認證都早。最重要的是它的手腦並用原則，比精英制、功積制、從搖籃到墳墓系統更早，這個系統說是為教學，其實是篩選。

今天，當我在想我如何把這個有效的教育方式盡量讓所有人知道時，我一直回到 2.007 課程去思考，它區分出學校篩選的功能和教育的功能（要知道這兩者膠黏在一起一百多年了，要撕開它是多麼不容易），顯示出至少有一個可行的方式去重新思考篩選器，使教育更具有包容性。

微型碩士

如果把視野放到無限大，那麼找回大量的潛在學習（latent learning）可能性就跟把教學最佳化一樣簡單，它可以改進很多人的生活，只要我們改進接觸它的方法。我們前面看到這兩個層次常常是互相抵觸的，想要把現代的認知科學和個人化教育加入學校的系統中，並沒有很成功，只有少數的實驗學校或是在傳統教育圈之外的學校接受它，例如蒙古郊區的半職業學校，它們算是ＩＢＭ的卡布蘭說的蠻荒的西部，這是一個新的令人興奮的起始點。

擺在我們面前的挑戰就像鋼琴的即興演奏，一隻手需要保證這個進入蠻荒西部的新教育是有用的，這些學生可以把他們所學的新知用回到社會，使自己和社區都受益；另一隻手需要擴大版圖，讓每一年都能有更多新的學生進入這種新教育系統。

我無法告訴你哪一種策略能使每一個學門、每一個年齡層的孩子、世界上每一個地方的孩子都能受益於新教育，但是至少我可以告訴你我們在ＭＩＴ是如何做的。

高等教育是ＭＩＴ的專長，它影響百萬以上的學生，而某些ＭＩＴ領域已經成熟到可以接受改變。到二〇一五年時，MITx和edX都開始改變，當別人還在起跑時，我們已經在路上了。MOOCs提供者，包括edX在內，已經開始提供修完課的學生證書，使他們可以證明給老闆看他已學到某些知識。事實上，它等於是印鈔票，因為這些人並沒有正式註冊進入ＭＩＴ，只有市場接受這個票面價值時，他們才有價值（譯註：現在有很多的研討會也是用這個方法來吸引參加者，只要參加一天的工作坊，聽二或三場演講就發給證書，這個證書有什麼價值不知道，因為沒有經過政府機關認證）。

但是我們有一招是別人沒有的，就是我們有ＭＩＴ的信譽作這些線上課程的擔保。即一樣是印鈔票，但有沒有黃金作抵押決定了印出來鈔票的價值，而ＭＩＴ是以它過往的信譽作抵押，使人相信凡是掛上ＭＩＴ校徽的都有品質保證。

我們不敢去動MIT的學士學位，從許多方面來講它太神聖，我們也不敢去動博士學位，所以就剩下碩士學位。碩士班有彈性，本來就有很多任意湊在一起的元素，稍微小心一點就可以把它拆開重組。所以我就想，如果我們把碩士班一切為二，把最適合線上學習的課程放到網路上，再保留一半作為在校園裡面對面的上課方式。這樣做不會顯得太激進，基本上接近翻轉教室，而保留的第二部分又可以挑戰現有的制度。

這個第一部分的線上碩士課程是最重的課，需花一年或一年以上的時間，學生要在家裡修完，這個課程本身就值得發給學生證書，這個證書後來叫做「微型碩士」（MicroMaster），可以當作在校園上第二部分課程入學的許可證，讀完就能拿到正式的MIT碩士學位。用這種方法，我們教育了成千上萬的線上學生，那些願意更進一步學習的人可以來MIT一學期，接受密集的課程而拿到學位，這種一部分線上、一部分在校園上課的組合真是非常的理想。

這種組合最大的受益者，其實是那些只在線上修課卻從來沒有跨進校門一步的學生。因為MIT把幾十門線上課程的學生當作正式修學分的學生，就使得幾百個，甚至幾千個在全世界修微型碩士的學生，雖然沒有實際在校園上課，也拿到不同大學的學位，而MIT這麼有名的大學都承認線上學分，其他大學沒有理由不承認。

同時，依每個碩士班的特殊性，我們用微型碩士打開正式碩士班的學生來源。從理論來說，這是對整個計畫的真正考驗。在傳統的校園碩士課程注入來自世界各地不同背景微型碩士的新血，可能可以改進碩士班畢業生的水準。

現在最大的問題是誰會願意去開這些系的碩士班學程？這說起來至少是個容易的工作，我直接去找MIT運輸與物流中心（MIT Center for Transportation and Logistics）的主任薛飛（Yossi Sheffi），他的單位提供供應鏈管理（supply chain management）碩士學位，而我跟他很熟，因為我們都在RFID工作，這個RFID跟工業材料供給鏈有關。薛飛的團隊已無法快速培養出足夠的專業供應鏈人才來滿足產業要求，這表示有很多公司會歡迎我們草創的新學分證書，只要我們畢業生的水準夠好，能達到他們的要求。薛飛本人正是完美的共同創辦人，作為一個將五家公司成功推向世界的連續創業者，他已準備好快速向前進。作為這個新的碩士班學位的教父，他很明瞭我們向MIT校區提出微型碩士學位這個計畫時所會面對的挑戰。

當我向薛飛提出這個想法時，他馬上熱情的同意了。「這正是在對的時機，提出對的點子。」他後來回憶說。他把該中心的執行長卡卜利斯（Chris Caplice）引進來，請他設計新的學分證書，並教好幾門課。薛飛告訴他：「我們把這個計畫當作新創公司在做，所以速度關係著成敗。」這件事會有內部的反對聲音而這是可以預期的，因為我們在分裂教育這顆原子——在把MIT教育最基本的單位拆開，但是薛飛宣稱「我們一定要做，我會讓MIT改變立場。」

結果，基本上事情就是照著這樣發生了，中間的過程不是很平順，但是行政單位和教授們都願意撥出時間來聽我們說理念，最後事情也順利推動。薛飛、卡卜利斯和龐思（Eva

Ponce，她是資深的物流研究者，負責微型碩士班每天的行政工作），把MIT當時開的三門供應鏈課程加上兩個新課程，成為一個包括五門課的系列課程，那些在二〇一四年上過最初的線上供應鏈課程的學生，發現他們現在有希望拿到MIT的微型碩士學位，甚至真正的MIT碩士學位了。

吉斯布瑞特（Paulina Gisbrecht）這位莫斯科女孩，曾在德國替美國通用電器公司（GE）的耐熱服務單位工作多年，就是微型碩士學位的一個受益者。她曾在大學時輔修物流，也在工作上，對她的單位提出一些很好的物流原則，但是有的時候會碰上沒有大蒸汽輪機的零件，所以她在拿到商學院的證書後，開始尋找可以繼續進修的課程。一個朋友介紹她去上MITx的課，她在那裡發現全新的MIT微型碩士供應鏈課程。她細讀之下，發現這些課程可以提供她很多分析和量化的知識，正是她大學部課程所沒有教的。這個新的微型碩士課程不像其他線上課程，它是只有在學年中固定的時間才開課，她去查了下一次開課的時間，竟然就是在那一天，三個小時後開始上課。她說：「這好像上帝的旨意，感謝上帝，你今天給我的課程正是我所需要的」。

吉斯布瑞特後來的同學吉達必（Srideepti Kidambi），則是透過另外一條路進入這個課程，這條路對我來說非常熟悉。她也是來自印度，在印度的必蘭尼（Pilani）BITS大學（這是印度非常好的私立科技大學）拿到機械工程的學位，畢業後，她也是到斯倫貝謝，我畢業時第一份工作的石油公司當供應鏈工程師，她甚至完成石油鑽機的訓練課程。後來她在全世界工作了幾年，從印度的浦那（Pune）到美國的休士頓，又到新加坡，在那裡做顧問。她和先生有了孩子後，發現顧問的作息無法配合孩子的生活，所以她辭去了工作。在這個時候，她先生接受了一個在紐約市的工作，全家搬到美國來。很快，她又準備好回到以前快速高效率的工作，但是發現那種全球到處飛的旅行不適合有孩子的家庭，她正考慮回學校去念個商學院管理的碩士學位，但是回到校園上課在時間上很不適合她接送孩子，而線上的微型碩士學位課程正適合她，她可以一邊工作一邊讀書，而完全不必旅行。

當她開始第一門線上課程時，她也開始找工作，「我在尋找那些剛開始的新創公司。」她說。「因為你有空間可以做很多的改變，所以我開始尋找 Rent the Runway、Blue Apron、Shapeways 一些不同產業領域的公司。」

「微型碩士是一個在面試時非常好的破冰話題。」她說。Rent the Runway 的面試官對她的能力非常佩服，因為他曾經在空閒時間去上過這門課，知道這門課的作業有多繁重，他最後沒有完成學業，因為忙不過來。所以對她能撐下去覺得很敬佩，他不能相信她能做這麼多的數學計算，所以最後僱用了她。

這門供應鏈的微型碩士課程的確是非常的重，需要學生全心的投入才能完成課程要求，每一門課是三個月，一共五門課。一開始，吉達必就希望能進入校園中的碩士班，不過她的家人都不確定她是否能夠上完這五門課。她最初也是抱著試試看的心態，沒想到這些課非常有用，對她的心智是一個大挑戰，她充分享受這門課。

吉斯布瑞特也有相同的經驗。在報名這門課之前，她已經安排好要去菲律賓渡假，所以這門課的第三週和第四週她在菲律賓上，一邊渡假一邊讀書，「每個人都去潛水時，我在房間讀書。」她說。「不過，這是值得的，這門課很精彩，我不願缺課，我完成了第一門基礎的課，我的成績很好。」

事實上，她的頭兩門課都拿A，她想：「或許我會有機會去成為進入MIT校園實際上課的學生之一。」她在日記中寫道，她計畫至少完成九十%的課程，她不確定自己能否做得比九十%更好。

隔了一個太平洋，吉達必也在上同樣的課，Rent the Runway老闆給她時間去跟得上課程的速度，他很好，他說我知道你的期中考快到了，今天休假去讀書吧！她說：「因為他知道這門課有多重，所以他體諒我，這對我的幫助真的很大。」

在她修第二門或第三門課的時候，Rent the Runway開始思考擴張，這家公司出租設計師設計的名牌衣服，所以營運的成敗關係著衣服能否及時送出、收回、乾洗以備下一個人用。時間需扣得很緊，然而，這家快速發展的公司，每一件衣服都會送到新澤西州的一間世界最大的乾洗店，「這是經典的物流瓶頸例子。」吉達必說，所以急切需要第二個乾洗中心，「我用從這門 SC2x 供應鏈分析課程上所學的概念，設計了一個網路策略模式。」給老闆看，老闆又拿去給 COO、CFO 這些高層主管看，公司採用了她的計畫，在德州的阿靈頓開了一個新的乾洗中心，把原來過度負荷的衣物接收了四十％過去。

吉達必的表現非常好，所以當她表示她想繼續去上校園的課，拿到正式碩士學位時，別人都很不解，「別人都說你不需要碩士學位，你已經做得夠好了。」她說。但 MIT 傳統碩士學位的校友告訴她：「不要理會別人的話，去讀它！我知道如果你沒有繼續讀，你會後悔的。」

不過吉達必或吉斯布瑞特都不知道她們進入正式學位的機率有多少，吉達必說：「我完全不知道，我甚至不知道我是在跟誰競爭。」吉斯布瑞特在第三門課時，碰到瓶頸，「期末考有一題非常非常難的題目。」她說。「所以我這門課其實考得不好，可能是B，所以我想我沒有機會了。」她不是唯一這樣想的人，「我知道有幾個人以前也是非常活躍的參與課程，但是後來就消沉了，因為他們也是覺得考不好，沒有希望被真正的碩士班錄取。」她在這門課的群組中留言。

然而，在這個禮拜，她收到了 MIT 寄來的電子郵件，請她擔任這門課的助教，去幫助同樣在掙扎努力的同學。她認為這是一個有機會進入正式課程的先兆，所以很高興的答應了。

這個微型碩士的課程花了她們兩個人十六個月的時間，包括準備困難的期末考的時間。吉斯布瑞特說：「有一個在蘇丹的同學在期末考時，沒有網路可用，他只好霸占公司整個頻寬。

他在想，明天我再來想後果，現在先把期末考考完再說。」

「在八月初，我們收到了入學許可證。」吉斯布瑞特說。

吉達必說：「有兩年的時光，我無法說服我自己去上學，但是現在我很想馬上去把學位讀完。我好興奮，我所有的努力終於得到了回報。」

比較好的篩選器

不可否認的，即使有微型碩士，供應鏈碩士班還是不停在篩選學生。在我寫作的當下，有三十萬名學生已經註冊了至少一門的供應鏈微型碩士課程，有三萬人已經得到低階的學分證書，因為他們完成了課程，有一千八百名拿到了微型碩士證書。在這一千八百名學生中，近一五%的人申請了每年校內碩士班為在線學習者預留的四十多個名額，他們稱為混合型學生（blended students），在中途加入這個學程兩個學期的課程。這個學程的主要行政人員龐斯說，這些來自線上課程學員中的申請者程度都非常好，事實上，它很像學員自己在做篩選，而不是浪費時間去申請那些不可能被接受的學校。

但是對那些沒有得到入學許可證，無法進入MIT校園念書的學生而言，這一年半的辛苦並沒有浪費他們的時間，只要他們通過考試，就能拿到很有價值的MIT學分證書，而代價僅是真正碩士學位的一小部分而已：總共一千美元，如果選擇參加期末考試為一千兩百美元。

雖然這個新的篩選歷程並不是完美的精英制度，因為它還是依賴考試，這是它主要的缺點。但是它至少比傳統的入學審查制度更理想一些，也比較少遺珠之憾。

這要歸功於卡卜利斯將「為學習而考試」和「為入學而考試」區分開來。一開始時，MITx的供應鏈課程並沒有計畫讓學員可以申請實際進入MIT，卡卜利斯把考試當作一個了解學生知道多少的教學工具，「老實說，有很多作弊。」他說。但是沒有關係，這些不重要的考試只是要鼓勵同學合作，提供立即的回饋，提升畢約克所謂的記憶提取認知歷程，假如學生作弊，他們只是在騙自己而已。

但是當這些課程變成微型碩士的課程時，那就不一樣了，因為他們有資格獲得MIT的學位。這時，所有的事情都改變了，考試變得很重要，因為它關係著能不能拿到學位。所以卡卜利斯的做法是依舊有考試，而且考得更多（譯註：前面說過，測試是學習最好的方法），但是期中考和期末考非常嚴，這要感謝物理學家莊教授，他的隨機技術（randomization techniques）使作弊基本上不可能。

結果發現從認知的觀點看來，這門課篩選功能的侵入並沒有影響線上課程內容。感謝持續存在以學習為中心的測試、可以隨時暫停和倒帶的影片，以及影片只有十分鐘長。卡卜利斯說：「這個長度正好，效果比面對面教學的效果更好。」（譯註：人的注意力有限，一般來說，

對一年級的小朋友，十分鐘是最好的長度，再長，他們的注意力會遊離）

運氣很好的是，處理校園碩士學位申請的校方人員，與處理線上微型碩士學位的是同一批人員，所以在評量一個學生時，一次或兩次考不好比較沒有關係，他們會以更大的視角來看待一或兩次的壞成績。就如吉斯布瑞特的發現，一次考不好對她整個成績是很大的打擊，但是校方人員可以用她其他部分的表現而忽略她這一次考不好。她說：「這是線上學習的好處，他們會看你全部的表現，假如你有一次考壞了，他們會說，你在整個學期的表現是怎麼樣啊？喔，你表現得很好。」

當學生完成微型碩士課程時，「我們比他們的媽媽還更了解他們。」薛飛說。「我們知道他們怎麼想、做了什麼事，我們真的很了解他們，所以我們可以選拔最好的學生出來參加校園的課程。」

微型碩士的網可以比傳統申請入學的網撒得更遠，網羅更多的人才，吸收到更多傳統和新舊混合的申請者。薛飛說在碩士班，我們有一名混合型學生，我們從未告訴任何人那名學生並沒有學士學位，但是他非常聰明，他在線上課程的表現非常優秀，「我們決定收他，看看他的表現會如何。」他笑著說。結果他的確是一個全A的學生，所以現在這個學程公開宣稱，他們會收高程度的好學生進MIT碩士班，即使他沒有學士學位也沒有關係。

這個學程的價值就在混合型學生在校園中的表現上。賴克的一個研究發現，當比較經由傳統申請入學方式進來的供應鏈碩士班學生和線上微型碩士學生時，不但混合型學生在課程上的表現比傳統的好，在其他的課程上也比MIT的學生表現優越[2]。這個發現可以說證明了**傳統入學方式所篩掉的學生中，有很多是開竅較慢，但能力一樣好的學生**。

今天，我認為我們供應鏈微型碩士課程是全球五大洲、二十一個大學的課程中，最好的一個（雖然我可能有點偏見），它也是許多線上課程中最好的一個。二〇一九年，全世界的大學提供了五十二個微型碩士學位，其中有四個就在MIT。

或許最重要的是，**這個微型碩士學程讓我們看到高等教育學位的價值在哪裡，以及傳統高等教育要怎樣才能達到學生的目標**。

頂尖大學的校長們常私下討論為什麼學生要去念有名的學校，他們認為不外三個原因：你所學到的東西、你所交到的朋友，以及你能進入頂尖的名校（這代表你的能力）。可能再加上一些校園生活的條件，如運動和派對，還有爬滿常春藤的大樓，這些大致就是美國大學提供給他們大學部和碩士班學生的東西了。

微型碩士的課程則強調你能學到的東西，其實學校也很注重你在這課程中所交到的朋友。二〇一七年五月，我們舉辦首次微型碩士線上同學會，分散在全世界各地的學生紛紛湧上線，參加這派對的人都是他們在線上認識的同學。線上學習無疑剝奪了同學在校園中實際切磋的機會，以及一切校園的生活經驗，但是微型碩士課程真正標榜的其實是「你被錄取了」（you got in）。事實上，這個「你被錄取了」不是高等教育單一的元素，它將兩個相對立的事情框在一起：對已經被接受同學的承諾，和暗示沒有被接受的同學比較不那麼行。這個微型碩士的核心，就是拒絕我們從最初智力測驗所繼承來的看法，因為智力測驗是把你和同儕相比。在微型碩士課程中，你只要證明你有學到東西，就會拿到證書，不論有多少名競爭者（譯註：作者費盡心思一直要說明的就是，一般大學的入學許可證是有限額的，你必須和跟你一起申請這個學校的人競爭，如果你被拒絕了，可能並不是你不好，而是名額有限；但是線上的這個微型碩士沒有名額的限制，只要修完了課，就能拿到證書）。

這個微型碩士提供的校園碩士課程仍然存在排他性，不過它不再是高等教育的一個特質，而是一個不幸的錯誤：只能面對面教學，人數有一定的限制（即教室只能坐這麼多人）。MIT這個供應鏈課程的第二部分必須在校園中修課，但它主要是寫論文和以合作型式來解決問題的作業，這種作業沒有固定的答案，就如負責微型碩士證書發放的貝胥莫夫（Erdin Beshimov）說的，我們把MIT校訓Mens et Manus中的Mens放到線上，把Manus留在校園中。

這種安排當然也有缺點：教學第一，解決問題第二，你不可能用複雜性（complexity）去驅動學生的好奇心，去使學生有動機，去製造知識的情境，如由外到內的教育者瑞士尼克和

Ad Astra 那種學校那樣。但是至少對碩士層級的成人學生而言，我認為利大於弊。我認為把一個領域的困難知識先放在線上，讓學生可以用自己的速度去學習，你就給了全世界廣大的本來沒有機會學習的民眾一個機會。

但是你可能會想，為何要這麼麻煩把實作放在這個方程式中？如果在線上很難給實作打分數，個別教學又很花成本，再加上很多學者甚至認為問題解決無法被教，或許我們應該把賠錢的部分切掉，只要專注在可以在網路上教的知識和技術就好了。

我的回答很簡單：假如教育的目的是讓學習者可以改變他的世界，那麼動手做是完全沒有討價還價餘地的，不管這動手做的經驗是來自在探油井上的解決問題，或是在討論課上爭辯後結構主義（poststructuralism）的論文，或在醫院中找出一個治療病人的方案，或設計和建構一個機器人，**這些動手做其實就是啟動教育的關鍵**。要使心智充分利用，去抓住（grasp）某個概念，那麼這個人的手也要能抓住這個概念才行（譯註：我們通常說：只有真正懂的人才可以說得出來、做得出來，半吊子只會支支吾吾）。

就機械工程來說，人們如何透過動手做來解決複雜的問題，最好的例子就是佛勞爾斯本人。佛勞爾斯很小就與稀奇古怪的機械為伍，他生長在路易安娜州的偏遠農家，當地的鋸木廠每天產生幾噸廢木材，把這些廢木材拖去燒掉是個很辛苦的事。佛勞爾斯說：「熱的像地獄一樣，是一個不可忍受的辛苦工作。」他的父親就把一個三十英吋直徑的圓管焊接外面有鋸齒的機器，每分鐘可以轉兩百下，只要把木板丟進這個有鋸齒的圓筒中，就可以不花力氣的把它們射到一百碼外面的火堆中，他父親甚至可以把好幾片木板一起送進圓筒，然後射出去。

他在念高中時，自己做了一輛汽車，前面是輪子，後面是坦克車的輪帶，他開著這輛拼裝車想帶女孩子去兜風，沒人敢上車，但他對自己的創造發明得意極了，還開去當地賣冰淇淋的 Dairy Queen（譯註：在美國中西部的偏鄉，Dairy Queen 有點像台灣的便利商店，如果那個地方連 Dairy Queen 都沒有，那就絕對是窮鄉僻壤了）。他最得意的是建了一個用廢材拼湊的改裝高速汽車，他說：「他一毛也沒有，所以每一個零件都是撿來的廢器，但是這車可跑得真快！」結果他因這部車沒有頭燈吃了罰單，又因沒有尾燈、排汽管，沒有一堆汽車必要的零件吃了罰單，他笑著說：「這車連保險桿都沒有，但是我開它也沒事，活到了現在。」

雖然他很早就顯露出在機械方面的天才，但是他卻沒打算進大學。他高三的最後一學期，有個教社會研究的老師注意到佛勞爾斯的左臂不能正常伸展，原來他在小學三年級時從樹上掉下來，把手摔斷了，可是沒有錢去就醫，手臂後來就不能正常伸直。這個老師就幫他申請殘障手冊，附近醫院的骨科醫生給了他證明，於是他得到了這個機會難得的獎學金去念了大學，「我放棄在油田的工作及買一輛心儀的 Corvette 跑車，去念了大學。」他說。他從路易安娜州的西北州立大學去到了路易安娜理工學院，然後到了 MIT。

當佛勞爾斯在 2.007 機器人大賽開幕典禮上講這個故事時，有一個學生對這個故事特別感到親切，就是莫耶，那匹黑馬，他的機器人令本來信心滿滿的佛瑞袞斯基心驚膽戰。莫耶比班上其他同學年長兩歲，這使他在氣度上比較沉著，在實驗室中，當別人三三兩兩聚在一起聊天時，他都是一個人埋頭苦幹，臉上帶著安靜的微笑。當他的機器人第一次啟動推進器時，同學馬上圍過來看，因為他的推進器發出的是哈雷重型機車的咆哮聲。

假如他的馬達是全班獨有的，莫耶這個人也是獨一無二的。他的童年是在維吉尼亞州西南部度過的，父親是大學的生物學和生化學教授。當莫耶十四歲時，他們全家搬到更北一小時的農場去，莫耶只好在家自學。因為他們是在夏天時搬的家，那是萬物生長的季節，莫耶開始養牛，種有機蔬菜、有機食物。當秋天應該要上學時，他因為農事太忙沒有去學校，父母親跟他說動手做是學習最好的方式，在這裡種田可能會比在學校學得更多。

他在農場裡學到一件事就是農具，他得自己修理拖拉機、汽車以及全地形車（ATVs）。他在修理的過程中，了解到機器通常會壞在哪裡及為什麼，他也從頭開始製造農具，他的驕傲程度不亞於佛勞爾斯拼裝出他的高速跑車。他說：「我自己建了一台篩穀機」，但是把種子從穀和糠中篩出來比他想像的還要困難。雖然最後它還是成功運作了但卻很粗糙，這使他決定要去學校念機械方面的課程，他在十八歲時，用同等學力進了當地的社區大學，從那裡他申請進了MIT成為新鮮人。

佛勞爾斯在知悉莫耶的背景後，暗中揣測應該是MIT註冊組主任，也是2.007這門課的校友讓他進入MIT就讀的。不論是誰做的決定，這個決定是正確的。莫耶的機器人吸引了所有人的眼光，不只是他的同儕，還包括教授們。

文特教授解釋說：我們發給2.007班上所有學生的VS-11是個強有力的小型電動馬達，可以產生最大的扭轉力，但是大部分的學生沒有把它用在推動機的旋轉上，因為它是伺服馬達，它的設計是慢慢移到設定的位置而且不能超過一八〇度的旋轉，不過要改變它，使它能三百六十度不停旋轉其實很容易，每個人都會的。但是即使如此，它還是扭轉得很慢。

但是莫耶知道VS-11只是在外表上看起來扭動得很慢，但是穩藏在塑膠外表下面的真正馬達卻可以轉動得飛快。在這內在馬達和它外表面之間有一序列的齒輪，把內在馬達瘋狂的速度轉換成可以被測量的、可改變的扭動力，文特說「這些齒輪的比例是兩百或四百比一，這個比例非常大」。

假如學生要用VS-11去快速轉動輪子的話，他們會在外面加上一個齒輪的盒子，把原來的扭轉力變快，這會增加他們機器人的強度。但是莫耶卻不是用外加的方式，他打開了這個馬達的盒子，直接把一些齒輪移走，使這個比例從兩百或四百比一降到十比一，所以他的馬達在轉動時，不會因摩擦而損失能量。這需要鐘錶匠的細心，還需要用他自己做的電路板去取代馬達本來的電路板。

文特教授很欣賞的搖著頭說：「這個孩子真是聰明。」

教導問題解決

在比賽的第一天，很明顯可以看出，2.007 課的學生都有學到很多東西。像學期一開始時，方艾咪對齒輪如何影響馬達的輸出力的確有很好的理論了解，但是她不知道如何組裝這些齒輪來做一個轉換器（transmission）。在學期末時，她做的轉換器卻得了獎，這個轉換器轉換了三個而不是一個馬達到 X-wing 的推動器上。

一個比較難回答的問題是，**學生有沒有學到解決問題的能力，有沒有把學到的能力轉移到解決更複雜的問題上**，這個能力很多教育學者認為是不可能改進的。麥肯茲在丟棄他原始的計畫後，在幾週之內重新建構了一個可以用的推進器機器人，然後他又造了第二個機器人給他的隊友葛瑞夫斯作助理機器人，這次只花了幾天。這第二個助理機器人根據規則是合法的，但是必須用不同的控制系統來製作，不能用遙控飛機模式而要用 Xbox 電玩遊戲的控制器，這對麥肯茲來說是個完全新的機械挑戰，但是他在很短的時間之內便完成了。在這過程中，他學會了機械學很深奧的理論和設計，得到了一般人不易學會的知識。

那麼這個知識究竟是什麼？代表由內到外的馬哈姜和代表由外到內的瑞士尼克，都認為這就是2.007這門課教給學生的。

瑞士尼克由外到內的說法最符合我們直覺的想法，學生透過實際動手做，讓他們知識架構的樹長得枝葉繁茂，原本稀疏的枝條變得花繁葉茂。瑞士尼克說：「當我開始創作時，許多新的點子就出來了。」例如當一個學生在Pappalardo實驗室，學習如何使用自動化車床去做一個有溝槽的桿子，他在使用車床時，這個車床的其他功能就會出現，很快，這個學生就把使用車床的技術用到別的東西上了。學習如何去打造一個機器比學習如何去使用它的層次高多了，每一個從2.007課程畢業的學生都能打造做家事的機器人，他們解決了每日生活的問題。在某種程度上，這也改變了世界。

不過這門課有沒有改善學生解決問題能力的問題，還是沒有回答，說不定這門課只是把學生長期記憶中的那些資料組織得比較好、連接得比較周延而已，畢竟，車床怎麼用的知識只是一個死的知識。事實上，2.007課程很多是原理原則的教學，通常是透過線上老師和影片來授課。就如馬哈姜指出的，雖然從表面上看起來2.007課程有很多是發現型學習（discovery-style learning），但是仔細看課程內涵**它其實是高度鷹架式的（highly scaffolded），它組織的方式是把發現的過程拆解成許多學生可以自主處理、可以學會的步驟**，像麥肯茲、方艾咪和Z這樣的學生，會覺得這像是被推入游泳池最深的地方，老師放手，讓他們自生自滅。但是事實上，課程的設計在每一階段都有放置救生圈，而且是他們可以摸得到的救生圈。這些包括一系列的實作作業，強迫他們在下一次上課前達到某些工程學上的里程碑。「他們不是被拋進水裡。」馬哈姜說。「我們並沒有說，你們自己去找出建造機器人的方法、去試驗，我們有教理論，我們有教團隊如何一起工作，我們教的絕對不是發現學習而已。」

為了正式揭開這場比賽，MIT的無伴奏合唱團Chorollaries唱美國的國歌，得到熱烈的掌聲。然後，擴音器播出震耳欲聾的另一首國歌──《星際大戰》的主題曲，振奮了現場所有的人。舞台設好後，文特教授和共同主持人金（Sangbae Kim）從帷幕後面走出來，一個扮成黑武士（Darth Vader），另一個扮成丘巴卡（Chewbacca），群眾沸騰了。

開賽的第一場便是莫耶的機器人名叫龍捲風（Tornado），慢慢自己爬上下層的推動機，然後高速旋轉，發出它獨特的咆哮聲。它用摩擦力驅動：轉動小號的輪子去摩擦推進器，像是唱機上的小小獨輪車，這個設計在所有決賽的三十二名競爭者中，只有莫耶和方艾咪用到。然後龍捲風做了佛瑞裘斯基的機器人做不到的事，在莫耶的手控之下，它飛上升降梯，在高層的推進器上做了同樣的動作，啟動了它，最後，好像蛋糕上頭的那顆櫻桃，它按下開關，播出《星際大戰》中摩斯艾斯利酒吧（Mos Eisley Cantina）的音樂，這使他的積分立刻增加。最後，他一共得到九三七．五分，是競賽的最高分，他的對手沒有希望了。

剩下的第一輪淘汰賽是莫耶，甚至桑戴克從來沒有想到的，各式被精心製作的機器人在專用推進器旋轉器的猛攻之前倒下。麥肯茲和他的對友葛瑞夫斯每一個人都有兩個這種螺旋槳整流罩機器人，可以在比賽中互相擔任對方的副駕駛。他們的第一次合作是麥肯茲主打，葛瑞夫斯當副手，這個機器人在葛瑞夫斯的操控下沒能好好配合低層的推進器，然而麥肯茲在最後的幾秒鐘爬上了升降梯，成功發動了上層的推進器而贏了這一場。「他們今晚回家會有好戲看。」文特教授故作嚴肅的對著麥克風說。

他們第二次的合作由葛瑞夫斯主導，他們很快解決了方艾咪和她最愛的無人直升機（Dodocopter），這架無人機接近下層的推進器時，不知怎麼的，它一個輪子崁進了X-wing下面機身的遊戲板，艾咪想在這不可避免之事發生之前轉動推進器，但是沒有用，這個機器人搖晃一下就倒下了。這架無人機陣亡了，文特悲傷的看著它離場，他告訴觀眾說：「艾咪的設計很棒。」

然而麥肯茲的運氣好像不太好，他下一輪的比賽對手是李（James Li），他像麥肯茲一樣，有夥伴幫他駕駛兩個機器人，名叫邦尼和克萊德（Bonnie and Clyde）（譯註：美國經濟大恐慌時兩個著名的鴛鴦大盜，專門搶銀行、加油站和商店，一九六七年被拍成電影《我倆沒有明天》，原文片名就是 *Bonnie and Clyde*），比較大的機器人叫邦妮，「就像螳螂一樣，雌螳螂體型比較大。」文特教授說。他把望遠鏡伸到上層的推進器面前，麥肯茲衝向升降梯轉動他的上層推進器到最高速，每秒二十五弳，邦尼則有一些「校準」（alignment）上的問題，它的速度只有麥肯茲的幾分之一。

不過沒關係，因為現在小的機器人克萊德也到達了上層，把勾子伸入 X-wing 駕駛艙底下吊掛的光劍（lightsaber），光劍的手柄很重就像鐘擺一樣，任何能將它拉得足夠遠的人，總分立刻增加三倍。麥肯茲眼睛發出光來，忙著把他的機器人衝向克萊德，這是今晚的第一次破壞行動，只有在機器人到達上層甲板後，兩個戰士扭在一起時才被允許這樣做，「哇！這是偷襲！」文特教授說。然而，儘管麥肯茲很拚命去搶，這支光劍仍然傾斜四十五度，有一陣子，看起來馬上要決定勝負了，但是葛瑞夫斯悄悄的在後面轉動下層的推進器，使這場決鬥繼續到第八回合。

Z在同時，發現他有方法對抗這兩個人，他的大機器人伸長它的推進器轉動叉，可以從前面驅動兩個推進器。這個叉子是設在像手風琴一樣的平台上的，而最聰明的地方是，這個像手風琴一樣的平台也可以當作他個人的升降梯，把那個小的、已經準備好去做破壞工作的機器人送到上層甲板，因為這時它可以做各種破壞性的鄙事。

Z看了一下他的比賽分組，知道他會先碰到沈（Patrick Shin），他的機器人可以從前面轉動兩個推進器，Z想用他的第二個機器人去擋住它，這個操控有點卑下，但是被允許，只要不傷害到旁邊的人就好。

甚至哈塔利，這個參加過 Battlebots 大賽的學生都表示憂鬱：「我很高興我在另外一組。」

他說。

然而在實際上，Z發現把小的機器人運到X-wing上層甲板比他想像中還困難，因為他得快速建造出一個跳板（gangplank）才行。在前兩回合中，執行破壞任務的小機器人兩次都從橋下掉下來。第二次嘗試時，觀眾了解到他的企圖了，在看到小機器人掉下來時，都發出惋惜的聲音，因為他們要看機器人做壞事（dirty work）。直到第二回合結束，群眾都還在喊「Z」。他進了四分之一決賽（quarterfinal），他說：「我從來沒有想過我可以打進四分之一決賽。」他擁抱他的合作者蓋伯埃利（Gabriel），然後兩個人趕緊去修理他們的機器人。事實上他贏了下一回合，現在他進入準決賽（semifinal），在那裡，他要和莫耶的龍捲風對決了。

麥肯茲在這同時，是跟哈塔利打對台，這位曾經參加過Battlebots的學生，他的兩個機器人在理論上是可以打敗所有機器人的，但是這場比賽一開始時，雙方都犯了一些錯。當麥肯茲的機器人倒在葛瑞夫斯操控的機器人身上時，觀眾都發出惋惜的聲音。這場比賽看起來是旗鼓相當，不分上下，但是麥肯茲和葛瑞夫斯有一個長處是哈塔利沒有的：他們有仔細讀比賽規則上面的小字，上面說，他們可以在比賽一開始時，在他們這邊的賽區放置一個帝國風暴兵，假如把這個士兵推向中央溝槽，他們可以得五分，這是為了讓只會做最簡單機器人的學生不會抱鴨蛋，但是這批學生在昨天的預賽中就已經全部被淘汰了。現在只剩十秒，這一點變成他們最後的希望。葛瑞夫斯的機器人仍然直立未倒，但是當初建造它的目的並非為了得到這五分，當它驅動朝向這個沉重的金屬物時，它似乎停住了。「剩五秒。」文特教授宣布，帝國風暴兵開始滑動，群眾從大型銀幕上可以看見這些動作，紛紛發出緊張的聲音。「四秒。」葛瑞夫斯把油門全開，在最後的三秒，他的機器人倒向溝槽，把帝國風暴兵帶著一起落在溝槽中，麥肯茲的團隊贏了這五分。突然之間，這些本來沒有偏好、為所有參賽者加油的觀眾，顯露出他們心中的支持者了。這些觀眾本來只是為了友誼，不得不來支持他們的同學，但是現在很清楚的，他們正在目睹今年最棒的一場比賽。

觀眾之所以這麼熱情支持麥肯茲和Z，部分原因是他們開始展現出在職業競賽時那種自信。在四分之一決賽時，時間還未到，鐘還在跑，但是Z已經在跟他的隊友擊掌，使人想起短跑健將波特在一百公尺競賽最後衝刺時，會回頭去看他的對手在哪裡。Z所表現出來的自信或許有些驕傲，但是目睹才剛達到一定熟練程度的人有這樣的表現是很迷人的。

佛勞爾斯後來在描述MIT動手做的教育目的時，有提到這一點。教育是當你學會用微積分去思考時，這其實包含兩個階段。第一部分是外在的，你必須了解微積分跟外面世界的關係，而且是深層的關係，這樣微積分才可能變成應用到各個情境的工具。它必須要有很寬廣的情境應用性，套句馬哈姜最喜歡用的話：它必須「過度學習」（overlearned），使你自動使用它而不必驚動到工作記憶。

第二部分是內在的，它比較不那麼直覺，但是一樣重要。教育是讓你了解你的第二本能，知道自己是一個可以改變的人，你可以用知識和技術去影響世界。「我認為真正的教育是讓一個人發展出合理的自信（rational self-esteem）的歷程。」佛勞爾斯說。也就是說，假如一個人想要改變世界，光是強大的知識和技術是不夠的，你還得證明給自己看，你能掌握這些知識和技術，只有真正了解才會應用。

佛勞爾斯說：「我常常去參加研討會，談到2.007這門課時，都感到很挫折。」有位另一所大學的教授站起來說：「是啊，我們也有創意的習作，我替某個公司當顧問，碰到一個問題，不知該如何解決，於是我就把這個問題丟給學生當作創意的習作。我告訴你，這是最笨、最糟的事，我的意思是，你為什麼要在一開始就把別人的「創意自我」（creative ego）踩到腳底下？」

其實MIT的動手做教育才是真正培養學生的創意自我。在學期一開始，文特教授就把他和其他有教2.007課程教授的教學方式和進度告訴了學生，「設計並不是你有一個好主意，你建造一個土星五號火箭，然後去到了月球。」文特說。「試著在你腦海中呈現土星五號火箭，不只是圖像，而是它底部推進器的一個O型圈。」這個火箭有六十呎高，比自由女神像還高，從上到下都塞滿了複雜的儀器和電路板，「它是非常，非常，非常的複雜，人們不可能有足夠的認知能量把所有的細節都記在腦海中，必須把這個巨大的東西分解成可以處理的部件才行。」

他展示一張當年火箭設計者紐曼（Damien Newman）所畫的流程圖，一張白紙上一堆如蚯蚓般的黑線，像一個人胡亂的簽名，但是從左到右，有很多圈圈朝向中央看不見的軸，直到最後出現一條橫線。文特說：「它基本上來自研究和概念的形成。」他指著這張簡圖最左邊的一堆黑圈圈說，這些黑圈圈代表著解決問題的途徑，研究和思考逐漸把其他的可能性剔除。他指著中間比較有規律的部分說，「你評估你的想法，縮小範圍把他們定下來，得到比較清晰的概念，最後，」他指著圖中好幾條直線聚集的地方，「你得到了最後的設計圖。」

佛勞爾斯說當你第一次去解決一個複雜的問題時，「你可以相信在早餐前有六個不可能的事情（譯註：這是《愛麗絲夢遊仙境》中的一句話），但是做到最後，快要結束前，你可以做出絕對的預測，預測這個宇宙會怎麼樣。」佛勞爾斯說。「我所認得的設計者，他們在任何空間都一樣自在，從來不會不知道自己身在何處。」他說。「對我來說，精緻的設計是不停修改的結果，那就是設計圖上的黑蚯蚓，每一張完美的圖都是經過不停的修改和對準確性的要求。」

易變性和準確性（fluidity and precision），假如它聽起來好像球賽轉播員的話，它是。如果你能把當天賽場上站起來為麥肯茲和Z喝采歡呼的觀眾，身上的荷爾蒙分離出來的話，你就會發現他們就是為了這些機器人的準確性，和他們操作這些機器人的易變性而喝采。

2.007 這門課也要求易變性和準確性，在 2.007 的小小宇宙裡，學生不但沒有恐懼，教學上的爭論，例如問題解決可不可以教的問題，也變得不那麼緊迫了。不論Z和麥肯茲在出生時，有或沒有解決問題的能力，至少他們作為機器人專家的自信是他們在上過2.007這門課以後才得來的，這門課教會了他們動手做。一旦你認為培養學生的「創意自我」是重要的，那麼一直以來關於問題解決可不可以被教的爭論，就沒有那麼重要了。不論這個能力能不能教，你都必須用動手做、建鷹架、發現型的教學法，去發展出創意自我。只有手腦並用中動手做的部分，能培養你在經歷波折的設計過程中所必要的自信，不管你設計的是一個政府政策、一篇文章、一個機器人，還是一首交響曲。

甚至你是在設計一個新的教育標準。現在回頭看，假如沒有創意自我，我絕對不可能想出微型碩士來，在複雜的領域中創造出一個新的標準就像在建造火箭，因為它們都有太多的零件和太多有意見的人。當我們為世界供給鏈去建立一個新的RFID標準時，我很幸運找到了一個成功的公式以及一個合作的團隊，把所有的問題都歸位。所以當計畫微型碩士這個專案時，我知道它會成功，我了解它的不確定性在哪裡，以及如何去克服它們。我同時也知道，假如我們能找到這個標準的價值，我們就會成功，這正是我們所做的：我們刻意思考了是什麼讓教育證書對人們來說是有價值的，於是創造出一個有著最大價值和最小排他性的教育版本。

這個方程式我會牢牢握在手上往前進，假如現行的教育體制持續阻擋認知使用者友善的學習方式，那麼或許明天的學習者必須要替自己找個新型的火箭了。我們已經看到很多學校都在嘗試新的實驗來幫助學生修完課程，尤其是MIT，現在已經有很多正在進行的課程改革，從整體來看，這就是一個完整的、另類的進階學習途徑。

的確，像土星五號火箭，有許多個別的零件要去追蹤。以下是最重要的一個部件，或許在這個另類的途徑上，最成熟的元素是我們不斷成長的免費（或幾乎免費）的線上課程，我們在微型碩士中看到這些課程不只是用來教學，還可以是更進一步學習的招生入學標準，這更進一步學習不只是碩士學位，還可以是給已就業人士密集上課的魔鬼營，這些訓練營目前持續在舉辦。我們把整學期動手做的課壓縮到一個禮拜，當然它的效果不可能是最好，但是對時間很有限的人來說，這是沒有辦法中的辦法（你通常可以知道附近有沒有舉辦魔鬼營，只要看草地上有沒有一堆三十好幾歲的人在那裡補眠）。除此之外，我們還設立了一個一對一的師徒制系統，不是跟教授，「而是跟企業家、投資者、大公司的執行長。」貝胥莫夫說，他正是這個專案的負責人。

就這三個元素就足以在某個領域創造出可行的、非傳統的通往知識強國的途徑。第一，線上學習可以教實際可用的知識和技術，然後在魔鬼營讓他們動手做，這樣可把所學的知識跟實用掛上鉤而培養出健康的創意自我。最後，和企業家們的師徒制給學生一個機會，將所學的知識直接用到這個領域的問題上。

這個潛在能力的逐漸發展，跟現行的研究所教育是不一致的，但是沒有理由傳統的碩博士學位不能加入新的教學法。在大學部的層次，混合或翻轉教學是認知上使用者友善的方法，可以輕鬆融入傳統教育的結構（事實上，當我太過興奮推動新教育法時，我的同事提醒我，人文學的教授已經用請學生在上課前就把內容看一遍的方式，翻轉了傳統的教室上課方式），翻轉教學法還有一個好處就是，線上的課程不一定要在自己的學校來設計，我們為了鼓勵其他大學將我們的線上資源納入他們的翻轉課程，MIT數位學習學院院長拉加哥帕（Krishna Rajagopal）成立了一個 xMinor 的專案，假如你是文科或社區大學的學生（譯註：美國大學一般分為四個階級，最高為研究型大學，如加州大學的九個校區，其次為教學為主的州立大學，如加州州立大學，再次為學院，最後為社區大學。通常社區大學是免學費或學費很低，提供想學而上不起或無法進入一流學校學生一個機會，他們可以在社區大學修習一年或二年後，成績好轉入州立大學），你想上一門課而你的學校沒有開，如量子計算學（quantum computing），那麼你可以在線上修MIT（或任何學校）開的課，你有問題仍然可以去請教你學校中跟這門課有關的教授，也就是說，他可以提供跟這門課動手做有關的部分給你去做。「教育者的角色還是跟以前一樣重要。」拉加哥帕說。「在這種混合課程中，是教育者本身在做混合。」

為了把各方面的努力整合成一備完整的方案，我在想有沒有一個教育的標準是可以把這些都規範在內的：一個學生自己掌握的成績單不是學校教務處管理的成績單，這個不能做假的成績單是放在一個大家接受的網路上，它跟全世界追蹤千百萬個 RFID 的網路差不多，它讓學生可以有更多的經驗交流，使他們可以嘗試各個不同大學的高等教育，自由搭配校園學習和線上學習，他們可以得到傳統的學位或是新的學分學位。這種系統不需要受限於成績，如A、B、C，它可以是專案的各種成果，我們給大學入學申請辦公室完全的權力（比現在的更多），去審核申請者可不可以進入該大學就讀。

對這個系統我們仍在起步階段，前面還有很多已知或未知的障礙。不過從微型碩士的經驗，我們知道創造一個新的教育標準並非不可能。就像 2.007 這門課培養出來的機器人專家，曾面對無數看似不可能解決的問題，但現在卻不同，可以解決了。

不管我多期待更多人能夠接觸到更多知識，世界上永遠會有名校在宣揚那些表面的價值，如學生在這個學校會遇見什麼樣的人（who you meet），你是這個學校的學生代表著某種身分，因為你進得來（the fact you got in），別人進不來，但是最高層次的學習已經不再鎖在這些名校的門後面了，「你所學到的東西」（stuff you learn）將越來越有機會提供給每個人。

攤牌

2.007這門課的準決賽是Z對上莫耶，麥肯茲對上佛瑞裘斯基，這次比賽因為Z和麥肯茲都顯然不擇手段要用破壞的方式，所以結果已經不像以前那樣是預料中的必然結局了。Z是馬上碰到機械的問題，麥肯茲雖然把他的機器人從X-wing的機身丟到佛瑞裘斯基的機器人身上，但這個傷害太小，而且動作太慢。

在莫耶和佛瑞裘斯基最後的對決中，英國重金屬樂團「黑色安息日」（Black Sabbath）的《鋼鐵人》（Iron Man）正在賽場中大聲播放。佛瑞裘斯基蹲下來，眼睛看著他機器人的投射軌道，當莫耶的龍捲風沒有命中目標而稍稍偏左一點時，大家以為勝負就要決定了，但是異峰頻頻突起，莫耶的龍捲風雖然沒有命中目標，但是推進器的螺旋槳開始轉動了，只是推進器仍然在原地沒有動，龍捲風滑到邊邊，沒有碰觸到，莫耶這一項在自動模式階段上沒有拿到分，不過他馬上改為手動，在兩個推進器上都進分得點，只是追不上佛瑞裘斯基的領先。佛瑞裘斯基這位從昨晚到今天一直被大家看好的人，被文特和金架在肩膀上，在群眾面前遊行。

但是在今天結束之前還有一場比賽，這場對觀眾的吸引力甚至強過決賽，原來在準決賽的競爭者中還有一場安慰賽，即第三名的比賽，麥肯茲和Z都準備好了，不擇手段的要贏。

在自動模式階段項目結束時，Z的兩個機器人已經登上星際戰艦飛機的機身準備好攻擊，當手控項目時間一開始時，麥肯茲衝上升降梯，Z的跳板打開，現在Z的第二個機器人（是蓋伯埃利控制的），爬到X-wing的上面，比麥肯茲先一步到達頂層甲板，Z的個人升降梯達到了它功能最後的目的。觀眾終於等到他們期待的時刻了，當麥肯茲也爬到最上層的甲板時，蓋伯埃利衝上去阻止他去連接推進器，有一剎那大家都不知道發生了什麼事，然後最上層的推進器開始轉動了，群眾壓抑驚叫聲之後，影片顯示剛剛發生了什麼事：蓋伯埃利想要從上層的推進器去阻止麥肯茲進攻推進器，麥肯茲則以全速驅動電動馬達的輪子，推進器達到它旋轉的最高速，麥肯茲得分。但是馬上看到葛瑞夫斯把麥肯茲這邊的下推進器轉到最高速，就像Z把他那邊的推進器轉到最高速一樣，現在Z只要去把他剪刀型的升降梯收起來並轉動最低層的推動機他就贏了。但是假如麥肯茲能夠阻止這個推動機的發動，他就打敗了Z，變成贏家。蓋伯埃利的機器人仍然在上層甲板上持續前進，但他不是麥肯茲的對手，麥肯茲繞過他，在X-wing的機身前進，觀眾察覺到他要做些什麼，都站起來摒住呼吸觀看。Z跳下到下層的推進器開始轉動它，有多快無人知曉。而麥肯茲在他的上頭踟躕而行，一聲巨響，麥肯茲降落到Z的剪刀式升降梯機器人身上，把他推倒在地。當塵埃落定時，積分欄上是三一二．五對三一二．五。

這時，實驗室的老師布勞斯坦（Danny Braunstein）穿著《星際大戰》中絕地（Jedi）的袍子走出來，拿著一個自己做的天平，麥肯茲把他的兩個機器人放在天平的一端，Z把他的放在另一端，有很長一段時間，這個天平保持平衡沒有動，然後麥肯茲拉一個桿聽到一個喀噠聲，一組機器人掉落在地板上，而另一組勝利的升起，像拳擊賽贏家所舉起的勝利手勢。

這組機器人是麥肯茲的。

用黑武士的話來說，學習者現在是大師了（the learner was now the master）。

結語

二〇一九年，在佛勞爾斯對2.007課程的學生演講後兩年，因手術意外過世，享壽七十五歲。這個消息對MIT來說是個不可承受的打擊，對無數的學習者來說也是一樣。除了MIT的校友之外，佛勞爾斯還透過他協助創立的全球性組織FIRST Robotics吸引了數百萬人，該組織為數十個國家的學生帶來了機器人競賽。他曾主持美國公共電視台（PBS）的《美國科學的蠻荒地》（*Scientific American Frontiers*）這個節目三年，有無數的美國高中生和大學生課程採取2.007課程的模式，他對教育的貢獻替他贏得全世界的尊敬。他對教育的影響力已經與教育萬神殿中一些最重要的人一樣並駕齊驅，永垂不朽了。

兩百多年前，巨炮的聲響宣示了教育萬神殿兩位先驅遺愛的終止：貝爾和蘭卡斯特的學校還像草菇一樣在美利堅年輕的土地上冒出來的時候，紐約州州長克林頓，也是蘭卡斯特最重要的金主，宣布開始開鑿伊利運河，這是連接美國的五大湖，透過哈德遜河進入大西洋的一個重要航道。這個三百六十三英哩長的運河花了六年才完工，在一八二五年時，紐約州用鳴炮來宣布它的峻工。

因為它直接節省了九五%的運費，使紐約市成為美國東北部包括上中西部和加拿大南部的商業中心。在伊利運河開通之前，農人和工匠就只有附近的人可以跟他們競爭，但是通航之後，甜菜、酒類、威士忌都在可接觸的範圍之內，「每一個種小麥的農夫突然之間就跟所有紐約州和紐約州以外的農夫在競爭了[1]。」教育史研究者拉伯利（David Labaree）在他的書《有人必須失敗》（*Someone Has to Fail*）中寫道。在非常短的幾年之內，一些小的、本地的企業，尤其是家庭式或小商店會逐漸消失，因為他們沒有辦法跟遠方大城市量產的物品競爭。當運河、高速公路和鐵路發展開來時，過去自給自足的中產階級會消失，同時消失的還有那些維繫農業社區的社會凝聚力。政府解決這個問題的方法之一便是推廣教育，用平民教育的方法，把蘭卡斯特的教育方式推廣到每一個人身上，在這歷程中它所設立的教育架構一直沿用到今天。

十九世紀末的工業革命也造成了類似的結果。因為機械化量產和獨立的工廠被大企業所壟斷，中產階級再次消失，社會的動盪再一次導致學校的建立，到現在，教育成為許多家庭要晉身中產階級最清楚的一條路。他們開始為孩子爭取高中畢業文憑而大聲要求，行政體系急迫需要篩選分類學生的方法。如同我們看到的，他們的方法並沒有像他們以為的那麼公正，而現在我們仍然沿用他們當時所留下的架構和方法，包括教育的篩選器。

今天，我們經驗到跟過去非常相似的情況，如佛勞爾斯在他的演講中指出的，薪水和收入停滯不前，某些領域的自動化取代了許多工作，但也提供了新的工作，這跟十九世紀機械化取代了手作勞工有非常相似之處。十九世紀初，地方市場的革命是今天全球工作、人員和貨品流通的前例（尤其是物品流通方面，我在RFID上所扮演的角色大大加快了世界貿易輪子的滾動）。雖然一般認為貿易是利多於弊，但是它也的確產生輸家和贏家，它會在你不注意時讓過去經濟上很穩定的中產階級消失。

這些情況加上快速的技術更新，使得教育必須跟得上時代又不受時代限制，這就是文提拉說的：「給他一條魚，他可以吃一天；教他如何釣魚，他可以吃一輩子。」「但是你要確定，你教他的釣魚方法是一輩子不會過時的。」不管科技如何進步，基本的技能是絕不會過時的。這其中最經典的便是「學習如何學習」（learning to learn），我另外加上複雜度（complexity）、控制自己的工作記憶，以及發展你的創意自我（借用佛勞爾斯的話）。這不代表我們要放棄直接的、特定項目的訓練，但是這些訓練必須能符合學習者的時間、地點和財力負擔，並且在面對變化時更加靈活。**我們要用手腦並用的方式，提供學生了解世界所需的事實以及他們在這世界生存所需的動手做技術，他們需要用微積分去思考。**MIT的微型碩士就是一個最好的例子，它包括上面所說的兩個部分，當然它絕對不是唯一的模式。

假如我們會很快再經歷另一次教育大變動，這個時機真是不能再好了，因為它可能可以給我們一個機會去把過時的教和學的理念連根拔起。感謝認知科學，我們現在有能力去建構不但不會干擾生物和心理的學習歷程，同時還可以增加學習效果。感謝新科技加持的學習工具和方法，我們可以使更多人接受教育，並且在方法上更有彈性，更能忍受因各別差異所產生的不同學習方式。

或許最重要的是，只有今天我們才享有後見之明的益處，我們終於從歷史上了解如何去避免過去那些教育先進者所犯的錯誤，就如詹姆斯在一八九九所言：「心理學是個科學，而教學是個藝術，我們永遠無法直接從科學中得出藝術來，它必須經過一個中介的創意心智才行[2]。」我們對學習除了從科學家的角度去了解，還必須從應用這個科學的角度去思考：設計者、工程師、藝術家、老師以及學習者，只有這樣做，我們才可以改進生活，引導世界上更多被篩掉的有潛能者，去解決我們所面對的真正難題。

太久了，我們一直盲目服從教育傳統，而這些傳統是建立在不牢靠的科學證據上，結果阻礙所有地方的學習。現在終於有機會去把學習放在篩選器之上，把接納放在排斥之上，這些實在太重要而不該被忽略。沒有哪一天比今天更適合去宣布一個新學習紀元的開始。不要浪費任何一分鐘，讓我們馬上鳴炮宣布這個新紀元的開始，只是我們發射的並非火藥，而是大腦的運動電位。

注釋

引言：探險的開始

1 Shreeharsh Kelkar, "The Elite's Last Stand: Negotiating Toughness and Fairness in the IIT-JEE, 1990–2005" (working paper, 2013); http://web.mit.edu/skelkar/www/shreeharsh-kelkar_files/Kelkar-IIT_JEE_ver4.pdf.

2 Clandinin and Husu, *The SAGE Handbook of Research on Teacher Education,* 55.

3 Cuban, *Teachers and Machines,* 19.

4 Larry Cuban, "Techno-Reformers and Classroom Teachers," *Education Week* 16, no. 6 (1996): 37–38.

5 C. P. Gilmore, "Teaching Machines: Do They or Don't They," *Popular Science* 181 (1962): 57–62.

6 Papert, *Mindstorms*, 18.

7 Seymour Papert, "Trying to Predict the Future," *Popular Computing* 3, no. 13 (1984): 30–44.

8 Toffler, *Future Shock*, 355.

9 Michael B. Horn and Meg Evans, "A Factory Model for Schools No Longer Works," *Milwaukee Journal Sentinel,* June 29, 2013.

10 Greg Anrig, "Why the New Teachers' Contract Is Great News for NYC's Students," *The Century Foundation,* June 3, 2014; https://tcf.org/content/commentary/why-the-new-teachers-contract-is-great-news-for-nycs-students/.

11 Linda Darling-Hammond, "To Close the Achievement Gap, We Need to Close the Teaching Gap," *HuffPost,* June 30, 2014.

12 Gatto, *Underground History of American Education,* 168.

13 Salman Khan, "The Founder of Khan Academy on How to Blend the Virtual with the Physical," *Scientific American,* August 1, 2013.

14 Audrey Watters, "The Invented History of 'The Factory Model of Education,' " *Hack Education*, April 25, 2015.

15 Jeffrey Selingo, "The Two Most Important College-Admissions Criteria Now Mean Less," *The Atlantic*, May 25, 2018.

16 Caroline M. Hoxby and Christopher Avery, "The Missing 'One-offs': The Hidden Supply of High-Achieving, Low Income Students," National Bureau of Economic Research, No. 18586 (2012).

17 Thomas D. Snyder, Cristobal de Brey, and Sally A. Dillow, "Digest of Education Statistics 2017, NCES 2018-070," National Center for Education Statistics (2019); "Trends in College Pricing 2019," College Board, November 2019, https://research.collegeboard.org /trends/college-pricing/resource-library; Emma Kerr, "10 Most, Least Expensive Private Colleges," *U.S. News & World Report*, September 9, 2019.

18 Michael Mitchell, Michael Leachman, Kathleen Masterson, and Samantha Waxman, "Unkept Promises: State Cuts to Higher Education Threaten Access and Equity," Center on Budget and Policy Priorities, October 4, 2018.

19 David Autor, "Skills, Education, and the Rise of Earnings Inequality Among the 'Other 99 Percent,' " Science 344, no. 6186 (2014): 843–51.

20 Aaron Hedlund and Grey Gordon, "Accounting for Tuition Increases at US Colleges," *2017 Meeting Papers*, no. 1550, Society for Economic Dynamics, 2017.

21 Paul Fain, "College Enrollment Declines Continue," *Inside Higher* Ed, May 30, 2019.

22 Raj Chetty, Nathaniel Hendren, Patrick Kline, and Emmanuel Saez, "Where Is the Land of Opportunity? The Geography of Intergenerational Mobility in the United States," *Quarterly Journal of Economics* 129, no. 4 (2014): 1553–623.

23 Raj Chetty, John N. Friedman, Emmanuel Saez, Nicholas Turner, and Danny Yagan, "Mobility Report Cards: The Role of Colleges in Intergenerational Mobility," NBER Working Paper no. 23618, National Bureau of Economic Research (2017): 35.

24 Stephen Burd, "Even at Private Colleges, Low-Income Students Tend to Go to the Poorest Schools," *New America,* May 18, 2017.

25 Caroline Hoxby, "Students of Color Don't Apply to Top Schools, but They Should," Tell Me More, NPR News, January 9, 2014; Amanda Ripley, "Why Is College in America So Expensive?" *The Atlantic,* September 11, 2018.

26 Ravitch, *Left Back*, 160–61.

27 Nancy Beadie et al., "Gateways to the West, Part 2: Education and the Making of Race, Place, and Culture in the West," *History of Education Quarterly* 57, no. 1 (2017): 94–126.

28 For a discussion of Terman's willingness to venture beyond the available data, see Russell T. Warne, "An Evaluation (and Vindication?)

of Lewis Terman: What the Father of Gifted Education Can Teach the 21st Century," *Gifted Child Quarterly* 63, no. 1 (2019): 3–21.

29 Lewis M. Terman, "Were We Born That Way?" *World's Work* 44, no. 660 (1922): 659.

30 Shenk, *The Genius in All of Us*, 29.

31 Ravitch, Left Back, 239, 368; see also Tyack, *The One Best System*, 185–90.

32 Ravitch, Left Back, 138; Lewis M. Terman, "The Use of Intelligence Tests in the Grading of School Children," *Journal of Educational Research* 1, no. 1 (1920): 31.

33 Gordon Thomas Way, "Examining Testing Policy in the United States: A Comparative Historical Analysis of National Testing for Accountability Debates and Intelligence Testing Debates" (PhD diss., University of Kansas, 2014).

34 Michael Hurwitz, Jonathan Smith, Sunny Niu, and Jessica Howell. "The Maine Question: How Is 4-year College Enrollment Affected by Mandatory College Entrance Exams?" *Educational Evaluation and Policy Analysis* 37, no. 1 (2015): 138–59.

35 David Card and Laura Giuliano, "Universal Screening Increases the Representation of Low-Income and Minority Students in Gifted Education," *Proceedings of the National Academy of Sciences* 113, no. 48 (2016): 13678–83.

36 For example, see Howard Gardner, *Multiple Intelligences: New Horizons* (New York: Basic Books, 2006).

37 Robert J. Sternberg, *Beyond IQ: A Triarchic Theory of Human Intelligence* (CUP Archive, 1985).

38 E. Turkenheim, A. Haley, M. Waldron, B. D'Onofrio, and I. I. Gottesman, "Socioeconomic Status Modifies Heritability of IQ in Young Children," *Psychological Science* 14, no 6 (2003): 623–28.

39 Aaron Reuben, Avshalom Caspi, Daniel W. Belsky, Jonathan Broadbent, Honalee Harrington, Karen Sugden, Renate M. Houts, Sandhya Ramrakha, Richie Poulton, and Terrie E. Moffitt, "Association of Childhood Blood Lead Levels with Cognitive Function and Socioeconomic Status at Age 38 Years and with IQ Change and Socioeconomic Mobility Between Childhood and Adulthood," *Journal of the American Medical Association* 317, no. 12 (2017): 1244–51.

40 Alan Lucas, "Long-Term Programming Effects of Early Nutrition—Implications for the Preterm Infant," *Journal of Perinatology* 25, no. S2 (2005).

41 Michael D. De Bellis and Abigail Zisk, "The Biological Effects of Childhood Trauma," *Child and Adolescent Psychiatric Clinics* 23, no. 2 (2014): 185–222.

42 Namni Goel, Hengyi Rao, Jeffrey S. Durmer, and David F. Dinges, "Neurocognitive Consequences of Sleep Deprivation," *Seminars in*

Neurology 29, no. 4 (2009): 320–39.

43 Clancy Blair and C. Cybele Raver, "Poverty, Stress, and Brain Development: New Directions for Prevention and Intervention," *Academic Pediatrics* 16, no. 3 (2016): S30–S36; Gary W. Evans and Michelle A. Schamberg, "Childhood Poverty, Chronic Stress, and Adult Working Memory," *Proceedings of the National Academy of Sciences* 106, no. 16 (2009): 6545–49.

44 Christopher Winship and Sanders Korenman, "Does Staying in School Make You Smarter? The Effect of Education on IQ in The Bell Curve," in *Intelligence, Genes, and Success* (New York: Springer, 1997), 215–34.

45 David S. Yeager et al., "A National Experiment Reveals Where a Growth Mindset Improves Achievement," *Nature* 573, no. 7774 (2019): 364–69.

46 Carl Kaestle, "Testing Policy in the United States: A Historical Perspective," the Gordon Commission, Educational Testing Service (ETS), 2013; https://www.ets.org/Media/Research/pdf/kaestle_testing_policy_us_historical_perspective.pdf.

47 Richard D. Kahlenberg, "An Imperfect SAT Adversity Score Is Better Than Just Ignoring Adversity," *The Atlantic*, May 25, 2019.

48 Mary Jordan, "SAT Changes Name, but It Won't Score 1,600 with Critics," *Washington Post,* March 27, 1993.

49 Peter Applebome, "Insisting It's Nothing, Creator Says SAT, not SAT," *New York Times,* April 2, 1997.

50 Charlotte R. Pennington, Derek Heim, Andrew R. Levy, and Derek T. Larkin, "Twenty Years of Stereotype Threat Research: A Review of Psychological Mediators," *Public Library of Science One* 11, no. 1 (2016): e0146487.

51 Jonathan Taylor, "Fairness to Gifted Girls: Admissions to New York City's Elite Public High Schools," *Journal of Women and Minorities in Science and Engineering* 25, no 1 (2019): 75–91; Jill Barshay, "The Problem with High-Stakes Testing and Women in STEM," *Hechinger Report*, January 7, 2019.

52 Claude M. Steele and Joshua Aronson, "Stereotype Threat and the Test Performance of Academically Successful African Americans," *Journal of Personality and Social Psychology* 69, no 5 (1995): 797–811.

53 Jonçich, *The Sane Positivist*, 322.

54 For a notable dissent, see Gallistel and King, *Memory and the Computational Brain.*

55 For a notable dissent, see Varela, Rosch, and Thompson, *The Embodied Mind*.

56 Raj Chetty, Nathaniel Hendren, Patrick Kline, Emmanuel Saez, and Nicholas Turner, "Is the United States Still a Land of Opportunity? Recent Trends in Intergenerational Mobility," *American Economic Review* 104, no. 5 (2014): 141–47.

57 Chetty et al., "Mobility Report Cards," 2017.

58 Alex Bell, Raj Chetty, Xavier Jaravel, Neviana Petkova, and John Van Reenen, "Who Becomes an Inventor in America? The Importance of Exposure to Innovation," *Quarterly Journal of Economics* 134, no. 2 (2018): 647–713.

59 Benjamin Jones, E. J. Reedy, and Bruce A. Weinberg, "Age and Scientific Genius," NBER Working Paper 19866, National Bureau of Economic Research (2014).

Part 1 學習是科學，和科學是學習

1 學習被區分

1 "Dr. John Dewey Dead at 92; Philosopher a Noted Liberal," *New York Times*, June 2, 1952.

2 Dewey, The Child and the Curriculum, 24; Labaree, *The Trouble with Ed Schools,* 131.

3 Ferster, *Teaching Machines*, 160.

4 Jason K. McDonald, "The Rise and Fall of Programmed Instruction: Informing Instructional Technologists Through a Study of the Past" (PhD diss., Brigham Young University, 2003), 20.

5 Sydney Katz, "Some of Johnny's Best Teachers Are Machines," *Maclean's*, March 24, 1962.

6 McDonald, "The Rise and Fall of Programmed Instruction," 42.

7 Ellen Condliffe Lagemann, "The Plural Worlds of Educational Research," *History of Education Quarterly* 29, no. 2 (1989): 185–214.

8 Kliebard, *The Struggle for the American Curriculum: 1893–1958*, 5; Turbayne, *The Myth of Metaphor.*

9 Kliebard, *The Struggle for the American Curriculum,* 57.

10 Thomas Fallace, "Recapitulation Theory and the New Education: Race, Culture, Imperialism, and Pedagogy, 1894–1916," *Curriculum Inquiry* 42, no. 4 (2012): 510–33.

11 Kliebard, *The Struggle for the American Curriculum,* 39.

12 Ibid., 43.

13 Ibid., 47; John Dewey, "Interest in Relation to Training of the Will," *Herbart Yearbook for 1895*, 2nd supp., 1896, 209–46.

14 Lagemann, *An Elusive Science,* 42.

15 Ibid. 42.

16 Dewey, How We Think, preface.

17 Ibid., 156.

18 Dewey and Boydston, *The Early Works of John Dewey, 1882–1898, Volume 5: Early Essays, 1895–1898*, 224.

19 Kliebard, *The Struggle for the American Curriculum,* 55.

20 Lagemann, An Elusive Science, 49; John Dewey, "Pedagogy as a University Discipline," in Dewey and Boydston, *The Early Works of John Dewey, 1882–1898, Volume 5*: *Early Essays, 1895–1898*, 437.

21 Kliebard, The Struggle for the American Curriculum, 62; John Dewey, "The University Elementary School: History and Character," *University [of Chicago] Record,* 2, 72.

22 Kliebard, The Struggle for the American Curriculum, 64; John Dewey, "The Psychological Aspect of the School Curriculum," *Educational Review* 13 (1897): 361.

23 Kliebard, *The Struggle for the American Curriculum,* 69; Dewey, T*he School and Society,* 44.

24 Kliebard, *The Struggle for the American Curriculum,* 69; Dewey, *The School and Society,* 44.

25 Westbrook, *John Dewey and American Democracy,* 113.

26 Jonçich, *The Sane Positivist,* 3.

27 Lagemann, *An Elusive Science,* 62.

28 Edward L. Thorndike, "Edward Lee Thorndike," in Murchison, *A History of Psychology in Autobiography,* vol. 3, 263–70.

29 Jonçich, *The Sane Positivist,* 48.

30 Stephen Tomlinson, "Edward Lee Thorndike and John Dewey on the Science of Education," *Oxford Review of Education* 23, no. 3 (1997): 365–83.

31 Thorndike,"Edward Lee Thorndike," 263–70.

32 Lagemann, *An Elusive Science,* 57.

33 W. Cumming, "A Review of Geraldine Jonçich's The Sane Positivist: A Biography of Edward L. Thorndike," *Journal of the Experimental Analysis of Behavior* 72, no. 3 (1999): 429.

34 R. L. Thorndike, "Edward Thorndike: A Personal and Professional Appreciation," in Kimble et al., *Portraits of Pioneers in Psychology*, vol. 1, 139–51.

35 Jonçich, *The Sane Positivist,* 139.

36 A. Charles Catania, "Thorndike's Legacy: Learning, Selection, and the Law of Effect," *Journal of the Experimental Analysis of Behavior* 72, no. 3 (1999): 425–28.

37 Jonçich, *The Sane Positivist,* 146.

38 Ibid., 142–43.

39 Gray, *Psychology,* 108–9.

40 Jonçich, *The Sane Positivist,* 352; Thorndike, *The Psychology of Learning,* 16.

41 Jamie Chamberlin, "Notes on a Scandal," *Monitor on Psychology* 43, no. 9 (2012).

42 "John B. Watson," *Ad Age*, 1999.

43 Joseph Stromburg, "BF Skinner's Pigeon-Guided Rocket," Smithsonian .com, August 18, 2011.

44 Ferster, *Teaching Machines,* 69.

45 Burrhus Frederic Skinner, "The Technology of Teaching," BF Skinner Foundation, 2016, 35–36.

46 Bill Ferster, Teaching Machines (Baltimore: Johns Hopkins University Press, 2014), 55–60.

47 "Exploring the Role of Teachers College in International Education," *International Education News*, May 30, 2019.

48 Tyack, *The One Best System,* 127.

49 United States *Summary: 2010*, prepared by the United States Bureau of the Census (Washington, DC, September 2012), 13, 21; https://www.census.gov/prod/cen2010/cph-2-1.pdf.

50 Labaree, *Someone Has to Fail,* 88.

51 Graebner, *A History of Retirement,* 15–16.

52 Labaree, *Someone Has to Fail,* 88.

53 Stephen Tomlinson, "Edward Lee Thorndike and John Dewey on the Science of Education," *Oxford Review of Education* 23, no. 3 (1997): 365–83.

54 Edward L. Thorndike and Robert S. Woodworth, "The Influence of Improvement in One Mental Function upon the Efficiency of Other Functions: III. Functions Involving Attention, Observation and Discrimination," *Psychological Review* 8, no. 6 (1901): 553.

55 Jonçich, *The Sane Positivist,* 271.

56 *Reorganization of Science in Secondary Schools: A Report,* National Education Association of the United States (Washington, DC, 1920).

57 Richard E. Mayer, "E. L. Thorndike's Enduring Contributions to Educational Psychology," in Zimmerman and Schunk, *Educational Psychology,* 140.

58 Thorndike, *The Principles of Teaching,* 9.

59 Lagemann, *An Elusive Science,* 61.

60 See, for example, Goldstein, *The Teacher Wars.*

61 James M. Heffernan, "The Credibility of the Credit Hour: The History, Use, and Shortcomings of the Credit System," *Journal of Higher Education* 44, no. 1 (1973): 61–72.

62 Thorndike, *Notes on Child Study,* 292.

63 Kliebard, *The Struggle for the American Curriculum,* 93; E. L. Thorndike, "The Opportunity of the High Schools," *The Bookman*, October 1906, 180.

64 Edward L. Thorndike, "Mental Discipline in High School Studies," *Journal of Educational Psychology* 15, no. 2 (1924): 83.

65 Kliebard, *The Struggle for the American Curriculum,* 91.

66 Tomlinson, "Edward Lee Thorndike and John Dewey on the Science of Education."

67 Ravitch, *Left Back*, 151; John Dewey, "Individuality, Equality, and Superiority," *New Republic* 33 (December 13, 1922): 61–63.

68 Ravitch, *Left Back,* 156.

69 Edward L. Thorndike, "Edward Lee Thorndike," in Murchison, *A History of Psychology in Autobiography,* vol. 3.

70 Ravitch, *Left Back,* 135.

71 Ibid., 143.

72 Thorndike, *Human Nature and the Social Order,* 957.

73 See Fish, *Race and Intelligence,* 241–78.

74 Ned Block, "How Heritability Misleads About Race," *Boston Review* 20, no. 6 (1996): 30–35.

75 Ezra Klein, "Sam Harris, Charles Murray, and the Allure of Race Science," *Vox*, March 27, 2018.

76 Tomlinson, "Edward Lee Thorndike and John Dewey on the Science of Education"; Thorndike, *Human Nature and the Social Order, 957.*

2 第一層：水蛭的細胞和學校的鐘

1 Jonathan A. Susser and Jennifer McCabe, "From the Lab to the Dorm Room: Metacognitive Awareness and Use of Spaced Study," *Instructional Science* 41, no. 2 (2013): 345–63.

2 Nicholas J. Cepeda, Noriko Coburn, Doug Rohrer, John T. Wixted, Michael C. Mozer, and Harold Pashler, "Optimizing Distributed Practice: Theoretical Analysis and Practical Implications," *Experimental Psychology* 56, no. 4 (2009): 236.

3 Doug Rohrer and Kelli Taylor, "The Effects of Overlearning and Distributed Practise on the Retention of Mathematics Knowledge," *Applied Cognitive Psychology* 20, no. 9 (2006): 1209–24.

4 Haley A. Vlach and Catherine M. Sandhofer, "Distributing Learning over Time: The Spacing Effect in Children's Acquisition and Generalization of Science Concepts," *Child Development* 83, no. 4 (2012): 1137–44.

5 David A. Balota, Janet M. Duchek, and Ronda Paullin, "Age-Related Differences in the Impact of Spacing, Lag, and Retention Interval," *Psychology and Aging 4*, no. 1 (1989): 3.

6 Christopher D. Smith and Damian Scarf, "Spacing Repetitions over Long Timescales: A Review and a Reconsolidation Explanation," *Frontiers in Psychology* 8 (2017): 962.

7 Arthur M. Glenberg and Thomas S. Lehmann, "Spacing Repetitions over 1 Week," *Memory & Cognition* 8, no. 6 (1980): 528–38.

8 G. Rubin-Rabson, "Studies in the Psychology of Memorizing Piano Music: II. A Comparison of Massed and Distributed Practice," *Journal of Educational Psychology* 31, no. 4 (1940): 270–84.

9 Teresa K. Dail and Robert W. Christina, "Distribution of Practice and Metacognition in Learning and Long-Term Retention of a Discrete Motor Task," *Research Quarterly for Exercise and Sport* 75, no. 2 (2004): 148–55.

10 Carol-Anne E. Moulton, Adam Dubrowski, Helen MacRae, Brent Graham, Ethan Grober, and Richard Reznick, "Teaching Surgical Skills: What Kind of Practice Makes Perfect?: A Randomized, Controlled Trial," *Annals of Surgery* 244, no. 3 (2006): 400.

11 K. Matthew Lattal, "Trial and Intertrial Durations in Pavlovian Conditioning: Issues of Learning and Performance," *Journal of Experimental Psychology: Animal Behavior Processes* 25, no. 4 (1999): 433.

12 J. C. P. Yin, M. Del Vecchio, H. Zhou, and T. Tully, "CREB as a Memory Modulator: Induced Expression of a dCREB2 Activator Isoform Enhances Long-Term Memory in Drosophila," *Cell* 81, no. 1 (1995): 107–15.

13 Suzana Herculano-Houzel, "The HumanBrain in Numbers: A Linearly Scaled-Up Primate Brain," *Frontiers in Human Neuroscience* 3 (2009): 31.

14 Hermann Ebbinghaus, "Memory: A Contribution to Experimental Psychology," *Annals of Neurosciences* 20, no. 4 (2013): 155.

15 Dehn, *Working Memory and Academic Learning,* 10.

16 Diego Zilio, "Filling the Gaps: Skinner on the Role of Neuroscience in the Explanation of Behavior," *Behavior and Philosophy* 41 (2013): 33–59; Skinner, *About Behaviorism,* 219.

17 Edward G. Jones, "Santiago Ramon y Cajal and the Croonian Lecture, March 1894," *Trends in Neurosciences* 17, no. 5 (1994): 190–92.

18 Aertsen and Braitenberg, *Information Processing in the Cortex,* 9.

19 For example, Carla J. Shatz, "The Developing Brain," *Scientific American* 267, no. 3 (1992): 60–67.

20 Eric R. Kandel, "The Molecular Biology of Memory Storage: A Dialogue Between Genes and Synapses," *Science* 294, no. 5544 (2001): 1030–38.

21 Mathew J. Wedel, "A Monument of Inefficiency: The Presumed Course of the Recurrent Laryngeal Nerve in Sauropod Dinosaurs," *Acta Palaeontologica Polonica* 57, no. 2 (2011): 251–57.

22 Kandel, *In Search of Memory,* 107.

23 Ibid., 107–8.

24 Ibid., 139.

25 Ibid., 142.

26 Ibid., 143.

27 Eric R. Kandel, "Eric Kandel—Biographical," NobelPrize .org, 2000; https://www.nobelprize.org/prizes /medicine/2000/kandel/biographical.

28 Ibid.

29 Leonid L. Moroz, "Aplysia," *Current Biology*: CB 21, no. 2 (2011): R60.

30 Kandel, *In Search of Memory,* 169–70.

31 Ibid., 171.

32 Ibid., 194.

33 Ibid., 201.

34 Ibid., 202.

35 Caroline Bushdid, Marcelo O. Magnasco, Leslie B. Vosshall, and Andreas Keller, "Humans Can Discriminate More than 1 Trillion Olfactory Stimuli," *Science* 343, no. 6177 (2014): 1370–72.

36 Michelle T. Tong, Shane T. Peace, and Thomas A. Cleland, "Properties and Mechanisms of Olfactory Learning and Memory," *Frontiers in Behavioral Neuroscience* 8 (2014): 238.

37 Josefa B. Flexner, Louis B. Flexner, and Eliot Stellar, "Memory in Mice as Affected by Intracerebral Puromycin," *Science* 141, no. 3575 (1963): 57–59.

38 James H. Schwartz, Vincent F. Castellucci, and Eric R. Kandel, "Functioning of Identified Neurons and Synapses in Abdominal Ganglion of Aplysia in Absence of Protein Synthesis," *Journal of Neurophysiology* 34, no. 6 (1971): 939–53.

39 Marcello Brunelli, V. Castellucci, and E. R. Kandel, "Synaptic Facilitation and Behavioral Sensitization in Aplysia: Possible Role of Serotonin and Cyclic AMP," *Science* 194, no. 4270 (1976): 1178–81; E. R. Kandel, M. Brunelli, J. Byrne, and V. Castellucci, "A Common Presynaptic Locus for the Synaptic Changes Underlying Short-Term Habituation and Sensitization of the Gill-Withdrawal

Reflex in Aplysia," *Cold Spring Harbor Symposia on Quantitative Biology,* vol. 40 (Cold Spring Harbor Laboratory Press, 1976), 465–82.

40 Kandel, *In Search of Memory,* 282–83.

41 Eric R. Kandel, Yadin Dudai, and Mark R. Mayford, "The Molecular and Systems Biology of Memory," *Cell* 157, no. 1 (2014): 163–86.

42 Ibid.

43 Costandi, Neuroplasticity, 63; Raphael Lamprecht and Joseph LeDoux, "Structural Plasticity and Memory," *Nature Reviews Neuroscience* 5, no. 1 (2004): 45.

44 Wickliffe C. Abraham, Barbara Logan, Jeffrey M. Greenwood, and Michael Dragunow, "Induction and Experience-Dependent Consolidation of Stable Long-Term Potentiation Lasting Months in the Hippocampus," *Journal of Neuroscience* 22, no. 21 (2002): 9626–34.

45 Carol A. Barnes, "Long-Term Potentiation and the Ageing Brain," *Philosophical Transactions of the Royal Society of London. Series B: Biological Sciences* 358, no. 1432 (2003): 765–72.

46 Benedict C. Albensi, Derek R. Oliver, Justin Toupin, and Gary Odero, "Electrical Stimulation Protocols for Hippocampal Synaptic Plasticity and Neuronal Hyper-Excitability: Are They Effective or Relevant?" *Experimental Neurology* 204, no. 1 (2007): 1–13.

47 Kandel, *In Search of Memory,* 264–65.

48 Enikö A. Kramár, Alex H. Babayan, Cristin F. Gavin, Conor D. Cox, Matiar Jafari, Christine M. Gall, Gavin Rumbaugh, and Gary Lynch, "Synaptic Evidence for the Efficacy of Spaced Learning," *Proceedings of the National Academy of Sciences* 109, no. 13 (2012): 5121–26.

49 Bulent Ataman, James Ashley, Michael Gorczyca, Preethi Ramachandran, Wernher Fouquet, Stephan J. Sigrist, and Vivian Budnik, "Rapid Activity-Dependent Modifications in Synaptic Structure and Function Require Bidirectional Wnt signaling," *Neuron* 57, no. 5 (2008): 705–18.

50 Gang-Yi Wu, Karl Deisseroth, and Richard W. Tsien, "Spaced Stimuli Stabilize MAPK Pathway Activation and Its Effects on Dendritic Morphology," *Nature Neuroscience* 4, no. 2 (2001): 151.

51 Enikö A. Kramár, Alex H. Babayan, Cristin F. Gavin, Conor D. Cox, Matiar Jafari, Christine M. Gall, Gavin Rumbaugh, and Gary Lynch, "Synaptic Evidence for the Efficacy of Spaced Learning," *Proceedings of the National Academy of Sciences* 109, no. 13 (2012): 5121–26.

52 Jürgen Kornmeier and Zrinka Sosic-Vasic, "Parallels Between Spacing Effects During Behavioral and Cellular Learning," *Frontiers in Human Neuroscience* 6 (2012): 203.

53 Cepeda et al., "Optimizing Distributed Practice," 2009; Nicholas J. Cepeda, Harold Pashler, Edward Vul, John T. Wixted, and Doug Rohrer, "Distributed Practice in Verbal Recall Tasks: A Review and Quantitative Synthesis," *Psychological Bulletin* 132, no. 3 (2006): 354.

54 Kelli Taylor and Doug Rohrer, "The Effects of Interleaved Practice," *Applied Cognitive Psychology* 24, no. 6 (2010): 837–48.

55 Kandel and Mack, *Principles of Neural Science,* 470–72.

56 Tomonori Takeuchi, Adrian J. Duszkiewicz, and Richard G. M. Morris, "The Synaptic Plasticity and Memory Hypothesis: Encoding, Storage and Persistence," *Philosophical Transactions of the Royal Society B* 369, no. 1633 (2014).

57 Xu Liu, Steve Ramirez, Petti T. Pang, Corey B. Puryear, Arvind Govindarajan, Karl Deisseroth, and Susumu Tonegawa, "Optogenetic Stimulation of a Hippocampal Engram Activates Fear Memory Recall," *Nature* 484, no. 7394 (2012): 381.

58 Edward S. Boyden, Feng Zhang, Ernst Bamberg, Georg Nagel, and Karl Deisseroth, "Millisecond-Timescale, Genetically Targeted Optical Control of Neural Activity," *Nature Neuroscience* 8, no. 9 (2005): 1263–68.

59 Susumu Tonegawa, Michele Pignatelli, Dheeraj S. Roy, and Tomás J. Ryan, "Memory Engram Storage and Retrieval," *Current Opinion in Neurobiology* 35 (2015): 101–9.

60 Dheeraj S. Roy, Autumn Arons, Teryn I. Mitchell, Michele Pignatelli, Tomás J. Ryan, and Susumu Tonegawa, "Memory Retrieval by Activating Engram Cells in Mouse Models of Early Alzheimer's Disease," *Nature* 531, no. 7595 (2016): 508–12.

61 Takashi Kitamura, Sachie K. Ogawa, Dheeraj S. Roy, Teruhiro Okuyama, Mark D. Morrissey, Lillian M. Smith, Roger L. Redondo, and Susumu Tonegawa, "Engrams and Circuits Crucial for Systems Consolidation of a Memory," *Science* 356, no. 6333 (2017): 73–78.

62 Mu-ming Poo, Michele Pignatelli, Tomás J. Ryan, Susumu Tonegawa, Tobias Bonhoeffer, Kelsey C. Martin, Andrii Rudenko, et al., "What Is Memory? The Present State of the Engram," *BMC Biology* 14, no. 1 (2016): 40.

63 Wayne S. Sossin, "Memory Synapses Are Defined by Distinct Molecular Complexes: A Proposal," *Frontiers in Synaptic Neuroscience* 10 (2018): 5.

3 第二層：系統內的系統

1 Assuming 7,000 synapses per cortical neuron, 630,000 neurons per 3mm3 fMRI voxel, 37 acres of maintained turf per 9-hole golf course, and 3,000 blades of grass per square foot.

2 Toshihide Hige, Yoshinori Aso, Mehrab N. Modi, Gerald M. Rubin, and Glenn C. Turner, "Heterosynaptic Plasticity Underlies Aversive Olfactory Learning in Drosophila," *Neuron* 88, no. 5 (2015): 985–98.

3 Karl S. Lashley, "In Search of the Engram," *Symposiums of the Society of Experimental Biology*, no. 4 (1950): 454–82.

4 Larry R. Squire and John T. Wixted, "The Cognitive Neuroscience of Human Memory Since HM," *Annual Review of Neuroscience* 34 (2011): 259–88.

5 Larry R. Squire and John T. Wixted, "The Cognitive Neuroscience of Human Memory Since HM," *Annual Review of Neuroscience* 34 (2011): 259–88.

6 Benedict Carey, "H. M., an Unforgettable Amnesiac, Dies at 82," *New York Times*, December 4, 2008.

7 Daniel L. Schacter, "Implicit Memory: History and Current Status," *Journal of Experimental Psychology: Learning, Memory, and Cognition* 13, no. 3 (1987): 501.

8 John D. E. Gabrieli, William Milberg, Margaret M. Keane, and Suzanne Corkin, "Intact Priming of Patterns Despite Impaired Memory," *Neuropsychologia* 28, no. 5 (1990): 417–27.

9 Wojciech Świątkowski and Benoît Dompnier, "Replicability Crisis in Social Psychology: Looking at the Past to Find New Pathways for the Future," *International Review of Social Psychology* 30, no. 1 (2017).

10 John D. E. Gabrieli, Margaret M. Keane, Ben Z. Stanger, Margaret M. Kjelgaard, Suzanne Corkin, and John H. Growdon, "Dissociations Among Structural-Perceptual, Lexical-Semantic, and Event-Fact Memory Systems in Alzheimer, Amnesic, and Normal Subjects," *Cortex* 30, no. 1 (1994): 75–103.

11 J. W. Belliveau, D. N. Kennedy, R. C. McKinstry, B. R. Buchbinder, R. M. Weisskoff, M. S. Cohen, J. M. Vevea, T. J. Brady, and B. R. Rosen, "Functional Mapping of the Human Visual Cortex by Magnetic Resonance Imaging," *Science* 254, no. 5032 (1991): 716–19.

12 Nancy Kanwisher, "The Quest for the FFA and Where It Led," *Journal of Neuroscience* 37, no. 5 (2017): 1056–61.

13 Nancy Kanwisher, "The Neuroanatomy Lesson," April 14, 2015. YouTube video, 1:28; https://www.youtube.com/watch?v=PcbSQxJ7UrU.

14 Kanwisher, "The Quest for the FFA."

15 Paul Broca, "Remarques sur le siege de la faculté du langage articulé, suivies d'une observation d'aphémie (perte de la parole)," *Bulletins et Mémoires de la Société anatomique de Paris* 6 (1861): 330–57.

16 Cathy J. Price, "A Review and Synthesis of the First 20 Years of PET and fMRI Studies of Heard Speech, Spoken Language and Reading," *Neuroimage* 62, no. 2 (2012): 816–47.

17 Dehaene, *Reading in the Brain,* 91.

18 A fascinating new research thread suggests that graphemes in particular may be parsed not in the visual word form area (the brain's letterbox) itself, but in a nearby region dubbed the grapheme-related area. Florence Bouhali, Zoé Bézagu, Stanislas Dehaene, and Laurent Cohen, "A Mesial-to-Lateral Dissociation for Orthographic Processing in the Visual Cortex," *Proceedings of the National Academy of Sciences* 116, no. 43 (2019): 21936–46.

19 Jason J. S. Barton, Daniel Z. Press, Julian P. Keenan, and Margaret O'Connor, "Lesions of the Fusiform Face Area Impair Perception of Facial Configuration in Prosopagnosia," *Neurology* 58, no. 1 (2002): 71–78.

20 Peter E. Turkeltaub, Ethan M. Goldberg, Whitney A. Postman-Caucheteux, Merisa Palovcak, Colin Quinn, Charles Cantor, and H. Branch Coslett, "Alexia Due to Ischemic Stroke of the Visual Word Form Area," *Neurocase* 20, no. 2 (2014): 230–35.

21 Stanislas Dehaene and Laurent Cohen, "The Unique Role of the Visual Word Form Area in Reading," *Trends in Cognitive Sciences* 15, no. 6 (2011): 254–62.

22 Elizabeth S. Norton, Sara D. Beach, and John D. E. Gabrieli, "Neurobiology of Dyslexia," *Current Opinion in Neurobiology* 30 (2015): 73–78.

23 John D. E. Gabrieli, "Dyslexia: A New Synergy Between Education and Cognitive Neuroscience," *Science* 325, no. 5938 (2009): 280–83.

24 Norton et al., "Neurobiology of Dyslexia."

25 Torkel Klingberg, Maj Hedehus, Elise Temple, Talya Salz, John D. E. Gabrieli, Michael E. Moseley, and Russell A. Poldrack, "Microstructure of Temporo-Parietal White Matter as a Basis for Reading Ability: Evidence from Diffusion Tensor Magnetic Resonance Imaging," *Neuron* 25, no. 2 (2000): 493–500.

26 Bart Boets, Hans P. Op de Beeck, Maaike Vandermosten, Sophie K. Scott, Céline R. Gillebert, Dante Mantini, Jessica Bulthé, Stefan Sunaert, Jan Wouters, and Pol Ghesquière, "Intact but Less Accessible Phonetic Representations in Adults with Dyslexia," *Science*

342, no. 6163 (2013): 1251–54; Joanna A. Christodoulou, Jack Murtagh, Abigail Cyr, Tyler K. Perrachione, Patricia Chang, Kelly Halverson, Pamela Hook, Anastasia Yendiki, Satrajit Ghosh, and John D. E. Gabrieli, "Relation of White-Matter Microstructure to Reading Ability and Disability in Beginning Readers," *Neuropsychology* 31, no. 5 (2017): 508.

27 Jason D. Yeatman, Robert F. Dougherty, Elena Rykhlevskaia, Anthony J. Sherbondy, Gayle K. Deutsch, Brian A. Wandell, and Michal Ben-Shachar, "Anatomical Properties of the Arcuate Fasciculus Predict Phonological and Reading Skills in Children," *Journal of Cognitive Neuroscience* 23, no. 11 (2011): 3304–17.

28 Tyler K. Perrachione, Stephanie N. Del Tufo, Rebecca Winter, Jack Murtagh, Abigail Cyr, Patricia Chang, Kelly Halverson, Satrajit S. Ghosh, Joanna A. Christodoulou, and John D. E. Gabrieli, "Dysfunction of Rapid Neural Adaptation in Dyslexia," *Neuron* 92, no. 6 (2016): 1383–97.

29 Florence Bouhali, Michel Thiebaut de Schotten, Philippe Pinel, Cyril Poupon, Jean-François Mangin, Stanislas Dehaene, and Laurent Cohen, "Anatomical Connections of the Visual Word Form Area," *Journal of Neuroscience* 34, no. 46 (2014): 15402–14.

30 Zeynep M. Saygin, David E. Osher, Elizabeth S. Norton, Deanna A. Youssoufian, Sara D. Beach, Jenelle Feather, Nadine Gaab, John D. E. Gabrieli, and Nancy Kanwisher, "Connectivity Precedes Function in the Development of the Visual Word Form Area," *Nature Neuroscience* 19, no. 9 (2016): 1250.

31 Mark A. Changizi, Qiong Zhang, Hao Ye, and Shinsuke Shimojo, "The Structures of Letters and Symbols Throughout Human History Are Selected to Match Those Found in Objects in Natural Scenes," *The American Naturalist* 167, no. 5 (2006): E117–E139.

32 Dehaene, *Reading in the Brain,* 303.

33 Nadine Gaab, "Identifying Risk Instead of Failure," Blog on Learning and Development, April 3, 2019; https://bold.expert/identifying-risk-instead-of-failure/.

34 Ola Ozernov-Palchik and Nadine Gaab, "Tackling the 'Dyslexia Paradox': Reading Brain and Behavior for Early Markers of Developmental Dyslexia," *Wiley Interdisciplinary Reviews: Cognitive Science* 7, no. 2 (2016): 156–76.

35 Dehaene, *Reading in the Brain,* 247.

36 Thorndike, *Educational Psychology,* 1–2.

37 Julie J. Yoo, Oliver Hinds, Noa Ofen, Todd W. Thompson, Susan Whitfield-Gabrieli, Christina Triantafyllou, and John D. E. Gabrieli, "When the Brain Is Prepared to Learn: Enhancing Human Learning Using Real-Time fMRI," *Neuroimage* 59, no. 1 (2012): 846–52.

38 George Loewenstein, "The Psychology of Curiosity: A Review and Reinterpretation," *Psychological Bulletin* 116, no. 1 (1994): 75.

39 For example, R. Alison Adcock, Arul Thangavel, Susan Whitfield-Gabrieli, Brian Knutson, and John D. E. Gabrieli, "Reward-Motivated Learning: Mesolimbic Activation Precedes Memory Formation," *Neuron* 50, no. 3 (2006): 507–17; Bianca C. Wittmann, Björn H. Schott, Sebastian Guderian, Julietta U. Frey, Hans-Jochen Heinze, and Emrah Düzel, "Reward-Related FMRI Activation of Dopaminergic Midbrain Is Associated with Enhanced Hippocampus-Dependent Long-Term Memory Formation," *Neuron* 45, no. 3 (2005): 459–67.

40 Matthias J. Gruber, Bernard D. Gelman, and Charan Ranganath, "States of Curiosity Modulate Hippocampus-Dependent Learning via the Dopaminergic Circuit," *Neuron* 84, no. 2 (2014): 486–96.

41 Ibid; Min Jeong Kang, Ming Hsu, Ian M. Krajbich, George Loewenstein, Samuel M. McClure, Joseph Tao-yi Wang, and Colin F. Camerer, "The Wick in the Candle of Learning: Epistemic Curiosity Activates Reward Circuitry and Enhances Memory," *Psychological Science* 20, no. 8 (2009): 963–73; John E. Lisman, and Anthony A. Grace, "The Hippocampal-VTA Loop: Controlling the Entry of Information into Long-Term Memory," *Neuron* 46, no. 5 (2005): 703–13.

42 Vygotsky and Cole, *Mind in Society*, 86.

43 John D. Eastwood, Alexandra Frischen, Mark J. Fenske, and Daniel Smilek, "The Unengaged Mind: Defining Boredom in Terms of Attention," *Perspectives on Psychological Science* 7, no. 5 (2012): 482–95.

44 "Shakespeare Was, Like, the Ultimate Rapper," *The Onion*, August 24, 2005.

4 第三層：革命

1 Sanjoy Mahajan, "Observations on Teaching First-Year Physics," *arXiv preprint physics/0512158* (2005).

2 For example, Gerald Nelms and Ronda Leathers Dively, "Perceived Roadblocks to Transferring Knowledge from First-Year Composition to Writing-Intensive Major Courses: A Pilot Study," *WPA*: *Writing Program Administration* 31, no. 1–2 (2007): 214–40.

3 C. J. Brainerd, "Jean Piaget, Learning Research, and American Education," in Zimmerman and Schunk, *Educational Psychology*, 256.

4 Ibid., 254.

5 J. R. Hopkins, "Brown, Roger William," in Kazdin, Encyclopedia of Psychology. *Aborti–System*, Vol. 1.

6 George A. Miller, "The Cognitive Revolution: A Historical Perspective," *Trends in Cognitive Sciences* 7, no. 3 (2003): 141–44.

7 E.g., Newmeyer, *The Politics of Linguistics*.

8 Seymour Papert and Cynthia Solomon, "Twenty Things to Do with a Computer. Artificial Intelligence Memo Number 248" (1971); https://dspace.mit.edu/bitstream/handle/1721.1/5836/AIM-248.pdf ?sequence =2.

9 Papert, *The Children's Machine,* 142.

10 Mitchel Resnick et al., "Scratch: Programming for All," *Communications of the ACM* 52, no. 11 (2009): 60–67.

11 Papert, *Children's Machine,* 38.

12 Mitchel Resnick, "Mitch Resnick: The Next Generation of Scratch Teaches More Than Coding," *EdSurge,* January 3, 2019.

13 Ravitch, *Left Back,* 446.

14 Ibid., 447.

15 John Sweller and Graham A. Cooper, "The Use of Worked Examples as a Substitute for Problem Solving in Learning Algebra," *Cognition and Instruction* 2, no. 1 (1985): 59–89.

16 Hitendra K. Pillay, "Cognitive Load and Mental Rotation: Structuring Orthographic Projection for Learning and Problem Solving," *Instructional Science* 22, no. 2 (1994): 91–113.

17 Fred G. Paas, "Training Strategies for Attaining Transfer of Problem-Solving Skill in Statistics: A Cognitive-Load Approach," *Journal of Educational Psychology* 84, no. 4 (1992): 429.

18 Fred G. W. C. Paas, and Jeroen J. G. Van Merriënboer, "Variability of Worked Examples and Transfer of Geometrical Problem-Solving Skills: A Cognitive-Load Approach," *Journal of Educational Psychology* 86, no. 1 (1994): 122.

19 John Gregory Trafton and Brian J. Reiser, "The Contributions of Studying Examples and Solving Problems to Skill Acquisition" (PhD diss., Princeton University, 1994).

20 John Sweller, "Cognitive Load During Problem Solving: Effects on Learning," *Cognitive Science* 12, no. 2 (1988): 257–85.

21 For example, Nelson Cowan, "Metatheory of Storage Capacity Limits," *Behavioral and Brain Sciences* 24, no. 1 (2001): 154–76; Nelson Cowan, "The Magical Mystery Four: How Is Working Memory Capacity Limited, and Why?" Current Directions in Psychological Science 19, no. 1 (2010): 51–57; Gordon Parker, "Acta Is a Four-Letter Word," *Acta Psychiatrica Scandinavica* 126, no. 6 (2012): 476–78.

22 Earl K. Miller, Mikael Lundqvist, and André M. Bastos, "Working Memory 2.0," *Neuron* 100, no. 2 (2018): 463–75.

23 Nelson Cowan, "The Magical Mystery Four: How Is Working Memory Capacity Limited, and Why?" *Current Directions in Psychological Science* 19, no. 1 (2010): 51–57.

24 Henry Silver, Pablo Feldman, Warren Bilker, and Ruben C. Gur, "Working Memory Deficit as a Core Neuropsychological Dysfunction in Schizophrenia," *American Journal of Psychiatry* 160, no. 10 (2003): 1809–16.

25 Heather Miller and Jacqueline Bichsel, "Anxiety, Working Memory, Gender, and Math Performance," *Personality and Individual Differences* 37, no. 3 (2004): 591–606.

26 Marleen Stelter and Juliane Degner, "Investigating the Other-Race Effect in Working Memory," *British Journal of Psychology* 109, no. 4 (2018): 777–98.

27 Julia A. Leonard, Allyson P. Mackey, Amy S. Finn, and John D. E. Gabrieli, "Differential Effects of Socioeconomic Status on Working and Procedural Memory Systems," *Frontiers in Human Neuroscience* 9 (2015): 554.

28 Robert Schmidt, Maria Herrojo Ruiz, Bjorg Kilavik, Mikael Lundqvist, Philip Starr, and Adam R. Aron, "Beta Oscillations in Working Memory, Executive Control of Movement and Thought, and Sensorimotor Function," *Journal of Neuroscience* 39, no. 42 (2019): 8231–38.

29 Alison Gopnik, "The Theory Theory as an Alternative to the Innateness Hypothesis," *Chomsky and His Critics* (2003): 238–54.

30 Elizabeth Baraff Bonawitz, Tessa J. P. van Schijndel, Daniel Friel, and Laura Schulz, "Children Balance Theories and Evidence in Exploration, Explanation, and Learning," *Cognitive Psychology* 64, no. 4 (2012): 215–34.

31 Alison Gopnik and Laura Schulz, "Mechanisms of Theory Formation in Young Children," *Trends in Cognitive Sciences* 8, no. 8 (2004): 371–77; Laura E. Schulz, Alison Gopnik, and Clark Glymour, "Preschool Children Learn About Causal Structure from Conditional Interventions," *Developmental Science* 10, no. 3 (2007): 322–32.

5 第四層　思考如何思考

1 Howard Gardner, "Multiple Intelligences: The First Thirty Years," *Harvard Graduate School of Education* (2011).

2 Howard Gardner and Seana Moran, "The Science of Multiple Intelligences Theory: A Response to Lynn Waterhouse," *Educational Psychologist* 41, no. 4 (2006): 227–32.

3 Valerie Strauss, "Howard Gardner: 'Multiple Intelligences' Are Not 'Learning Styles,' " *Washington Post,* October 16, 2013.

4 National Research Council, *How People Learn II: Learners, Contexts, and Cultures* (National Academies Press, 2018), 137; Myron H. Dembo and Keith Howard, "Advice About the Use of Learning Styles: A Major Myth in Education," *Journal of College Reading and Learning* 37, no. 2 (2007): 101–9; Harold Pashler, Mark McDaniel, Doug Rohrer, and Robert Bjork, "Learning Styles: Concepts and Evidence," *Psychological Science in the Public Interest* 9, no. 3 (2008): 105–19.

5 "The Left Brain/Right Brain Myth," OECD Centre for Educational Research and Innovation; http://www.oecd.org/education/ceri/neuromyth6.htm.

6 Paul A. Howard-Jones, "Neuroscience and Education: Myths and Messages," *Nature Reviews Neuroscience* 15, no. 12 (2014): 817–24.

7 James, *The Energies of Men,* 323. James argued that "we are making use of only a small part of our possible mental and physical resources."

8 Lynn D. Selemon, "A Role for Synaptic Plasticity in the Adolescent Development of Executive Function," *Translational Psychiatry* 3, no. 3 (2013): e238.

9 John T. Bruer, "Education and the Brain: A Bridge Too Far," *Educational Researcher* 26, no. 8 (1997): 4–16.

10 Sharon Begley, "Your Child's Brain," *Newsweek,* February 19, 1996, 54–57.

11 Elena Pasquinelli,"Neuromyths: Why Do They Exist and Persist?," *Mind, Brain, and Education* 6, no. 2 (2012): 89–96.

12 John A. McGeoch, "Forgetting and the Law of Disuse," *Psychological Review* 39, no. 4 (1932): 352.

13 Robert A. Bjork, "Learning and Short-Term Retention of Paired Associates in Relation to Specific Sequences of Interpresentation Intervals" (PhD diss., Stanford University, 1966).

14 James, *Psychology,* 300.

15 Robert A. Bjork, "On the Symbiosis of Remembering, Forgetting, and Learning," in Benjamin, ed., *Successful Remembering and Successful Forgetting,* 3; Robert A. Bjork, "Theoretical Implications of Directed Forgetting," in *Coding Processes in Human Memory,* ed. Arthur W. Melton and Edwin Martin (New York: V. H. Winston, 1972), 218.

16 Robert A. Bjork and Ted W. Allen, "The Spacing Effect: Consolidation or Differential Encoding?," *Journal of Verbal Learning and Verbal Behavior* 9, no. 5 (1970): 567–72.

17 Steven M. Smith, Arthur Glenberg, and Robert A. Bjork, "Environmental Context and Human Memory," *Memory & Cognition* 6, no. 4 (1978): 342–53.

18 T. Landauer and R. A. Bjork, "Optimum Rehearsal Patterns and Name Learning," in *Practical Aspects of Memory*, ed. M. M. Gruneberg, P. E. Morris, and R. N. Sykes (Cambridge, MA: Academic Press, 1978), 625–32.

19 Robert A. Bjork, "Theoretical Implications of Directed Forgetting," in *Coding Processes in Human Memory,* ed. Arthur W. Melton and Edwin Martin (New York: V. H. Winston, 1972), 217–35.

20 Robert A. Bjork and Ralph E. Geiselman, "Constituent Processes in the Differentiation of Items in Memory," *Journal of Experimental Psychology: Human Learning and Memory* 4, no. 4 (1978): 347.

21 Robert Kerr and Bernard Booth, "Specific and Varied Practice of Motor Skill," *Perceptual and Motor Skills* 46, no. 2 (1978): 395–401.

22 E.g., John B. Shea and Robyn L. Morgan, "Contextual Interference Effects on the Acquisition, Retention, and Transfer of a Motor Skill," *Journal of Experimental Psychology: Human Learning and Memory* 5, no. 2 (1979): 179; Timothy D. Lee and RichardA. Magill, "The Locus of Contextual Interference in Motor-Skill Acquisition," *Journal of Experimental Psychology: Learning, Memory, and Cognition* 9, no. 4 (1983): 730.

23 Sinah Goode and Richard A. Magill, "Contextual Interference Effects in Learning Three Badminton Serves," *Research Quarterly for Exercise and Sport 57*, no. 4 (1986): 308–14.

24 Timothy D. Lee and Richard A. Magill, "The Locus of Contextual Interference in Motor-Skill Acquisition," *Journal of Experimental Psychology: Learning, Memory, and Cognition* 9, no. 4 (1983): 730; Robert A. Bjork, "On the Symbiosis of Remembering, Forgetting, and Learning," in Benjamin, ed., *Successful Remembering and Successful Forgetting,* 11.

25 Bjork, "On the Symbiosis of Remembering, Forgetting, and Learning," 12.

26 E.g., Richard C. Anderson and W. Barry Biddle, "On Asking People Questions About What They Are Reading," in *Psychology of Learning and Motivation*, vol. 9 (Cambridge, MA: Academic Press, 1975), 89–132; Janet H. Kane and Richard C. Anderson, "Depth of Processing and Interference Effects in the Learning and Remembering of Sentences," *Journal of Educational Psychology* 70, no. 4 (1978): 626; Michael Pressley, Robbi Tanenbaum, Mark A. McDaniel, and Eileen Wood, "What Happens When University Students Try to Answer Prequestions That Accompany Textbook Material?," *Contemporary Educational Psychology* 15, no. 1 (1990): 27–35.

27 Jeri L. Little and Elizabeth Ligon Bjork, "Multiple-Choice Pretesting Potentiates Learning of Related Information," *Memory & Cognition* 44, no. 7 (2016): 1085–1101.

28 W. E. Leary, "Army's Learning Panel Urges Offbeat Studies," *New York Times,* December 4, 1987.

29 National Research Council, *Learning, Remembering, Believing: Enhancing Human Performance* (Washington, DC: National Academies

Press, 1994).

30 Thorndike, *The Psychology of Learning.*

31 Dewey, *How We Think.*

32 Joseph T. Hart, "Memory and the Feeling-of-Knowing Experience," *Journal of Educational Psychology* 56, no. 4 (1965): 208.

33 Robert A. Bjork, John Dunlosky, and Nate Kornell, "Self-Regulated Learning: Beliefs, Techniques, and Illusions," *Annual Review of Psychology* 64 (2013): 417–44.

34 Robert Ariel, John Dunlosky, and Heather Bailey, "Agenda-Based Regulation of Study-Time Allocation: When Agendas Override Item-Based Monitoring," *Journal of Experimental Psychology: General* 138, no. 3 (2009); Nate Kornell and Janet Metcalfe, "Study Efficacy and the Region of Proximal Learning Framework," *Journal of Experimental Psychology: Learning, Memory, and Cognition* 32, no. 3 (2006): 609; Keith W. Thiede and John Dunlosky, "Toward a General Model of Self-Regulated Study: An Analysis of Selection of Items for Study and Self-Paced Study Time," *Journal of Experimental Psychology: Learning, Memory, and Cognition* 25, no. 4 (1999): 1024.

35 Baruch Fischhoff, "Hindsight Is Not Equal to Foresight: The Effect of Outcome Knowledge on Judgment Under Uncertainty," *Journal of Experimental Psychology: Human Perception and Performance* 1, no. 3 (1975): 288.

36 Asher Koriat and Robert A. Bjork, "Illusions of Competence in Monitoring One's Knowledge During Study," *Journal of Experimental Psychology: Learning, Memory, and Cognition* 31, no. 2 (2005): 187.

37 Nate Kornell, "Failing to Predict Future Changes in Memory: A Stability Bias Yields Long-Term Overconfidence," in Benjamin, ed., *Successful Remembering and Successful Forgetting,* 365; Nate Kornell, "A Stability Bias in Human Memory," *Encyclopedia of the Sciences of Learning* (2012): 4–7.

38 John S. Shaw III, "Increases in Eyewitness Confidence Resulting from Postevent Questioning," *Journal of Experimental Psychology*: Applied 2, no. 2 (1996): 126.

39 Nate Kornell, Matthew G. Rhodes, Alan D. Castel, and Sarah K. Tauber, "The Ease-of-Processing Heuristic and the Stability Bias: Dissociating Memory, Memory Beliefs, and Memory Judgments," *Psychological Science* 22, no. 6 (2011): 787–94; Matthew G. Rhodes and Alan D. Castel, "Memory Predictions Are Influenced by Perceptual Information: Evidence for Metacognitive Illusions," *Journal of Experimental Psychology: General* 137, no. 4 (2008): 615.

40 Robert A. Bjork, "Memory and Metamemory Considerations in the Training of Human Beings," in Metcalfe and Shimamura, *Metacognition*, 185–205; E. L. Bjork and R. A. Bjork, "Making Things Hard on Yourself, but in a Good Way: Creating Desirable

Difficulties to Enhance Learning," in Gernsbacher, *Psychology and the Real World,* 56–64.

41 Greg Miller, "FIU Law Surpasses 95 Percent Bar Passage Milestone, Leads Florida on July 2019 Exam," *FIU News,* September 16, 2019.

42 Robert A. Bjork, John Dunlosky, and Nate Kornell, "Self-Regulated Learning: Beliefs, Techniques, and Illusions," *Annual Review of Psychology* 64 (2013): 417–44.

Part 2 心智和手

6 航程

1 John Belcher, "Trends in Science Education," *MIT Faculty Newsletter 9,* no. 1 (September 1996).

2 Priscilla W. Laws, Pamela J. Rosborough, and Frances J. Poodry, "Women's Responses to an Activity-Based Introductory Physics Program," *American Journal of Physics* 67, no. S1 (1999): S32–S37.

3 Craig Lambert, "Twilight of the Lecture," *Harvard Magazine,* March–April 2012.

4 S. Beilock and S. Fischer, "From Cognitive Science to Physics Education and Back," in *Physics Education Research Conference* 2013 (2013): 15–18.

5 Lauren E. LeBon, "Students Petition Against TEAL," *The Tech*, March 21, 2003.

6 Yehudit Judy Dori, Erin Hult, Lori Breslow, and John W. Belcher, "How Much Have They Retained? Making Unseen Concepts Seen in a Freshman Electromagnetism Course at MIT," *Journal of Science Education and Technology* 16, no. 4 (2007): 299–323.

7 Robert H. Tai and Philip M. Sadler, "Gender Differences in Introductory Undergraduate Physics Performance: University Physics Versus College Physics in the USA," *International Journal of Science Education* 23, no. 10 (2001): 1017–37.

8 Mercedes Lorenzo, Catherine H. Crouch, and Eric Mazur, "Reducing the Gender Gap in the Physics Classroom," *American Journal of Physics* 74, no. 2 (2006): 118–22.

9 Ruey S. Shieh, "The Impact of Technology-Enabled Active Learning (TEAL) Implementation on Student Learning and Teachers' Teaching in a High School Context," *Computers & Education* 59, no. 2 (2012): 206–14.

10 "TEAL Classroom Reinvents Introductory Physics at UK," University of Kentucky, January 20, 2017; https://pa.as.uky.edu/teal-classroom-reinvents-introductory-physics-uk.

11 Ruey S. Shieh, Wheijen Chang, and Eric Zhi-Feng Liu, "Technology Enabled Active Learning (TEAL) in Introductory Physics: Impact on Genders and Achievement Levels," *Australasian Journal of Educational Technology* 27, no. 7 (2011).

12 Dian Schaffhauser and Rhea Kelly, "55 Percent of Faculty Are Flipping the Classroom," *Campus Technology*, October 12, 2016.

13 Tschurenev, *Empire, Civil Society, and the Beginnings of Colonial Education in India,* 31–62.

14 Jane Blackie, "Bell, Andrew (1753–1832), Church of England Clergyman and Educationist," *Oxford Dictionary of National Biography,* September 23, 2004.

15 Southey, Southey, and Southey, *The Life of the Rev.* Andrew Bell, 130.

16 Blackie, "Bell, Andrew," 2004.

17 Meiklejohn, *An Old Educational Reformer, Dr Andrew Bell,* 24.

18 Southey, Southey, and Southey, *The Life of the Rev. Andrew Bell,* 135.

19 Ibid., 157.

20 Ibid., 160.

21 Ibid., 172.

22 Ibid., 173.

23 Tschurenev, *Empire, Civil Society, and the Beginnings of Colonial Education in India,* 31–62.

24 Bell, *An Experiment in Education, Made at the Male Asylum at Egmore, near Madras: Suggesting a System by Which a School or Family May Teach Itself under the Superintendence of the Master or Parent,* 26.

25 Southey, Southey, and Southey, *The Life of the Rev. Andrew Bell,* 174.

26 Gladman, *School Work,* 14.

27 Bell, *An Experiment in Education,* 8–12.

28 Blackie, "Bell, Andrew (1753–1832)."

29 Southey, Southey, and Southey, *The Life of the Rev. Andrew Bell,* 175.

30 Bell, *The Madras School: Or, Elements of Tuition: Comprising the Analysis of an Experiment in Education, Made at the Male Asylum, Madras; with Its Facts, Proofs, and Illustrations; to Which Are Added, Extracts of Sermons Preached at Lambeth; a Sketch of a National Institution for Training Up the Children of the Poor; and a Specimen of the Mode of Religious Instruction at the Royal Military Asylum, Chelsea, 181.* The initial cost per student, Bell claimed, was 2.8 pagodas (or 10.1 rupees, assuming an exchange rate of 360 rupees to 100 pagodas). The subsequent cost per student was 1.75 pagodas (or 6.3 rupees), a savings of 38 percent.

31 Bell, The Madras School, 185–86.

32 Southey, Southey, and Southey, *The Life of the Rev. Andrew Bell,* 177.

33 *Labaree, Someone Has to Fail*, 50.

34 Adam Laats, "Teacher Pay, Presidential Politics, and New York's Modest Proposal of 1818," *History News Network*, April 14, 2019; https://historynewsnetwork.org /article /171717.

35 Kaestle, *Joseph Lancaster and the Monitorial School Movement,* 158–59.

36 Ibid., 178.

37 Edward Wall, "Joseph Lancaster and the Origins of the British and Foreign School Society" (PhD diss., Columbia University, 1966), 182–87.

38 Kaestle, *Joseph Lancaster*, 33.

39 Ibid., 33–34.

40 Lancaster, *Epitome of Some of the Chief Events and Transactions in the Life of Joseph Lancaster, Containing an Account of the Rise and Progress of the Lancasterian System of Education; . . . Written by Himself,* 36.

41 Kaestle, *Joseph Lancaster,* 41–42.

42 Ibid., 43.

43 "Common Schools," *New-England Magazine* 3 (September 1832), 195–98.

44 Cousin and Austin, *Report on the State of Public Instruction in Prussia,* 262.

45 Kaestle, *Joseph Lancaster,* 44–45.

46 Ibid., 44.

47 Esbjörn Larsson, " 'Cheap, Efficient, and Easy to Implement'? Economic Aspects of Monitorial Education in Swedish Elementary Schools During the 1820s," *History of Education* 45, no. 1 (2016): 18–37.

48 Common Core of Data, National Center for Educational Statistics; https://nces.ed.gov/ccd/schoolsearch/index.asp.

7 大尺度的從外到內

1 Gloria Contreras, "Mastery Learning: The Relation of Different Criterion Levels and Aptitude to Achievement, Retention, and Attitude in a Seventh Grade Geography Unit" (Ed.D. diss., University of Georgia, 1975); https://files.eric.ed.gov/fulltext/ED111739.pdf.

2 Kyle Spencer, "A New Kind of Classroom: No Grades, No Failing, No Hurry," *New York Times,* August 11, 2017.

3 Martin Dresler, William R. Shirer, Boris N. Konrad, Nils C. J. Müller, Isabella C. Wagner, Guillén Fernández, Michael Czisch, and Michael D. Greicius, "Mnemonic Training Reshapes Brain Networks to Support Superior Memory," *Neuron* 93, no. 5 (2017): 1227–35.

4 Amir Raz, Mark G. Packard, Gerianne M. Alexander, Jason T. Buhle, Hongtu Zhu, Shan Yu, and Bradley S. Peterson, "A Slice of π: An Exploratory Neuroimaging Study of Digit Encoding and Retrieval in a Superior Memorist," *Neurocase* 15, no. 5 (2009): 361–72.

5 "Program Summary Report 2016," *AP Data—Archived Data 2016*, CollegeBoard .org; https://research.collegeboard.org/programs/ap/data/archived/ap-2016.

6 Coughlin, *The Longevity Economy,* 207.

7 Dewey, *How We Think,* 72.

8 John L. Rudolph, "Epistemology for the Masses: The Origins of 'the Scientific Method' in American Schools," *History of Education Quarterly* 45, no. 3 (2005): 341–76.

9 Melia Russell, "Zuckerberg-Backed Startup That Tried to Rethink Education Calls It Quits," *San Francisco Chronicle*, June 28, 2019.

10 Audrey Watters, "The 100 Worst Ed-Tech Debacles of the Decade," *Hack Education,* December 31, 2019; http://hackeducation.com/2019/12/31/what-a-shitshow.

11 Paul Emerich France, "Why I Left Silicon Valley, EdTech, and 'Personalized' Learning," *Reclaiming Personalized Learning,* January 15, 2018; https://paulemerich.com/2018/01/15/why-i-left-silicon-valley-edtech-and-personalized-learning/.

12 Lillard, *Montessori,* 16.

13 Piaget and Coltman, *Science of Education and the Psychology of the Child,* 147–48; Lillard, *Montessori,* 17.

14 Angeline Lillard and Nicole Else-Quest, "Evaluating Montessori Education," *Science* 313, no. 5795 (2006): 1893–94.

15 Angeline S., Lillard, Megan J. Heise, Eve M. Richey, Xin Tong, Alyssa Hart, and Paige M. Bray, "Montessori Preschool Elevates and Equalizes Child Outcomes: A Longitudinal Study," *Frontiers in Psychology* 8 (2017): 1783.

16 Angeline S. Lillard, "Preschool Children's Development in Classic Montessori, Supplemented Montessori, and Conventional Programs," *Journal of School Psychology* 50, no. 3 (2012): 379–401.

17 Alexander, *A Pattern Language*, 424, 742.

18 *Cambridge Public Schools FY 2019 Adopted Budget,* prepared by the Cambridge, MA School Committee, Cambridge, MA, April 3, 2018.

8 由內而外翻轉

1 "A Brief History of MOOCs," McGill University, accessed November 11, 2019; https://www.mcgill.ca/maut/current-issues/moocs/history.

2 Larry Hardesty, "Lessons Learned from MITx's Prototype Course," *MIT News*, July 16, 2012.

3 Stephen Jay Gould, "Wide Hats and Narrow Minds," *New Scientist*, March 8, 1979, 777.

4 John D. Hansen and Justin Reich, "Democratizing Education? Examining Access and Usage Patterns in Massive Open Online Courses," *Science* 350, no. 6265 (2015): 1245–48; René F. Kizilcec, Andrew J. Saltarelli, Justin Reich, and Geoffrey L. Cohen, "Closing Global Achievement Gaps in MOOCs," *Science* 355, no. 6322 (2017): 251–52.

5 Kevin Ashton, "That 'Internet of Things' Thing," *RFID Journal* 22, no. 7 (2009): 97–114.

6 Sanjay Sarma, "How Inexpensive RFID Is Revolutionizing the Supply Chain (Innovations Case Narrative: The Electronic Product Code)," *Innovations: Technology, Governance, Globalization* 7, no. 3 (2012): 35–52.

7 "What Is the History of Khan Academy?," Khan Academy; https://khanacademy.zendesk.com/hc/en-us/articles/202483180-What-is-the-history-of-Khan-Academy.

8 Andrew Ng and Jennifer Widom, "Origins of the Modern MOOC (xMOOC)," in *MOOCs: Expectations and Reality: Full Report,* by Fiona M. Hollands and Devayani Tirthali (Center for Benefit-Cost Studies of Education, Teachers College, Columbia University, 2014): 34–47.

9 David Kaiser, "The Search for Clean Cash," *Nature* 472, no. 7341 (2011): 30.

10 Richards, *Robert Hallowell Richards: His Mark.*

11 D. Fisher, Aikaterini Bagiati, and Sanjay Sarma, "Student Ambassadors: Developing an Older Student Cohort," in *Proceedings of the 40th SEFI Conference,* 2012.

12 Julie Barr, "Online Courses Paved the Way to MIT Graduation," *MIT News*, June 6, 2017.

13 Thomas L. Friedman, "Revolution Hits the Universities," *New York Times,* January 26, 2013.

14 Dhawal Shah, "By the Numbers, MOOCs in 2018," Class Central, December 11, 2018; https://www.classcentral.com/report/mooc-stats-2018.

15 Hansen and Reich, "Democratizing Education," 2015.

16 Justin Reich and José A. Ruipérez-Valiente, "The MOOC Pivot," *Science* 363, no. 6423 (2019): 130–31.

17 Steve Kolowich, "The MOOC Survivors," *Inside Higher Ed*, September 12, 2012.

18 Varuni Khosla, "Udacity to Focus on Individual Student Projects," *Economic Times*, October 6, 2017; *economictimes.*indiatimes.com.

19 *Global EdTech Landscape 3.0*, Navitas Ventures, 2018; navitasventures.com/insights /landscape.

20 "Flipped Learning Model Dramatically Improves Course Pass Rate for At-Risk Students," Pearson Case Study, Pearson Education, 2013; http://assets.pearsonschool.com/asset_mgr /current/201317/Clintondale_casestudy .pdf.

21 Katrina Bushko, "Tackling Access to International Baccalaureate Courses with Blended Learning," Blended Learning Universe, May 15, 2018; https://www.blendedlearning.org/tackling-access-to-international-baccalaureate-courses-with-blended-learning.

22 See, for instance, the Florida Virtual School: flvs .net.

23 "Blended Learning Models," Blended Learning Universe; https://www.blendedlearning.org/models.

24 Yann LeCun, Yoshua Bengio, and Geoffrey Hinton, "Deep Learning," *Nature* 521, no. 7553 (2015): 436–44.

25 Iyad Rahwan et al., "Machine Behaviour," *Nature* 568, no. 7753 (2019): 477.

26 Conner Forrest, "IBM Watson: What Are Companies Using It For?" ZDNet, September 1, 2015.

27 "IBM Deal Expands Watson's Behind-the-Scenes Presence in Higher Education," edscoop, October 31, 2016; https://edscoop.com/ibm-deal-expands-watsons-behind-the-scenes-presence-in-higher-education.

28 Karen Hao, "China Has Started a Grand Experiment in AI Education. It Could Reshape How the World Learns," *Technology Review*, August 2, 2019.

29 Chaitanya Ramineni and David Williamson, "Understanding Mean Score Differences Between the e-rater® Automated Scoring Engine and Humans for Demographically Based Groups in the GRE® General Test," *ETS Research Report Series* 2018, no. 1 (2018): 1–31.

30 Aallyah Wright and Kelsey Davis, "After Years of Inaction, Delta Teacher Shortage Reaches 'Crisis' Levels," *Mississippi Today*, February 18, 2019.

31 "Mississippi Online Course Approval (MOCA)," Mississippi Department of Education; https://www.mdek12.org/ESE/OCA.

32 Aallyah Wright and Kelsey Davis, "Teacher Shortages Force Districts to Use Online Education Programs," *Mississippi Today*, February 20, 2019.

33 Max Roser, Hannah Ritchie, and Esteban Ortiz-Ospina, "Internet," *Our World in Data*, 2019; ourworldindata.org/internet.

34 Rishi Iyengar, "The Future of the Internet Is Indian," *CNN Business*, November 2018.

35 Maya Escueta, Vincent Quan, Andre Joshua Nickow, and Philip Oreopoulos, *Education Technology: An Evidence-Based Review*, no. w23744 (National Bureau of Economic Research, 2017).

36 Justin Reich, "The Village of the Boy Genius of Ulan Bator," *Education Week*, September 15, 2013.

37 Zoe Kirsh, "The New Diploma Mills," *Slate*, May 13, 2017.

38 Priscilla Rouse and Laurie Lewis, "Dropout Prevention Services and Programs in Public School Districts: 2010–11. First Look. NCES 2011-037," *National Center for Education Statistics* (2011).

39 Lakoff and Johnson, *Metaphors We Live By*.

40 Candace Hazlett, "San Jose State University and edX Expand Course to CSU Campuses," edX Blog, November 13, 2013.

9 決戰時刻

1 Raj Chetty, Nathaniel Hendren, Frina Lin, Jeremy Majerovitz, and Benjamin Scuderi, "Childhood Environment and Gender Gaps in Adulthood," *American Economic Review* 106, no. 5 (2016): 282–88.

2 Joshua Littenberg-Tobias and Justin Reich, "Evaluating Access, Quality, and Inverted Admissions in MOOC-Based Blended Degree Pathways: A Study of the MIT Supply Chain Management MicroMasters," SocArXiv preprint (2018).

結語

1 Labaree, *Someone Has to Fail,* 54.

2 James, *Talks to Teachers on Psychology: And to Students on Some of Life's Ideals,* 7–8.

精選書目

- Aertsen, A., and V. Braitenberg. *Information Processing in the Cortex: Experiments and Theory.* Berlin, Heidelberg and Springer: 2012.
- Alexander, Christopher. *A Pattern Language*. New York: Oxford University Press, 1977.
- Altbach, Philip G. *Accelerated Universities: Ideas and Money Combine to Build Academic Excellence.* Leiden: Brill, 2018.
- Bell, A. *An Experiment in Education, Made at the Male Asylum at Egmore, Near Madras: Suggesting a System by Which a School or Family May Teach Itself Under the Superintendence of the Master or Parent.* London: Cadell and Davies, 1805.
- ——. *The Madras School: Or, Elements of Tuition: Comprising the Analysis of an Experiment in Education, Made at the Male Asylum, Madras; with Its Facts, Proofs, and Illustrations; to Which Are Added, Extracts of Sermons Preached at Lambeth; a Sketch of a National Institution for Training Up the Children of the Poor; and a Specimen of the Mode of Religious Instruction at the Royal Military Asylum, Chelsea.* London: T. Bensley, 1808.
- Benjamin, Aaron S., ed. Successful Remembering and *Successful Forgetting: A Festschrift in Honor of Robert A. Bjork.* New York: Psychology Press, 2011.
- Bermúdez, José Luis. *Cognitive Science: An Introduction to the Science of the Mind.* Cambridge: Cambridge University Press, 2018.
- Brown, Peter C., Henry L. Roediger, and Mark A. McDaniel. Make It Stick: *The Science of Successful Learning*. Cambridge, MA: Belknap Press, 2014.
- Callahan, Raymond E. *Education and the Cult of Efficiency: A Study of the Social Forces That Have Shaped the Administration.* Chicago: University of Chicago Press, 1964.
- Clandinin, D. Jean, and Jukka Husu. *The SAGE Handbook of Research on Teacher Education.* London: SAGE Publications, 2017.
- Costandi, Moheb. *Neuroplasticity.* Cambridge, MA: MIT Press, 2016.
- Coughlin, Joseph F. *The Longevity Economy: Inside the World's Fastest-Growing, Most Misunderstood Market*. New York: Public Affairs, 2017.

- Cousin, V., and S. Austin. *Report on the State of Public Instruction in Prussia: Addressed to the Count de Montalivet.* London: E. Wilson, 1836.
- Cuban, Larry. *Teachers and Machines: The Classroom Use of Technology Since 1920.* New York: Teachers College Press, 2004.
- Dear, Brian. *The Friendly Orange Glow: The Story of the PLATO System and the Dawn of Cyberculture.* New York: Pantheon, 2017.
- Dehaene, Stanislas. *Reading in the Brain: The New Science of How We Read.* New York: Penguin Books, 2010.
- Dehn, M. J. *Working Memory and Academic Learning: Assessment and Intervention.* Hoboken, NJ: Wiley, 2011.
- Dewey, John. "The Child and the Curriculum," 1902. https://archive.org/details/childandcurricul00deweuoft.
- ——. *How We Think.* [S.l.]: Project Gutenberg, 2011. http://www.gutenberg.org/files/37423/37423-h/37423-h.htm.
- ——. *The School and Society.* Chicago: University of Chicago Press, 1900.
- Dewey, John, and J. A. Boydston. *The Early Works of John Dewey, 1882–1898, Volume 5: Early Essays, 1895–1898.* The Collected Works of John Dewey, 1882–1953. Carbondale: Southern Illinois University Press, 2008.
- Ferster, Bill. *Teaching Machines.* Baltimore: Johns Hopkins University Press, 2014.
- Fish, Jefferson M. *Race and Intelligence: Separating Science from Myth.* Mahwah, NJ: L. Erlbaum, 2002.
- Gallistel, C. R., and Adam Philip King. *Memory and the Computational Brain: Why Cognitive Science Will Transform Neuroscience.* Chichester, UK: Wiley, 2011.
- Gardner, Howard. *The Mind's New Science: A History of the Cognitive Revolution; with a New Epilogue by the Author; Cognitive Science After 1984.* New York: Basic Books, 1997.
- ——. *Multiple Intelligences: New Horizons.* New York: Basic Books, 2006.
- Gatto, John Taylor. *The Underground History of American Education: A Schoolteacher's Intimate Investigation into the Problem of Modern Schooling.* New York: Oxford Village Press, 2003.
- Gernsbacher, Morton Ann. *Psychology and the Real World: Essays Illustrating Fundamental Contributions to Society.* New York: Worth Publishers, 2011.
- Gladman, F. J. *School Work*. Jarrolds' Teachers and Pupil Teachers Series, 1885.
- Goldstein, Dana. *The Teacher Wars: A History of America's Most Embattled Profession.* New York: Anchor Books, 2015.

- Gopnik, Alison, Patricia Kuhl, and Andrew Meltzoff. *The Scientist in the Crib: What Early Learning Tells Us About the Mind.* New York: Perennial, 2004.
- Graebner, William. *A History of Retirement: The Meaning and Function of an American Institution, 1885–1978.* New Haven, CT: Yale University Press, 1980.
- Gray, Peter. *Psychology.* New York: Worth Publishers, 2011.
- Harrell, D. Fox. *Phantasmal Media: An Approach to Imagination, Computation, and Expression*. Cambridge, MA: MIT Press, 2013.
- Huettel, Scott A., Allen W. Song, and Gregory McCarthy. *Functional Magnetic Resonance Imaging.* Sunderland, MA: Sinauer Associates, 2009.
- James, William. *The Energies of Men*. New York: Moffat, Yard and Co., 1907.
- ——. *Psychology.* American Science Series, Briefer Course. H. Holt, 1893.
- ——. *Talks to Teachers on Psychology: And to Students on Some of Life's Ideals.* ATLA Monograph Preservation Program. H. Holt, 1899.
- Jonçich, Geraldine. *The Sane Positivist: A Biography of Edward L. Thorndike.* Middletown, CT: Wesleyan University Press, 1968.
- Kaestle, Carl F. *Joseph Lancaster and the Monitorial School Movement: A Documentary History.* Ed. with an Introduction and Notes by C. F. Kaestle. New York: Teachers College Press, 1973.
- Kahneman, Daniel. *Thinking, Fast and Slow*. New York: Farrar, Straus and Giroux, 2015.
- Kandel, Eric R. *In Search of Memory: The Emergence of a New Science of Mind.* New York: Norton, 2007.
- Kandel, Eric R., and Sarah Mack. *Principles of Neural Science.* New York: McGraw-Hill Education, 2014.
- Kazdin, Alan E. *Encyclopedia of Psychology.* Aborti–System. Vols. 1–7. Washington, DC: American Psychological Association, 2000.
- Kimble, Gregory A., Michael Wertheimer, Charlotte L. White, and C. Alan Boneau. *Portraits of Pioneers in Psychology.* Vol. 1. Mahwah, NJ: Erlbaum/American Psychological Association, 1991.
- Kliebard, Herbert M. *The Struggle for the American Curriculum:* 1893–1958. New York: RoutledgeFalmer, 2004.
- Kushnir, Tamar, Janette B. Benson, and Fei Xu. *Advances in Child Development and Behavior.* Vol. 43. Amsterdam: Elsevier, 2012.
- Labaree, David F. *Someone Has to Fail: The Zero-Sum Game of Public Schooling.* Cambridge, MA: Harvard University Press, 2012.

- ——. *The Trouble with Ed Schools.* New Haven, CT: Yale University Press, 2006.
- Lagemann, Ellen Condliffe. *An Elusive Science: The Troubling History of Education Research.* Chicago: University of Chicago Press, 2009.
- Lakoff, George, and Mark Johnson. *Metaphors We Live By.* Chicago: University of Chicago Press, 2017.
- Lancaster, Joseph. *Epitome of Some of the Chief Events and Transactions in the Life of Joseph Lancaster, Containing an Account of the Rise and Progress of the Lancasterian System of Education... Written by Himself.* New Haven, CT: Baldwin & Peck, 1833.
- Lillard, Angeline Stoll. *Montessori: The Science Behind the Genius.* New York: Oxford University Press, 2017.
- Mahajan, Sanjoy. *Street-Fighting Mathematics: The Art of Educated Guessing and Opportunistic Problem Solving.* Cambridge, MA: MIT Press, 2010.
- Meiklejohn, J. M. D. *An Old Educational Reformer, Dr Andrew Bell.* Edinburgh: W. Blackwood, 1881.
- Metcalfe, Janet, and Arthur P. Shimamura. *Metacognition: Knowing About Knowing.* Cambridge, MA: MIT Press, 1995.
- Murchison, Carl, ed. *A History of Psychology in Autobiography.* Vol. 3. Worcester, MA: Clark University Press, 1936.
- Newmeyer, Frederick J. *The Politics of Linguistics.* Chicago: University of Chicago Press, 1986.
- Papert, Seymour. *The Children's Machine: Rethinking School in the Age of the Computer.* New York: Basic Books, 1994.
- ——. *Mindstorms: Children, Computers, and Powerful Ideas.* New York: Basic Books, 1993.
- Piaget, Jean. *Science of Education and the Psychology of the Child.* Trans. Derek Coltman. New York: Viking, 1970.
- Ravitch, Diane. *Left Back: A Century of Battles over School Reform*. New York: Touchstone, 2001.
- Renninger, K. Ann, and Suzanne Hidi. *The Cambridge Handbook of Motivation and Learning.* Cambridge: Cambridge University Press, 2019.
- Richards, Robert H. *Robert Hallowell Richards: His Mark.* Boston: Little, Brown, 1936.
- Shenk, David. *The Genius in All of Us: New Insights into Genetics, Talent, and IQ.* New York: Anchor Books, 2011.
- Skinner, B. F. *About Behaviorism. London*: Penguin Books, 1974.
- Southey, R. *The Origin, Nature, and Object, of the New System of Education.* London: J. Murray, 1812.
- Southey, R., C. C. Southey, and C. B. Southey. *The Life of the Rev. Andrew Bell: . . . Prebendary of Westminster, and Master of*

Sherburn Hospital, Durham. Comprising the History of the Rise and Progress of the System of Mutual Tuition... London: J. Murray, 1844.

- Thorndike, Edward L. *Educational Psychology.* New York: Teachers College, Columbia University, 1913.
- ——. *Human Nature and the Social Order.* New York: Macmillan, 1942.
- ——. *Notes on Child Study.* Columbia University Contributions to Philosophy, Psychology and Education. New York: Macmillan, 1901.
- ——. *The Principles of Teaching: Based on Psychology.* New York: Taylor & Francis, 2013.
- ——. *The Psychology of Learning.* Educational Psychology. Teachers College, Columbia University, 1913.
- Tobias, Sigmund, and Thomas M. Duffy. *Constructivist Instruction: Success or Failure?* London: Routledge, 2009.
- Toffler, Alvin. *Future Shock*. London: Pan Books, 1994.
- Tschurenev, Jana. *Empire, Civil Society, and the Beginnings of Colonial Education in India.* Cambridge and New York: Cambridge University Press, 2019.
- Turbayne, Colin Murray. *The Myth of Metaphor.* New Haven, CT: Yale University Press, 1962.
- Tyack, David B. *The One Best System: A History of American Urban Education.* Cambridge, MA: Harvard University Press, 1976.
- Tyack, David, and Larry Cuban. *Tinkering Toward Utopia: A Century of Public School Reform.* Cambridge, MA: Harvard University Press, 1995.
- Varela, Francisco J., Eleanor Rosch, and Evan Thompson. *The Embodied Mind: Cognitive Science and Human Experience.* Cambridge, MA: MIT Press, 2017.
- Vygotsky, Lev Semenovich, and Michael Cole. *Mind in Society: The Development of Higher Psychological Processes.* Cambridge, MA: Harvard University Press, 1979.
- Westbrook, R. B. John *Dewey and American Democracy.* Ithaca, NY: Cornell University Press, 2015.
- Wilson, Donald A., and Richard J. Stevenson. *Learning to Smell: Olfactory Perception from Neurobiology to Behavior.* Baltimore: Johns Hopkins University Press, 2006.
- Zimmerman, Barry J., and Dale H. Schunk. *Educational Psychology: A Century of Contributions; A Project of Division 15 of the American Psychological Society.* New York: Routledge, 2014.

生命科學館 Life Science 40
洪蘭博士策劃

改變我們如何學習的科學 Grasp
MIT 有效學習法的實踐

作　　者：山加・沙馬（Sanjay Sarma）、路克・約辛托（Luke Yoquinto）
譯　　者：洪蘭
主　　編：周明怡
封面設計：張天薪
內頁排版：王信中

發行人：王榮文
出版發行：遠流出版事業股份有限公司
地址：104005 台北市中山北路一段 11 號 13 樓
郵撥：0189456-1
電話：（02）2571-0297　傳真：（02）2571-0197
著作權顧問：蕭雄淋律師

2021 年 9 月 1 日 初版一刷
售價新臺幣 500 元（缺頁或破損的書，請寄回更換）
ISBN　978-957-32-9199-2

YLib 遠流博識網
http://www.ylib.com　E-mail:ylib@ylib.com

國家圖書館出版品預行編目（CIP）資料

改變我們如何學習的科學 Grasp：MIT 有效學習法的實踐／山加・沙馬（Sanjay Sarma），路克・約辛托（Luke Yoquinto) 著；洪蘭譯 . -- 初版 . -- 臺北市 : 遠流出版事業股份有限公司，2021.09
面；　公分 --（生命科學館；40）
譯自： Grasp : the science transforming how we learn
ISBN　978-957-32-9199-2（平裝）

1. 學習方法　2. 學習心理　3. 教育心理學

521.1　　110010291